2022年度河北省社会科学发展研究课题
河北省高等学校人文社会科学研究项目
人才强冀工程2020年度重点人才项目

激励视角下河北高校教师队伍建设研究

李庆波 雷晔雯 张丽萍 著

燕山大学出版社

·秦皇岛·

图书在版编目（CIP）数据

激励视角下河北高校教师队伍建设研究 / 李庆波，雷晔雯，张丽萍著.—秦皇岛：燕山大学出版社，2023.3

ISBN 978-7-5761-0503-2

Ⅰ.①激… Ⅱ.①李… ②雷… ③张… Ⅲ.①地方高校－师资队伍建设－研究－河北 Ⅳ.①G645.12

中国国家版本馆 CIP 数据核字（2023）第 047081 号

激励视角下河北高校教师队伍建设研究
JILI SHIJIAO XIA HEBEI GAOXIAO JIAOSHI DUIWU JIANSHE YANJIU

李庆波 雷晔雯 张丽萍 著

出 版 人：陈 玉	
责任编辑：张 蕊	策划编辑：张 蕊
责任印制：吴 波	封面设计：刘馨泽
出版发行： 燕山大学出版社	电 话：0335-8387555
地 址：河北省秦皇岛市河北大街西段 438 号	邮政编码：066004
印 刷：涿州市般润文化传播有限公司	经 销：全国新华书店

开 本：710 mm×1000 mm　1/16	印 张：16.25
版 次：2023 年 3 月第 1 版	印 次：2023 年 3 月第 1 次印刷
书 号：ISBN 978-7-5761-0503-2	字 数：262 千字
定 价：65.00 元	

版权所有 侵权必究
如发生印刷、装订质量问题，读者可与出版社联系调换

前　言

教师是教育发展的第一资源，是国家富强、民族振兴、人民幸福的重要基石。党和国家历来高度重视教师工作，党的十八大以来，以习近平同志为核心的党中央将教师队伍建设摆在突出位置，作出一系列重大决策部署，教师队伍建设取得了显著成就。

2022 年 4 月 29 日，河北省委常委（扩大）会议强调，"要推动'双一流'大学建设取得新突破"。如何加快世界一流大学和一流学科建设，成为新时期重要的研究课题与研究方向。教师是"双一流"建设的第一资源，也是"双一流"建设的重要制约因素。当前，各高校越来越重视对教师创新创造活力的激发，然而，在实践上较多采用物质性、制度性激励，效果并不显著。因此，本书尝试以创新创造活力提升中的激励因素为突破口，探讨激励要素构成、激励路径模型，扎根河北省实际提出相应的对策建议，可为河北省教育行政部门和各高校管理者采取针对性的激励措施提供参考与借鉴。

本书站在"前人的肩膀上"进行思辨，借此机会向各位专家、学者和领导表示最诚挚的谢意。同时，在撰写过程中，为了完整呈现我国绩效工资、人才评价、职称改革、人才队伍建设等相关政策的历史沿革、实施现状，我们查阅了大量的政策文件和文献资料，并在河北省选取部分高校进行座谈交流和问卷调查，在此对各位参与者的鼎力支持表示衷心感谢！

在本书的撰写过程中，李庆波执笔第一章至第五章，计 160 千字；雷晔雯执笔前言、第六章及其他，计 102 千字；张丽萍负责统稿和相关政策梳理工作。在此，感谢大家的携手前行和辛劳付出！由于时间紧迫，水平有限，资料收集或有遗漏，内容撰写或有不足，敬请广大读者朋友和同行专家不吝赐教，批评指正。

  本书能够成稿并顺利出版得益于 2022 年度河北省社会科学发展研究课题"'双一流'建设中河北高校教师创新激励机制研究"（课题编号：20220202180）、2023 年度河北省高等学校人文社会科学研究项目"'双一流'背景下河北高校高层次人才队伍建设研究"（项目编号：WTZX202316）和人才强冀工程 2020 年度重点人才项目"河北省本科高等院校人才分类评价机制研究"（冀才〔2020〕2 号）的资助。

作 者

2023 年 2 月

目 录

第一章 导论 ··· 1
  一、研究背景及意义 ··· 1
  二、研究现状 ·· 1
  三、主要内容 ·· 2
  四、重点和难点 ·· 3
  五、主要目标 ·· 3

第二章 相关理论基础与激励模型的构建 ·························· 4
  第一节 概念界定与相关理论基础 ······························ 4
    一、概念界定 ·· 4
    二、相关理论基础 ·· 6
    三、激励理论对高校教师队伍建设的启示 ··················· 12
  第二节 高校教师激励问题探讨 ······························ 14
    一、收入分配制度方面 ··································· 15
    二、人事管理制度方面 ··································· 16
    三、高校教师激励的综合研究 ····························· 18
  第三节 高校教师激励模型的构建 ···························· 20
    一、高校教师的职业特点 ································· 20
    二、高校教师激励模型的构建 ····························· 25
    三、选题阐述 ··· 27

第三章　工资制度与河北高校教师薪酬激励·················· 28
第一节　我国工资制度的历史演变 ························ 28
一、1956 年工资制度改革 ····························· 29
二、1985 年工资制度改革 ····························· 30
三、1993 年工资制度改革 ····························· 32
四、2006 年工资制度改革 ····························· 37
第二节　高等院校工资制度的发展 ························ 46
一、等级工资制 ······································ 46
二、结构工资制 ······································ 48
三、职级工资制 ······································ 49
四、绩效工资制 ······································ 54
第三节　河北高校绩效工资的发展 ························ 56
一、河北高校绩效工资的实施 ·························· 56
二、河北高校绩效工资的调整 ·························· 60
第四节　河北高校教师薪酬激励的优化 ···················· 68
一、河北高校薪酬管理相关政策 ························ 68
二、河北高校薪酬管理存在的主要问题 ·················· 72
三、河北高校教师薪酬激励的优化 ······················ 74

第四章　新时代人才评价与河北高校教师评价激励 ··········· 76
第一节　新时代人才评价政策回眸 ························ 76
一、人才评价改革顶层设计 ···························· 77
二、人才评价政策梳理 ································ 79
第二节　新时代人才评价政策内在逻辑 ···················· 95
一、新时代人才评价机制建设的目标 ···················· 96
二、新时代人才评价机制建设的关键 ···················· 96
三、新时代人才评价机制实施的基础 ···················· 97
四、新时代人才评价机制建设的核心 ···················· 98
五、新时代人才评价机制建设的重点 ···················· 98

第三节　河北高校教师评价激励的优化 …………………… 99
　　　一、河北高校教师评价相关政策 ………………………… 99
　　　二、河北高校教师评价成效与存在的主要问题 ………… 111
　　　三、河北高校教师评价激励的优化 ……………………… 118

第五章　职称改革与河北高校教师晋升激励 …………………… 121
　　第一节　职称制度的历史演变 ……………………………… 121
　　　一、国家控制的行政任命阶段 …………………………… 122
　　　二、市场主导的职务聘任阶段 …………………………… 124
　　　三、高校自主的岗位聘用阶段 …………………………… 125
　　　四、职称制度的深化改革阶段 …………………………… 127
　　第二节　职称制度演变的内在逻辑 ………………………… 135
　　　一、职称制度的变革逻辑 ………………………………… 136
　　　二、职称制度的变革宗旨 ………………………………… 137
　　　三、职称制度的变革取向 ………………………………… 138
　　　四、职称制度的变革内容 ………………………………… 140
　　　五、职称制度的变革核心 ………………………………… 141
　　　六、职称制度的变革归宿 ………………………………… 142
　　第三节　河北高校教师晋升激励的优化 …………………… 144
　　　一、河北高校职称管理相关政策 ………………………… 144
　　　二、河北高校职称改革成效与存在的主要问题 ………… 151
　　　三、河北高校教师晋升激励的优化 ……………………… 154

第六章　人才队伍建设与河北高校教师成长激励 ……………… 158
　　第一节　新时代人才队伍建设政策回眸 …………………… 158
　　　一、人才队伍建设顶层设计 ……………………………… 159
　　　二、人才队伍建设政策梳理 ……………………………… 162
　　第二节　新时代人才队伍建设政策内在逻辑 ……………… 171
　　　一、坚持党对人才工作的全面领导 ……………………… 171

二、为经济社会发展提供强有力人才支撑 …………………… 172
　　三、聚焦国家重大战略配置人才 ………………………………… 174
　　四、着力培养造就各行各业高素质人才 ………………………… 176
　　五、深化人才发展体制机制改革 ………………………………… 177
　　六、优化人才发展环境 …………………………………………… 179
　第三节　河北高校教师成长激励的优化 …………………………… 179
　　一、河北高校人才队伍建设相关政策 …………………………… 180
　　二、河北高校人才队伍建设成效与存在的主要问题 …………… 187
　　三、河北高校教师成长激励的优化 ……………………………… 194

参考文献 …………………………………………………………………… 200

附录：河北省相关政策摘录 …………………………………………… 206
　附录1　河北省事业单位实施绩效工资意见（暂行）……………… 206
　附录2　关于加快推进教育人才评价机制改革的实施意见 ……… 213
　附录3　关于深化职称制度改革的实施意见 ……………………… 221
　附录4　关于深化高等学校教师职称制度改革的实施方案 ……… 227
　附录5　关于深化人才发展体制机制改革的实施意见 …………… 233
　附录6　关于全面深化新时代教师队伍建设改革的实施意见 …… 240

第一章 导 论

一、研究背景及意义

2022年4月29日,河北省委常委(扩大)会议强调,"要推动'双一流'大学建设取得新突破"。如何加快世界一流大学和一流学科建设,成为新时期学界的重要研究课题与研究方向。推进"双一流"建设的关键在"人",在建设一流的师资队伍。教师是"双一流"建设的第一资源,也是"双一流"建设的重要制约因素。当前,各高校越来越重视对教师创新创造活力的激发,然而,在实践中较多采用物质性、制度性激励,效果并不显著。因此,本书以创新创造活力提升中的激励因素为突破口,结合系统科学,研究河北高校教师创新激励机制的构建,以期为河北高校创新生态系统的建设提供理论基础和实践参考。

二、研究现状

"激励"一词来源于拉丁文"movere",意为采取行动。学术界对激励的认识主要有以下几种:一是将激励理解为一种心理过程,如Gibson(1994)等提出激励是通过运用某些手段或方法来激发、调动组织成员的工作积极性和创造性的过程;二是将激励理解为一种行为手段或活动,如Rakich(1992)认为激励是使受激励主体积极促成目标实现的行为;三是认为激励是一种意愿和反应,如彭丽华(2004)提出激励就是激发鼓励之意。20世纪50年代以后,随着激励理论研究的发展,国内运用激励理论对高校激励问题所进行的研究不断深入，如陈长喜、卢秉福（2011）的《高等学校教师激励机制研究》等。尽管学术界由于分析和研究视角不同，提炼和总结的激励要素并不一致，但总体上可分为外在激励和内在激励两个方面。外在激励体现为高校教师在工作中获得物质报酬、岗位职位等的满足，内在激励则体现为使教师们在工作中获得心理满足，并激发其内在积极性的需求。

围绕高校教师创新激励等问题，尽管不同专家学者已经取得了一定的研究成果，但也存在不足：一是从宏观来看，激励研究的完整性不足。主要围绕高校教师激励因素展开，整体较为宏观且表象，具体针对高校教师创新激励因素和激励机制构建的研究尚未形成完整的理论体系，尤其是契合省份特点，立足于河北省高等教育现状的高校教师创新激励的路径更是少之又少。二是从微观来看，对激励因素分析的针对性不足。高校教师是一个特殊群体，其工作也具有鲜明的特殊性，不仅体现在绩效因素及结构的特殊性方面，也体现在激励方面。但目前的研究在分析高校教师激励因素时，和分析一般的企事业单位的激励因素相似，未能充分体现高校教师在激励方面的特殊性，故而提出的创新激励政策对高校教师的针对性也相对较弱。

三、主要内容

本书基于河北高校"双一流"建设现状，以教师创新创造活力提升为切入点，探讨激励要素构成、激励路径模型和提高创新创造活力的对策建议，为教育行政部门和高校管理者采取针对性的激励措施提供参考与借鉴。

1. 高校教师创新创造活力提升的路径模型

以经典的内在激励和外在激励理论为依托，以高校的制度约束和教师的职业特征为基础，分析和提炼高校教师的内在激励和外在激励的构成要素。结合内在激励和外在激励的要素关系，分析以河北高校教师为样本的内在和外在激励因素对高校教师创新创造活力提升的影响及强度，进而建立内在激励和外在激励对高校教师创新创造活力提升的路径模型。

2. 提升河北高校教师创新创造活力的对策建议

以高校教师创新创造活力提升的路径模型为基础，围绕绩效工资、人才评价、职称改革、人才队伍建设等事关教师切身利益的重大问题进行系统分析和深入探讨，进而形成符合河北高校实际的提升教师创新创造活力的对策建议。

四、重点和难点

一是构建并优化河北高校教师创新激励模型。通过构建外在激励、内在激励与河北高校教师创新创造活力提升之间的路径模型，清晰地展现不同激励因素与教师创新创造活力之间的关联性。

二是提升河北高校教师创新创造活力的对策建议。探索不同激励因素对创新激励的影响机理，进而提出激励高校教师创新水平提升的对策建议。

五、主要目标

本书重点探讨的是"双一流"建设中河北高校教师创新创造活力提升的问题。针对河北区位特点，立足河北高校实际，拟从理论层面发现高校教师创新激励的普遍性规律，形成河北省高校教师创新创造活力提升的路径模型；从实践层面提出激励高校教师创新水平提升的对策建议，破解河北高校"双一流"建设过程中的教师制约瓶颈，以期为河北省教育行政部门等特别是高校提供决策参考。

第二章 相关理论基础与激励模型的构建

本章基于文献分析，对高校教师创新创造活力激励模型进行构建。主要包括概念界定与相关理论梳理、高校教师激励问题探讨和高校教师激励模型构建三部分，旨在为进一步开展河北高校教师激励问题研究奠定基础。

第一节 概念界定与相关理论基础

一、概念界定

关于"激励"的概念，国内外不同学者进行了不同的总结概述。麻艳茹在其学位论文《内部劳动力市场视角下的高校教师激励机制研究》中，将"激励"总结概述为：激励（motivation）源于拉丁文"movere"，有"采取行动"之意，有时也经常将英文的incentive（刺激）译为激励。这两个词体现了不同的理念，incentive表现为个体对刺激的简单反应，而motivation则指有各种需求的个体为满足自身的需求而调动积极性的行为。也就是说，incentive强调外在的诱因，motivation强调内在的动机。从这个意义上讲，西方经济学家以二分法看待激励，即内在激励（intrinsic motivation）和外在激励（extrinsicincentive）。如Herlinger（1973）认为激励是无法直接观察的内在变化过程，Dessler（1976）认为激励是为了满足某种需要进行的反应活动。在组织管理中研究激励问题被称为工作激励（work motivation），工作激励是组织行为。研究工作激励的目的在于希望员工按组织设定的责任去履行职责，员工履职的结果为工作绩效。工作激励被认为是决定员工工作绩效的因素之一。这种两分法也体现了经济学和管理学对于激励的不同理解。

虞华君在其学位论文《基于群体特征的高校教师激励因素及其绩效影响研究》中认为：激励，意为采取行动。随着管理科学理论的快速发展，学者们对激励内涵的探讨也不断深入。目前对于激励的认识主要有以下几种：第一种是将激励理解为一种心理过程，并且大部分学者对于激励的认识更偏向于是一种程序或过程。Jones 等认为，激励涉及行为的发端、激发、延续、导向和终止，以及在所有这一切进行过程中，被激励主体呈现出的主观反映。W. Gibson、Ivancevich 和 Donnelly 提出激励是一种有导向的程序过程，多指激发、鼓励，是通过运用某些手段或方法来激发、调动组织成员的工作积极性和创造性的过程。丁桂莲认为激励是管理心理学的一个最重要而又最基本的概念，它是指激活需要、激发动机、鼓舞士气、推动行为的过程。激励也是一个激发人的工作动机，并通过持续改进和不断努力，最终达成既定目标的过程。管理中的激励包含两个要素，即组织目标和个人心理目标，组织目标是激励的方向，个人心理目标是心理基础，是激励力量的源泉。范海鹰也认同激励是一个心理过程，激励就是对人的激发和鼓励，通过激发人的工作动机，进而使其产生指向目标需要的心理过程，其实质是激发人的行为动力，有效地调动人的工作积极性的过程。俞文判也认为激励是一个持续激发人的动机的心理过程，是引起个体产生明确目标指向行为的内在动力。第二种是将激励理解为一种行为手段或活动。如 Davis 认为激励本身是一种行为，激励是基于组织成员的需求，运用多种诱导、激发的刺激手段，使组织成员实施实现组织目标的行为。麦格金森（Megginson）等认为激励就是通过引导有各自需要的个体或群体，为了实现组织既定目标而积极努力工作，最终达到个人目标。激励是推动人朝着一定方向和水平从事某种活动，并在工作中持续努力的动力。第三种认为激励是一种意愿和反应。美国学者罗宾斯（Robbins）提出激励是以满足个体需要为前提，促使员工持续努力，最终实现组织目标的意愿。刘彦伯认为激励是对本能需求、渴望、愿望，以及相同效用的这类术语的统称。彭丽华提出激励就是激发、鼓励之意。

综上所述，从激励发挥作用和价值的途径来看，激励的形成源于动机，动机的产生又源于需求未获得满足，需求的不满足则源于外部或内部的刺激，这些刺激存在着具体的指向。因而，激励是个体在外部或内部刺激作用下形成需求，并在需求导向下产生动机和行为，最终在内外部力量的持续作用下达成某些目标或行为的过程。从激励的形成路径分析，一方面可以基于内部刺激，即源于个体内在的心理需求，进而产生行为或结果，由此形成内在激励路径；另一方面也可以基于外部刺激，即受到外部刺激因素作用而产生行为动机及其行为结果，从而形成外在激励路径。

已有研究表明，人们的行为与受到的激励呈正相关，激励程度越高，行为效果越好，进而更易达成目标。综上，有关激励的概念，本书总结概括为：个体在外界或内部刺激下产生动机和行为，进而促使人向着目标行动的过程。

二、相关理论基础

激励理论的发展是随着管理学的不断发展而成熟起来的。关于激励理论的研究，毫无疑问，与管理学的研究最为密切。在管理学相关论著中，常常都有专门的章节论述激励的相关理论。当然其他学科如管理心理学、组织行为学、组织经济学等学科也都涉及激励问题的研究，因此，形成了一个多学科视角下的激励理论的研究体系，非常庞杂。根据研究的侧重点和行为关系的不同，管理学通常将激励理论分为四个大类，即内容型激励理论、行为矫正型激励理论、过程型激励理论和综合型激励理论。通过查阅相关文献，总结梳理如下：

1. 内容型激励理论

内容型激励理论是针对激励的原因与起激励作用的因素的具体内容进行研究的理论，解决的是"用什么来激发或驱动人的行为"的问题。该理论认为，需求是激励过程的起点，着重探讨激励的起点和基础，研究如何从需求入手，通过满足需求来激发人的动机，调动人的积极性。内容型激励理论的典型代表有马斯洛需求层次理论、赫茨伯格（Herzberg）的双因素理论、奥尔德弗（Alderfer）的 ERG 理论和麦克利兰（McClelland）的成就需要理论等。

(1) 马斯洛需求层次理论

最早提出需求层次理论的是美国心理学家马斯洛。1943年，马斯洛在《人的动机理论》一文中提出，人的需求由低到高的五个层次包括：一是生理需求，包括觅食、饮水、栖身等基本生活条件的需求；二是安全需求，包括保护自己免受伤害、生活有保障、病有所医等的需求；三是社会需求，包括爱、归属、接纳和友谊等的需求；四是尊重需求，既包括内部尊重如自尊、成就感的需求，也包括外部尊重，如地位、认可的需求；五是自我实现需求，属成长性需求。马斯洛认为，只有低一层次的需求被满足后，才会刺激高一层次的需求，个体的需求是由低到高逐层上升的，包括生理需求、安全需求、社会需求、尊重需求和自我实现需求。"需求等级理论"被许多学者所研究、讨论和利用的缘由，是它更符合中国人的心理发展。马斯洛还认为较低层次的需求主要通过外部使人得到满足，较高层次的需求主要通过内部使人得到满足。

马斯洛的需求理论揭示了人的需求本质，在一定程度上反映了人类行为和心理活动的规律，对发展激励理论和进行有效管理产生了积极的影响。虽然目前还没有足够的证据来支持马斯洛的关于人的需求是有层次的理论，但该理论对管理者如何有效地调动人的积极性无疑有很好的启发作用和应用价值。

(2) 赫茨伯格的双因素理论

双因素理论也称为"保健-激励理论"，是美国心理学家弗雷德里克·赫茨伯格于20世纪50年代提出的。双因素理论研究的重点是组织中个人与工作的关系问题。他试图证明，个人对工作的态度在很大程度上决定着任务的成功与失败。他认为，导致人们在工作中产生满意感和不满意感的因素是相互独立的。当人们获得那些导致满意感的因素就会产生满意感；反之，当人们没能获得那些可以消除不满意感的因素时，就会产生不满意感，而如果获得了这些因素，仅仅会消除不满意感，并不会带来满意感。赫兹伯格进一步将影响人们行为的因素分成两种类型：保健因素和激励因素。只有激励因素才能够给人们带来满意感，而保健因素只能消除人们的不满，不会带来满意感。保健因素是指造成员工不满情绪的因素。保健因素不能得到满足，则易使员工产生不满情绪，消极怠工，甚至引起罢工等对抗行为；但在保健因素得到一定程度改善以后，再继续改善也很难使员工感到满意，因此，也就难以再激发员工工作积极性。就保健因素来说，"不满意"的对立面应该是"没有不满意"。激励因素是指能带来积极态度、满意和激励作用的因素。通过对激励因素的改善而使员工感到满意，能够极大地激发员工工作的热情，提高劳动生产效率。对于激励因素，即使管理层不给予改善，员工也不会因此感到不满意。就激励因素来说，"满意"的对立面应该是"没有满意"。

双因素理论阐释了员工对工作满意和不满意的决定性因素，说明了物质激励是需要的，但物质激励也具有局限性，相对来说，精神方面的追求是更高层次的追求，对于员工的激励作用更加明显。

（3）奥尔德弗的 ERG 理论

奥尔德弗把马斯洛的需求层次压缩为三个：生存需求（existence）、关系需求（relatedness）和成长需求（growth）。奥尔德弗的理论从需求的内容上和需求的激励作用上来说与马斯洛的五个层次的需求基本保持一致，他对需要的解释也未超出马斯洛理论的范围，只是奥尔德弗的理论对不同需求之间联系的限制比较少。他提出改进的地方主要有三个方面：第一，该理论不过分强调层次的顺序，不同意人在同一个时间内只有一种需求的观点，强调可以在同一时间段拥有两个或以上的需求；第二，该理论提出了挫折倒退模式，认为较高级的需求受到挫折可能会倒退，使人更加关心低级的需求；第三，该理论认为某些需求，尤其是关系需求和成长需求，如果为个人提供了满足需求的较好条件，其强度反而可能会增长，这种情况与马斯洛的理论正好相反。

（4）麦克利兰的成就需要理论

美国心理学家麦克利兰于 1961 年提出成就需要理论。他认为，在人的生存需要基本得到满足的前提下，最主要的需要有三种：成就需要（need for achievement）：追求卓越、达到标准、争取成功的需要；权力需要（need for power）：影响或者控制他人且不受他人控制的欲望；归属需要（need for affiliation）：建立友好亲密的人际关系的需要。三种需要中，人们研究得比较多的是成就需要。麦克利兰认为，可以通过提供能独立负责、适度挑战的工作来激发员工的成就需求。具有强烈的成就需要的人往往显示出以下三个共同特征：一是喜欢能发挥独立解决问题能力的工作环境；二是往往倾向于谨慎地确定有限的成就目标；三是希望不断得到对自己的工作业绩的反馈。成就需要理论对于把握管理人员的高层次需要具有积极的参考意义，它把重点放在鉴别和培养成就需要上，丰富了马斯洛对自我实现需要的描述，它对于管理者在发现高成就需要的人及培养下属的成就需要方面非常有帮助。

2.行为矫正型激励理论

行为矫正型激励理论主要有斯金纳（Skinner）等提出的行为强化理论和海德（Heider）提出的归因理论。行为强化理论认为人的行为是由外界环境决定的，通过强化外部的因素能实现对个体行为的塑造；归因理论强调通过控制行为和环境以对行为结果进行推论分析和因果解释。

（1）斯金纳的行为强化理论

行为强化理论也叫行为修正理论或行为矫正理论，是由美国心理学家斯金纳等人提出的。强化理论认为，对工作人员的积极正确行为的奖励，以及对消极行为和不当行为的批评和惩罚，可以调节工作人员的行为，提高员工的积极性，减少员工出错和消极怠工的可能性。这种强化按目的和性质可分为积极的和消极的。积极强化的措施包括承认、奖励、报酬、信任、晋升等等。同时，消极强化是指对不符合本组织的行为进行惩罚，通过批评、惩罚和罚款等手段削弱这些行为，如降低工资、停职和降职。强化理论具有普遍适用性，既适用于低需求的基层工作人员，也适用于中级和高级工作人员。强化理论强调，为了改变工作人员的行为，应及时采取激励和惩罚措施。

根据强化理论，激励可分为正负两种，即正向激励和负向激励。当一个人的行为符合组织、单位的目标时，公司会给予贡献者口头承认、书面承认或晋升等。这一过程就是正向激励。员工在获得正向激励后可能会更加努力，对组织或单位作出重大贡献。因此，要想让该个体成为其他个体的学习对象，可以正面激励个体所表现出的和导向相匹配的行为。如果一个人从事的行为违反了组织或单位的规则和条例，或造成严重后果，那么相关组织或单位会采取惩罚措施，控制或制止这种行为，防止其再次发生。例如，罚款、口头或书面批评等，甚至辞退或开除。这一过程就是负向激励。负向激励的目的是避免不良行为的再次发生。但在现实生活中，尽量少用负向激励。

斯金纳的强化理论告诉我们，通过晋升、提升工资待遇、表扬等可以增加个体的正向行为，而通过惩罚、批评教育等可以减少不良的行为，因此，强化理论在组织激励中有很好的指导作用。

（2）海德的归因理论

海德于1958年在其著作《人际关系心理学》中，从心理学角度提出了归因理论。海德认为，事件发生的原因主要有两种：内因和外因。一般个体趋向于把别人的成功和自己的失败归因于外部因素，而把别人的失败和自己的成功归因于内部因素。

在海德提出归因理论后，韦纳提出成败归因理论，班杜拉提出自我效能感归因理论，这些理论的出现对归因理论的完善、发展及后期的应用研究起到了极大的推动作用。其中，自我效能感最早是美国心理学家班杜拉于1977年提出的。[①] 自我效能感的作用是多方面的，它不仅影响人们的行为选择、决定人们对某项任务的坚持性，还会影响人们的思维模式。自我效能感高的人在面对困难的时候，会集中精力解决自己所面对的问题，会比自我效能感差的人付出更多的努力。[②]

3. 过程型激励理论

过程型激励理论源于激励对象的动机行动，重点研究被激励个体行为的产生、增长、改变和终止的整个过程，侧重于分析受激励个体从动机产生到行为实施的心理过程。主要包括弗鲁姆（Vroom）的期望理论、洛克（Locde）的目标设置理论和亚当斯（Adams）的公平理论等。

（1）弗鲁姆的期望理论

期望理论是1964年美国心理学家弗鲁姆在《工作与激励》一书中首次提出的。期望理论认为，个体以某种特定方式参与活动的程度，取决于个体对该行为能给自己带来某种结果的期望程度，以及这种结果对个体的吸引力。[③]

[①] Bandura A. Self-efficacy: toward a unifying theory of behavioral change[J].Psychological Review, 1977, 84(2):191-215.

[②] 张鼎昆，方俐洛，凌文辁. 自我效能感的理论及研究现状 [J]. 心理学动态，1999（1）：11，39-43.

[③] 斯蒂芬·P 罗宾斯. 组织行为学（第10版）[M]. 孙健敏，李原，译. 北京：中国人民大学出版社，2005：188.

也就是说，人的积极性取决于目标的价值和目标实现的期望值的乘积，用公式表示为：激发力量＝效价×期望值。期望理论研究的是个体的行为与对目标的期望之间的关系，明确了个体工作行为的内在和外部驱动力及其作用原理。激发力量的计算公式给管理者制定和执行绩效考核以及对奖罚机制的优化提供了科学依据。管理者应该根据不同员工的需求，采取不一样的激励措施，激励措施中的奖励应该与员工的愿望相符合，以保证激励效果的最大化。因此，如果企业经理想利用某一激励方式来激励其组织内部的员工，那么在选择激励方式之前要进行相应的准备工作，并对员工进行调查。为了使工作人员对完成这项任务有信心，首先要做到难易适中。同时，工作人员必须认识到，只有通过努力，他们才能获得奖励，提高业绩。

（2）洛克的目标设置理论

目标设置理论是美国马里兰大学管理学兼心理学教授洛克于1967年最先提出的。杨秀君（2004）在《目标设置理论研究综述》一文中提出了目标的四种心理机制。首先，目标具有指引的功能，它会引导个体关注与目标相关的活动，远离与目标不相关的活动；其次，目标具有动力功能，具有较高目标的个体会更有动力，会更努力去实现目标；再次，目标影响坚持性，在个体被允许控制时间的情况下，困难的目标会导致个体付出更长的努力时间；最后，目标具有通过目标任务、知识、策略等来间接影响行为的功能[①]。管理者在运用目标设置理论时，要想达到预期效果，就应当注意所设置的目标必须满足两个条件：其一，个体必须觉察目标和知道用什么行动去达到目标；其二，个体必须接受目标。同时，目标的难度、目标的清晰度以及个体的自我效能感都会对目标的实现程度产生相应的影响。

（3）亚当斯的公平理论

公平理论是由美国学者亚当斯从其一系列著作中提炼出的一种激励理论。公平理论可以影响员工对工作的态度。亚当斯的研究表明：相对于绝对报酬，员工似乎更关心和在意自己的相对报酬。亚当斯通过研究发现，人们以下的行为是下意识的：将他人的投入与产出和自己的投入与产出进行比较。投入是指受教育水平、技能水平、工作的质量、工作的数量、工作的经验、智力

---

① 杨秀君. 目标设置理论研究综述 [J]. 心理科学，2004（1）：153-155.

水平、努力程度等，产出是指所获荣誉、待遇福利、社会地位、利益和报酬等。如果实现了平等，即员工认为自己的投入与产出和他人的是平等的，则感到满意和公平；如果未能实现这一平等，则员工会感到不满和不公平。也就是说，个体不仅关注自己的收入与付出是否平等，而且会关注自己的收入与付出与其他人的收入与付出的比率是否平等，后者会更影响个体的公平感。员工通过与他人的比较，如果认为是公平的，则会感到满意，心情舒畅，继续努力完成工作；如果认为自己得到的相对少，感到不公平，则会产生不满，从而做出旷工、缺勤，甚至是离职等行为。如果自己得到的比他人多，也是一种不公平，但一般会使员工感到满意，从而更加积极工作。

4. 综合型激励理论

综合型激励理论的典型代表为波特（Porter）和劳勒（Lawler）的综合激励理论。

1968年，美国的两位行为科学家波特和劳勒在《管理态度和成绩》一书中提出了综合激励理论，该理论主要解释了员工工作态度和工作绩效之间存在的关系。员工通过对收获与付出进行比较，决定对工作的付出程度。同时，将因工作绩效获得的奖励与自身业绩状况进行比较，当感觉到付出与获得价值对等时形成满足。波特和劳勒的综合激励理论把内、外激励因素都考虑了进去，系统地描述了激励的全过程，以期对人的行为有更为全面的解释，克服各种激励理论的片面性。该理论中包含努力程度、工作绩效、内外在奖励、满足感这四个主要变量，它们之间的关系是：激励决定个体的努力程度，努力程度影响工作绩效，工作绩效高低决定个体获得组织给予的内外在奖励的多少，内外在奖励影响个体的满足感，满足感最终又会影响个体的努力程度，这是一个循环的过程。要实现良性的循环，应充分考虑奖励的价值、奖惩制度、公平的考核方案、个人心理预期、领导的行事风格及管理者的管理水平等因素。

三、激励理论对高校教师队伍建设的启示

赵志鲲认为，激励是管理者为激发员工的主动性和潜能，使员工提高工

作效率、顺利完成工作任务，达到管理目标而实施的管理行为。在组织管理中，合理有效的激励可以提高工作绩效，促进人力资源开发，提高组织的核心竞争力，从而实现组织目标。相应地，教师激励就是根据教师的内在需求，按照一定的理念确定教学目标，通过一定的方式激发教师的内在动机，从而实施某种行为的过程。教师激励的核心在于激发教师心理动机，以唤起他们对工作的高度责任感和使命感，最大限度地调动他们的积极性和创造性，使得教师在工作中处于积极的状态。虽然这些激励理论流派关注点各有侧重，但都主张关注人、激励人、调动人的积极性。分析和研究相关激励理论成果，对于我们理解和做好教师激励工作有很好的启示。

1. 激励理论指出研究教师需求的方向和管理策略

从激励理论整体来看，激励是以"经济人"假设出发，从最初的偏重目标实现、依赖奖惩措施的实施逐步过渡到"自我实现的人"，强调"以人为本"理念，突出发展性激励和人力资源的开发，越来越关注人的需求、人的发展。不同的激励理论有其各自丰富的内涵。如从动机理论来看，教师的动机并不是完全相同的，在需要、态度、个性以及其他重要的个人需求上会有很大不同。相应的管理策略应该是尊重个体之间的差别，允许不同的教师承担不同的任务，做到教师与承担的工作相匹配。而从需求层次理论来看，教师的尊重需要追求的是荣誉、地位、权利、责任，相应的管理策略应该是考核、晋升、表彰、参与等；而教师的自我实现需要追求的是成长发展的条件和挑战性的工作，其管理策略则是参与决策、破格晋升等。

2. 激励工作中需要充分关注教师职业的特殊性

教师因脑力劳动的特殊性，所付出的努力往往很难在较短的时间内显现出来。因此，在实际工作中，必须充分认识教师作为学术组织成员的特别之处。如果不尊重教师，简单照搬常规管理激励办法，过度强调目标管理与任务考核，忽视教师的主体地位，管理者将会举步维艰。教师对尊重的需要在工作中表现得更为突出。

3. 制度建设在教师激励中具有举足轻重的作用

任何条件反射的建立都是为了获得强化物。人的行为是有意识的，是可以控制的。影响行为自觉性的是行为的结果，行为的结果对动机的反馈作用就是强化。行为的自觉性可以通过适当合理的奖惩措施来固化。正确分析教师工作行为成败得失的原因,可以帮助教师端正态度,达到矫正行为的目的。高校在设计激励机制时应该思考,到底是哪些制度使得教师的积极性不如预期的那样好。只有找出导致积极性不高的原因,制度建设才能够做到有的放矢,才能发挥制度的导向作用。

4. 关注公平会增加教师的幸福感和成就感

竞争为学者提供了创造知识的激励,因为越优秀的学者就越能得到好的待遇和高的职位;竞争引起人才流动,而人才流动会激发每个人的创造力。需要注意的是,对效率的追逐与崇拜会严重损害高等教育的价值,使高等教育承担的公益性目标面临危机。因此,高校在追求办学效率等目标时,不能忽视公平原则,不妨"公平优先,兼顾效率",对教师的个性和需求的多样性以及学术创新等价值目标给予足够的关注。当教师感到自己的付出与所得是对等的时候,才会有公平感,也才会感到幸福,产生成就感。教师只有获得成就感和公平感后,才能更加积极主动投入教学工作。

5. 激励工作中应重视并关注教师自我激励

目前,很多高校教师的行为大多是在被动管理下发生的,处于一种被动激励的状态。由于高校教师职业的特殊性,在对其具体的管理工作中缺乏激励因素和有效手段,尤其缺乏来自外部的激励因素。从教师成长与发展的角度看,其自我要求的提高,学术使命的担当,岗位职责的充分履行,更需要教师的自我激励。因此,相信教师、尊重教师诉求、合理引导教师行为的激励措施往往能取得更好的效果。

第二节 高校教师激励问题探讨

随着激励理论研究的发展,国内对高校教师激励问题的研究不断深入,对高校教师激励因素的把握也越加清晰。赵志鲲、虞华君分别在其学位论文《大学教师激励问题研究》《基于群体铅征的高校教师激励因素及其绩效影响研究》中对国内相关研究进行了系统梳理,相关的研究成果主要集中在以下几个方面。

一、收入分配制度方面

收入分配制度事关高校教师的待遇，不少研究者结合收入分配制度改革情况对教师激励工作展开了研究。

北京大学邢志杰博士运用实证的方法，检验了高校实施岗位津贴制度对教师工作业绩的激励效果，其研究结论主要包括：上一年工作业绩对教师当期的岗位津贴分配的确存在显著性影响，科研工作对岗位津贴分配的影响很大；职称和资历是影响岗位津贴分配的主要因素；岗位津贴收入对全体教师当年工作业绩存在一定的显著性激励作用，但在职称相同的教师中岗位津贴的差异并没有使教师的工作业绩有显著差异；岗位津贴的"外部竞争性和内部公平性"影响教师对岗位津贴收入的满意度；高校教师在应对岗位津贴分配中的不满意结果时可能会出现"逆向激励"现象，即满意度低的教师会努力工作提高工作业绩，使岗位津贴达到自己满意的级别，但这只可能发生在短期内。邢志杰还对如何完善岗位津贴制度、建立有效激励机制提出政策建议。[①]

南京师范大学吕航博士的论文运用了理论分析和实证研究相结合的方法，对"业绩津贴分配"激励的有效性及激励机制等问题进行了比较深入的研究，其研究内容主要有：证实了业绩津贴分配制度具有一定的激励有效性；揭示了教师收入满意感及工作压力感的心理内涵；分析了津贴制度中业绩因素和职级因素；研究了制度实施中教师收入满意感和工作压力感两大心理因素的交互作用；对业绩津贴方案进行了区分，提出按绩付酬型、按绩付酬和按职付酬两者结合型、按职付酬型三种类型，并对应提出高工作压力模式、低工作压力模式、高收入满意感低任务压力模式三种工作模式。[②]

公平原则是教师激励也是收入分配最为关注的问题，适当拉开收入差距

[①] 邢志杰. 高校收入分配制度变革与教师工作业绩的关系研究——以岗位津贴制度的实施为案例 [D]. 北京：北京大学，2005.

[②] 吕航. 激励与约束——对我国高校业绩津贴分配制度的实证研究 [D]. 南京：南京师范大学，2003.

是合理的，但差距拉开过大，反而影响激励的效果。张荆等人以高校教师收入分配制度为切入点，探讨高校教育制度改革，着重研究高校薪酬的结构特点、竞争与公平的关系，研究高校教师收入差距来源、状况以及变化发展趋势，并进一步研究薪酬收入对教师工作积极性和创造性的激励作用。调查发现，高校"市场化"拉大了教师间的贫富差距，导致高校教师的积极性降低和创造力减弱。高校"市场化"与不断加码的绩效考核严重影响了高校教师的教学及科研工作。研究指出，中国高校教师的收入包括工资性收入和非工资性收入两大部分。研究人员自2010年以来先后对北京、上海、云南等地的高校进行调查，发现高校教师工资低于公务员工资且收入差距明显，大学教授中收入最高的是收入最低的5.9倍，副教授中收入最高的是收入最低的4.5倍。部属院校和市属院校之间的收入差距也很明显，年收入在10万～20万元的高收入层，部属高校高出市属高校近10个百分点。因高校教师的薪酬地位相对偏低，拉大教师间收入差距反而难以发挥分配的激励作用。

综上所述，高校管理应以科学的管理理论为基础，采用科学的管理制度和方法，避免简单的行政倾向。应建立统一的工资制度，使相同职位教师的收入基本相同。同一个学校的各个院系，同样级别的教授，其工资（国家资金、学校资金）应大体相同。此外，还应限制教师个人的市场经营行为。[①]

二、人事管理制度方面

人事管理制度是高校制度体系中的重要制度，其核心内容涉及教师管理，事关教师激励工作。

柯森认为，要使得高校人事管理制度改革具有更强的针对性、可行性和效力，需要对有关改革的具体思路和措施的合理性进行深入的思考，既要面向社会环境的变化和要求，又要针对高校教师的职业特点。在对高校教师职业内涵的历史演变分析的基础上，对教师面临的主要职业冲突进行举例描述，说明现有的教师职业要求和评价制度有不合理之处，提出在教师职业评

---

① 张荆，赵卫华. 高校教师收入分配与激励机制改革研究[M]. 北京：社会科学文献出版社，2014.

价和任用制度方面，高校应有更大的自主权，要建立多样化的教师评价制度和任用制度；高校在引进竞争激励机制的同时，也要考虑高校组织的特性，建立稳定机制。①

李萍从改革的目的与手段、规范与人性、限度与张力三个方面对人事制度改革进行反思，认为虽然各高校人事制度改革方案和实践的路线有所不同，但必然有共同的价值观支持；改革的目的与手段不可本末倒置，要把握好规范与人性的关系；既要通过制度规范、目标管理达到规范的目的，也要考虑教师的情感、需要和发展，进行人性化管理；改革是利益的重新调整，要注意适度原则，又要有一定的弹性，要处理好改革的限度与张力的关系。熊丙奇则认为，高校人事管理制度改革的重点不应是对岗位设置进行"分类"，而应该根据高校的功能，重新进行岗位的科学设置；改革的思路不应是列出那么多的待遇种类，而应该是实行与教育教学、学术研究规律相符合的年薪制，避免急功近利的业绩追求；改革的操作权，不应集中在行政管理人员手中，而应该是接受各级人大代表的监督，听取教师的意见，改革需要在正确的教育理念下，对整个教育体制进行改革，同时还需要整个社会改革的配套。在这样的改革环境下，才能达到改革的效果。②

郭丽君在关于高校教师聘任制的研究中，选择学术职业作为研究的视角，对学术职业的工作方式和性质、高校组织特征进行阐述，指出高校教师聘任制的实施受到效率机制和合法性机制的双重制约。在这一理论框架下，从历史、现实、变革的纬度对国外教师聘任制度进行了梳理和分析，又从历史、政策、管理制度三个层面探寻了中国高校教师聘任制改革的问题症结。郭丽君认为：在我国高等教育中，政府行政主导力量依然强势，市场的影响逐步增强，相对来说，学术力量影响比较小。在政府设定的政策目标和学校自身发展的双重压力下，要提高办学效率，必然要在教师的聘任工作中引进竞争激励机制，因而绩效成为教师聘任工作决策的主要依据。由于学术权力的弱化、学术评审机制的异化、学术规范和学术自由的制度保障的欠缺，聘任制

---

① 柯森. 高校人事制度改革：一种从高校学者角度所作的探讨 [J]. 高教探索，1999（2）：6-12.
② 李萍. 高校人事制度改革的哲学思考 [J]. 中国高等教育，2005（9）：19-21.

改革中合法性机制未能起到有效的制约和平衡作用。研究者通过对流动与稳定、公平与效率、激励与约束、规范管理与灵活管理之间关系的分析，作者提出了教师聘任制改革的路径。①

这些文献既有对高校改革思路的系统论述，也有对聘任制改革中所折射出来的问题的剖析与反思；既有政策制定者对人事管理制度改革政策层面的阐释，也有深受人事管理制度改革影响的高校教师对这一改革的各种见解；既有对国外高校成功的人事管理经验的总结，也有对我国高校人事管理制度改革中若干得失的分析。相关研究整体上突出了人事管理制度的重要性，提出了完善人事制度的建议与举措，对研究高校教师激励问题提供了参考价值。

三、高校教师激励的综合研究

整体来看，对高校教师激励机制的研究大多是借助中西方有关激励理论，结合激励工作中存在的问题，从不同的研究视角来关注教师激励工作和激励的效果。研究既涉及理论层面的探讨，也涉及实务工作者对经验的总结研究，还有理论关照现实的实证研究。从具体研究方法来看，较多使用了问卷调查和访谈的方法。从查阅的文献资料来看，研究者较关注激励中的问题，一般从影响激励的因素、加强制度建设、完善激励机制等角度来进行探讨，提出改进激励工作的具体措施。具体来说，有的研究借助于相关理论，主要是借助管理学等理论，从完善激励机制角度来探讨，如《双因素理论在高校教师激励管理中的应用研究》《基于场域理论的高校教师激励研究》《基于系统动力学的黑龙江高校教师激励机制研究》等；有的从具体激励制度出发进行政策研究，如《我国高校教师激励型薪酬体系的设计研究》《激励与约束——对我国高校业绩津贴分配制度的实证研究》《我国大学教师学术评价制度研究》等；有把某高校作为具体实例进行剖析的个案研究，如《高校教师激励机制研究——以M学院为例》《我国高校教师激励机制研究——以徐州某高校为例》等；有的从分类角度对某一专业类高校进行专项研究，如《福建高校体

---

① 郭丽君. 大学教师聘任制——基于学术职业视野的研究 [M]. 北京：经济管理出版社，2007.

育教师激励机制的研究》《北京市财经类高校教师激励现状及问题研究》等；也有的从高校类型的角度进行研究，如《学术生态治理——研究型大学教师激励机制探索》《民办高校教师激励机制研究》等；还有针对某一类人群的研究，如《新时期高校青年教师激励机制研究》《江西高校外籍教师激励方案研究》等。直接研究国外高校教师激励的论文相对比较少，如《日本政府对私立高校教师激励政策之研究》等。

关于产生激励问题的原因的分析，主要集中在理念、体制、制度等方面，如"更新教师激励理念，如双主体激励理念、自我激励理念、引导激励的理念"，"管理体系不够民主、聘任制度不够健全、评价考核制度不够科学、薪酬设计不够合理、激励方式不够丰富"等。而如何解决激励问题，许多研究者从宏观角度提出了应遵循的原则，大体上包括"以人为本""物质激励与精神激励相结合""正激励与负激励相结合""内外激励相结合""激励强度与学校目标相适应""公平性""差异性"等原则，这些对做好激励工作无疑是有启发意义的。具体到解决激励问题的举措，从研究结论来看，主要集中在制度变革上，如"逐步推行教师岗位聘任制、建立优劳优酬的薪酬制度、建立公平合理的考核评估制度、健全高校教师培训制度等"，"实施完整的薪酬战略、引进人才合理流动、健全教师培训制度、实施教的分层激励、采取有效的精神激励、实施岗位聘任制和改进绩效考评"；也有从具体内容角度表述的，如注重"物质激励（工资激励、奖金激励、福利激励等）和精神激励（职业发展激励、晋升激励、情感激励、荣誉激励、表扬激励等）相结合"，"建立科学的能绩评价和分配激励机制，建立导向性激励体系（目标激励、期望激励、归因激励），建立智力激励体系（实施终身教育、完善知识结构、培养国际眼光），建立自我激励体系（情感激励、尊重激励）"；其他的还有深化校内分配制度改革，优化高校内部环境，把外在激励与内在激励相结合，重视教师参与管理，实施学术团队激励，激励机制要突出成长性和差异性等。

在这些研究中，还有些研究者选择的视角比较独特，如从隐性激励、过度激励和构建激励模型角度开展的研究。常用的物质激励显示度很高，与之相比，精神激励虽然常常被提及，但在实际工作中往往被忽视。关注教师精神需求，从隐性激励因素视角研究教师激励工作是一种创新。华中科技大学方明军（2008）的博士论文《大学教师隐性激励论》，从高校教师激励的特殊性与隐性激励的价值特征之间的契合性出发，在分析论证了高校教师隐性激励的现实可能性与必要性的基础上，尝试对高校教师隐性激励系统进行整合和构建。这一研究视角独特，揭示了隐性激励思想与高校教师激励的特殊性有着内在的契合性。隐性激励的实质是管理者在组织与成员间建立和维护有利于组织目标实现的心理契约的努力行为。暗示性与内隐性是隐性激励的根本特征，主要表现为激励目标的隐蔽性、激励物的不可触摸性、激励方式的渗透性、激励机制的隐蔽性等。要做好隐性激励工作，需要对制度的隐性激励、环境的隐性激励、声誉的隐性激励等进行有效的整合。

整体而言，高校教师的激励研究主要还停留在对教师激励有效性不足的描述、分析教师需求特点、阐释影响教师激励的因素、分析激励制度和激励机制中存在的缺陷等方面。相对来说，借用企业管理理论比较多，经验性的总结比较多，对高校组织的特性、高校教师工作的特点的研究不够深入，对如何相对比较科学地评价教师的劳动、教师激励的实质、教师激励中的公平问题、教师工作绩效提升的动力、有效激励缺失的深层原因等缺少分析与研究。另外，缺少从宏观层面对激励问题原因的探讨，在微观层面，也缺少将激励问题研究与中国高校教师激励的现状有机地结合起来的研究，存在提出的改革措施的针对性、操作性还不够强等问题。

第三节　高校教师激励模型的构建

一、高校教师的职业特点

习近平总书记指出，教师不能只做传授书本知识的教书匠，而要成为塑造学生品格、品行、品味的"大先生"，做学生为学、为事、为人的示范，促进学生成长为全面发展的人。高校教师是一个特殊的职业群体，已有研究对其职业特点的分析探讨较多，典型代表有赵志鲲的《大学教师激励问题研究》、欧金荣等的《基于知识型员工特点的高校教师激励机制研究》等。

(一)高校教师是一种职业

高校教师可以定义为通过业缘关系结合起来的从事高等教育事业的职业群体，他们的主要精力和生活重心在教学和学术研究工作上。高校教师以学科、院校、协会为平台，遵循教育规律和学术发展规律，围绕着知识中心开展活动，培养人才和服务社会，并在此过程中形成群体成员所认同的观念体系和行为准则。[①] 华中科技大学教育科学研究院沈红教授团队对19个国家和地区开展的一项比较调查显示：有超过70%以上的受访者表示，愿意继续选择在高校做教师。应该说，高校教师是一种具有高吸引力且比较体面的职业。事业单位岗位一般分为三类，分别是专业技术人员、管理人员和工勤技能人员。多数高校教师属于专业技术岗位，在高校人力资源中占据主体地位。

(二)高校教师的角色定位

高校教师是教师，但又不同于一般教师，他工作的内容不仅仅是履行教书育人的职责，很多时候还要充当某一领域的研究者。典型的情况是，一个大学教授，不仅要开课，带研究生，还要争取课题经费，不断发表论文和出版专著，并走向社会，提供技术服务，或参加各种创收活动。高校教师属于知识型员工，受过系统的专业教育，具有较高学历，掌握一定的专业知识和技能。高校教师的职业准备期比较长，入职前的投入也比较大。相对来说，高校教师的社会地位比较高，职业风险比较小，工作也相对稳定和自由，具有很强的自主性和创造性。高校教师从事脑力劳动，但劳动成果相对来说比较难以衡量。

高校承担着培养人才、发展科学和服务社会的重要职能，这些职能的实现主要是通过教师的劳动来完成的。高校教师是培养高级专门人才的承担者，是开展科学研究、发展科学技术的重要实现者，还是通过知识传播及运用直接为社会提供支持的服务者。教师教育劳动的出发点和归宿点是培养人、塑造人，即把一个自然人塑造为社会人。教师职业劳动在其性质、职能、对象、工具、

---

① 刘立志. 高校教师队伍建设政策发展的理论研究 [D]. 上海：华东师范大学，2003：10.

方式、时间、周期成果方面都有自己的特殊性，高校教师作为知识的生产者与传播者，可谓社会的精英群体。因此，针对高校教师的激励必须充分考虑教师职业的特点。

（三）高校教师的身份

1. 人事管理视角

高校教师的身份定位与国家对高校教师实行的管理体制有密切关系。不同的身份定位，其管理方式是不同的。长期以来，我国一直采用集中统一的干部人事管理模式，机关和企事业单位的各类人员仅用"国家干部"和"工人"加以区分。全日制大中专毕业生从入职之日起就被确定为国家干部，而高中以下的毕业生如通过招工渠道参加工作，则被视为工人。在我国，大学属于事业单位，高校教师属于事业编制，其身份是事业单位的专业技术人才，虽不属于国家公务员序列，但也归属于国家工作人员。

随着国家干部人事管理制度的改革，人员管理模式逐步由身份管理向岗位管理转变，相应地，"国家干部"的说法也逐渐淡化。国家公务人员纳入公务员系列进行管理，而高校的人员则依据岗位的不同分为三类，即专业技术人员、管理人员与工勤人员，相应地工资体系也分开。专业技术人员成为教师队伍的主体。当然，由于历史原因，目前的高校管理的行政化色彩还很浓。虽然明确了高校人员的分类管理，但传统的思维和高校特殊的生存状态，使得高校教师的管理依然有非常浓厚的干部管理的痕迹。学校还有部级、省级、市级的差异，学校的校长、院长、系主任也还有行政级别，大体参照厅级、处级与科级来进行管理。高校教师的工资体系也是参照国家干部的做法，如教授待遇比照正处级干部，副教授比照副处级干部。如何去除行政化，破解教师管理中的行政化倾向，是深化教育综合改革所面临的重要课题。

2. 知识分子视角

通常我们把学历较高、读书较多的人称为知识分子，当我们这样表达时其实并不单单指一个人有文化有知识，也应该隐含了一个人有智慧、有社会责任担当、有批判精神。社会责任是高校存在的一个相当重要的价值体现。

知识分子是具有较高文化水平的脑力劳动者，其工作内容主要是创造、积累、传播、管理及应用科学文化知识。他们大体分布在科学研究、教育、文化艺术、医疗卫生等领域，是国内通称的"中等收入阶层"的主体。国外的主流看法与国内大体相似，认为知识分子是受过专门训练，掌握专门知识，以知识为谋生手段，以脑力劳动为职业，具有强烈的社会责任感的群体，是国外通称"中产阶级"的主体。知识分子可以理解为受过良好教育并具有一定的专业知识与智慧，以脑力劳动为职业的、具有社会责任感的思想自由者。知识分子理论的核心问题是知识分子的含义、标准以及他的社会角色。每个研究者心目中都有一个自己认为的知识分子的形象，因而对于知识分子的标准和角色的认识也不尽相同。

大致而言，在知识分子的标准、使命以及角色扮演的认识上主要有四种观点：第一种观点将知识分子视为超越社会名利集团之上、以维护社会正义为职责、具有批判意识的社会精英阶层；第二种观点反对将知识分子视为超越一切利益集团之上的社会真理的化身，而是将知识分子视为某一社会集团的精英代言人；第三种观点反对将知识分子定义为普遍真理的代言人，而将知识分子视为某一领域具有反思精神的专业人员；第四种观点否认知识分子的"超越性"和"依附性"，将知识分子视为一独立新阶级，有它自己的阶级利益。从上述的观点可以看出，人们对"知识分子"的理解虽然莫衷一是，但这些观点对于加深对知识分子的理解有很大的启发和借鉴。高校教师与知识分子之间究竟是一种什么样的关系？高校教师是知识分子吗？在本文的语境下，高校教师无疑是知识分子，而且笔者也非常认同高校教师是知识分子的判断。不管怎么说，用知识分子理论来认识和关照高校教师，无疑是有积极意义的。

（四）高校教师的职业特点

周川教授认为，教师的劳动是一种高级的复杂的劳动，其劳动具有复杂性、创造性、示范性和群体性等特点。薛天祥教授则从劳动内涵的角度对教师职业进行解读：从工作性质看，教师职业劳动是一个运用智力的过程，是以脑力劳动为根本特征的；从劳动的对象看，教师的劳动对象——大学生是教学的主体；从劳动形式看，教师的职业劳动兼有个体性和集体性；从劳动方式看，教师劳动是一种创造性劳动；从劳动态度看，教师劳动更多的是自觉的劳动；从劳动手段看，教师劳动具有示范性；从劳动职能看，教师劳动是一种综合性的劳动。

高校教师作为教师群体的重要组成部分，具有一般教师劳动的特点，同时又具有其特殊性，主要表现在：

一是专业性。高等教育是培养高级专门人才的一种社会活动，是在完全中等教育基础上进行的学术性、专业性教育。高等教育是在一定的机构中实施的培养专门人才的教育实践。大学教育从属于高等教育，是高深知识的传承与创新活动，同时也是一种专业教育，培养的是专业性人才。高等教育行业是智力高度密集型行业，因此高校教师这一职业有着较高的要求，准入门槛较高。目前，我国各高校普遍要求具有博士学位的专业技术人员才能应聘教师岗位。因而，高校教师职业具有极强的专业性，要求从业者必须对本学科具有系统而坚实的理论基础和比较丰富的实践经验，对本学科前沿的发展状况、发展趋势等有广泛、准确而深刻的理解。高校教师职业被认为是一种学术职业。"学术职业"是一个外来词。在美国，学术职业就是指高校教师所从事的职业。在中文语境下，其定义为具有"以学术为生，学术为业，学术的存在和发展使从业者得以生存和发展"特征的职业。

二是自主性。大学学术组织的特性，决定了其成员工作的性质。人们喜欢、乐于从事高校教师职业，其中很重要的一个原因就是自由支配时间多，自主性比较强，工作相对比较独立。高校教师倾向于拥有宽松的、高度自主的工作环境，注重强调工作中的自我引导和自我管理，不愿意受制于外部条件的约束。教师作为知识型员工，相对于社会上的其他群体，更注重自我价值的实现。因此，他们很难满足于一般事务性工作，往往更热衷于具有挑战性、创造性的工作，并尽力追求完美，希望通过个人的劳动付出，充分发挥个人的聪明才智，实现自身价值。由于教师脑力劳动的性质，且常常以个体劳动的形式出现，难以从外部来调整、控制其整个过程。因而，教师劳动更多的是自觉地劳动，这使得其自主性的特点表现得更加明显。

三是创造性。高校教师的劳动是高价值的创造性劳动，这是由高校的使命性质、高等教育的目的任务所决定的，这与一般体力劳动者的简单、机械的重复性劳动完全不同。高校教师依靠自身拥有的专业知识，运用头脑进行创造性劳动，并不断形成新的知识成果。高校教师面对的是存在着个体差异的学生，因此教育内容各不相同且不断更新，环境条件千变万化，加之"科学研究本身就是不同以往的革新创造，因此教师必须因人、因事、因时、因地制宜地去创造"[①]。高校教师的创造性工作需要自由宽松的环境，尤其对于那些从事基础理论研究的教师而言，稳定的生活待遇、独立的思想空间和相对自由的时间安排对他们来说显得非常重要。

四是非显性。高校教师劳动的过程难以监控，其创造性的成果难以用统一的标准来衡量，因而对其工作绩效成果的考核更加困难。教师在劳动中往往会表现出很大的随意性、主观性，工作劳动成果常常以某种思想、创意、技术发明等形式出现，而这些又往往不具备立竿见影的效果，要获得社会认可也需要假以时日。由于高校教师工作的特殊性，其工作成果在短期内难以体现出来，更不易量化，这也使得传统的基于行为和结果的绩效考核体系很难有效地评价高校教师的劳动成果。

二、高校教师激励模型的构建

（一）外部激励

外部激励包括工资、奖金、津贴补贴、福利等薪酬激励，也包括年度考核、任务考核、人才评价等评价激励，同时还包括制度文化、物质文化和精神文化等文化激励（见图2-1）。

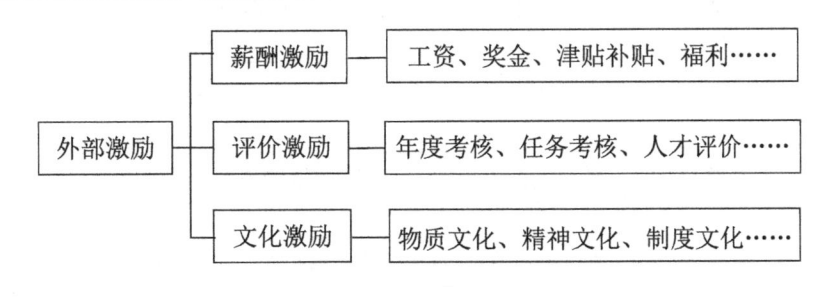

图2-1　外部激励分析框架图

[①] 薛天祥. 高等教育管理学 [M]. 桂林：广西师范大学出版社，2001.

1. 薪酬激励

薪酬激励是保障教师达成学校目标的重要手段,并且,合理的薪酬机制对提升教师绩效具有良好的促进作用。高校教师虽然是相对特殊的知识群体,但同样存在物质生活需求,调查显示,薪酬待遇是高校人才流动尤为重要的影响因素。因此,要想提升高校教师创新创造活力,需要充分发挥薪酬激励作用。

2. 评价激励

评价是工作的"指挥棒",有什么样的评价导向,就会产生什么样的结果。评价激励往往具有两面性,好的评价激励可以起到很好的导向作用,坏的评价激励则会适得其反。因此要深化人事制度改革,充分发挥评价激励的正向作用。

3. 文化激励

校园文化是一所大学的灵魂,良好的校园文化可以引领教师价值追求、凝聚教师发展共识、促进教师专业发展。可见,加强校园文化建设,对高校教师实施文化激励,在教师队伍建设中起着举足轻重的作用。

(二)内部激励

内部激励是一种高层次的需求。结合高校教师群体特征,内部激励既包括探寻知识、寻求挑战等个人学术提升的成长激励,又包括职称晋升、职位晋升、岗位晋升等有关个人提升与发展的晋升激励,同时包括同事信任、组织支持、社会尊重等个人获得幸福感的尊重激励(见图2-2)。

内部激励	成长激励	探寻知识、寻求挑战、获得突破……
	晋升激励	职称晋升、职位晋升、岗位晋升……
	尊重激励	同事信任、组织支持、社会尊重……

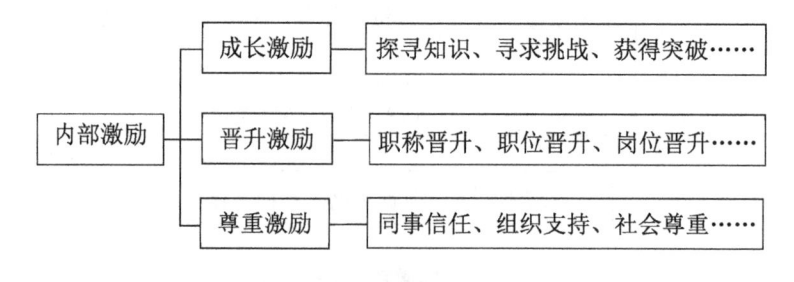

图 2-2 内部激励分析框架图

1. 成长激励

高校教师普遍期望在自己所从事的教学科研领域取得显著成就，在工作中不断提高和发展自己，并得到他人及社会的认可，进而获得内心的自豪感和满足感。因此，成长激励是一种符合高校教师群体特征的激励方式。

2. 晋升激励

晋升激励因将适当的岗位安排给适当的人员而具有资源配置效应。同样，晋升激励形成内部竞争，使得受激励人员投入更多努力和人力资本。通过提升职务、职称、聘用岗位等晋升激励，可以有效促使教师更多的满足感和工作动力，进而提升工作积极性与主动性。

3. 尊重激励

根据马斯洛需求层次理论，人们在满足低层次需求后，期望获得他人的理解、认可、支持和尊重，以达到自我心理上的满足感与快乐情绪，从而激发其工作积极性和创造性。促使高校教师赢得同事信任、组织支持和社会尊重，可有效提升高校教师激励成效。

三、选题阐述

按照马斯洛需求层次理论，外部激励主要集中在个体生理、安全和社交方面，属于较低层次需求，是高校教师的基本需求，要优先得到满足；内部激励主要集中在尊重和自我实现方面，属于较高层次需求，更能激发教师创新创造活力。因此，对高校教师的激励，需要从外部激励和内部激励两个层面同时展开。

本书拟在外部激励中选取薪酬激励和评价激励，在内部激励中选取晋升激励和成长激励，进行详细分析和深入探讨。

第三章　工资制度与河北高校教师薪酬激励

新中国成立后,我国工资制度经历了四次大的变革,高等院校目前正在实施的绩效工资制度始于 2006 年。本章拟对我国绩效工资制度的历史脉络进行系统梳理,从发展的视角分析河北高校绩效工资管理成效和存在的主要问题,结合高校教师队伍建设中的薪酬激励,进一步提出优化绩效工资管理的路径。

第一节　我国工资制度的历史演变

梳理谭中和的《中国工资收入分配改革与发展(1978—2018)》和谢文雄、李树泉的《二十世纪九十年代前后我国两次工资制度改革历程回顾》等相关文献资料,可以对我国工资制度改革有一个大体的了解。从整体来看,新中国成立后,我国工资制度经历了四次大的变革。1956 年完成了由供给制向职务等级工资制的转变,将行政人员工资分为 30 个等级,将科学研究人员、高校教学人员工资分为 13 个等级;1985 年建立了以职务和工龄为基础的结构工资制度,将工资构成确定为职务工资、基础工资、工龄津贴和奖励工资四个部分,同时,实现了企业工资制度与机关、事业单位工资制度脱钩;1993 年在国家机关执行以职务和级别为主的职级工资制度,在事业单位根据不同岗位特点执行分类工资制度,实现了机关与事业单位在工资制度上的相互分离;2006 年,改革公务员工资制度,规范公务员收入分配秩序。改革事业单位工作人员工资制度,实行岗位绩效工资制度,旨在构建符合事业单位特点、体现岗位绩效和分级分类管理的收入分配制度。通过改革制度和建立新机制，使分配秩序更加规范。这一次改革，标志着机关、事业单位工资收入分配制度进入一个新的阶段。

一、1956 年工资制度改革

新中国成立初期，在我国机关、事业单位，供给制①、薪金制②、包干制③等多种工资制度并存。1955 年 8 月，国务院颁布《关于国家机关工作人员全部实施工资制和改行货币工资的命令》，将供给制、包干制等统一改为工资制，废除工资分计算办法，改用货币工资，在一定程度上奠定了后期工资改革的基础。

1956 年，《国务院关于工资改革的决定》（以下简称《决定》）印发实施，该《决定》以按劳取酬为原则，对机关、企事业单位工资制度进行了深入改革。这次工资改革建立了职务等级工资制度，奠定了我国此后近 30 年的工资制度基础，具有划时代的意义。

1956 年工资制度改革表现为四个特点：一是取消了工资分配制度和物价津贴制度，直接以货币体现工资标准；二是改进了企业职员和机关工作人员职务等级工资制度，按照职务的高低确定工资等级和工资标准；三是统一和改进了工人工资等级制度，根据不同产业的工人生产技术特点，建立了不同的工资等级；四是行政人员和技术人员分别规定工资标准，实行职务等级制度。如：行政人员分为 30 个等级，机关中的技术人员分为 18 个等级，科学研究、高校教学人员分为 13 个等级等。另外，此次工资改革依据各地自然条

---

① 供给制，供给制是中华人民共和国建立初期对部分工作人员实行的免费供给生活必需品的一种分配制度。供给范围包括个人的衣、食（分大、中、小灶）、住、行、学习等必需用品和一些零用津贴，还包括在革命队伍中结婚所生的子女的生活费、保育费等。供给制是一种平均分配的形式，带有战时共产主义分配制度的性质，是特定历史条件下的产物。

② 薪金制，以货币作为付酬形式的一种工资制度。

③ 包干制，一种实物和货币相结合的工资制度，每人每月除按一定标准供给伙食外，再发给若干实物或货币。

件、物价和生活水平、交通以及工资状况，适度照顾重点发展地区和边远艰苦地区，将全国分为11类工资区。规定以Ⅰ类地区为标准，每高1类，工资标准增加3%，工资区类别越高，工资标准越高。

1956年确立的以等级工资为主要内容的工资制度，在管理体制上，由中央统一管理，国家机关、事业单位、企业职工的工资制度相同，工资标准和工资等级由国家统一制定。然而由于当时主流观念对于物质报酬持否定态度，此后的工资管理并没有完全按照上述《决定》进行。

二、1985年工资制度改革

随着改革开放步伐的不断推进，等级工资制度已无法体现按劳分配的原则，以往的"平均主义""大锅饭"现象仍存在，职级不符、劳酬不符等问题日益突出，很多承担了重要任务的中青年尽管负担了重要工作，工资却维持在较低水平，严重影响了干部职工的工作积极性，难以满足改革开放和干部队伍建设的需要，工资制度改革的条件、时机日趋成熟。

1985年6月，中共中央、国务院颁发《关于国家机关和事业单位工作人员工资制度改革问题的通知》（中发〔1985〕9号），决定对机关、事业单位工资制度进行改革。此次改革遵循以下四条原则：

一是贯彻按劳分配原则，适当体现奖勤罚懒，奖优罚劣；体现多劳多得，少劳少得；体现脑力劳动和体力劳动、复杂劳动和简单劳动、熟练劳动和非熟练劳动、繁重劳动和非繁重劳动之间的差别。

二是把工作人员的工资与其工作职务、责任和劳绩密切联系起来，以利于工作人员提高业务水平和工作效率，促进人才的合理流动。

三是通过工资制度改革，使工作人员的工资普遍有所增加，中小学教师和职级不符的中年骨干的工资要适当多增加一些。

四是通过改革建立起正常的晋级增资制度，随着国民经济的发展，逐步提高国家机关事业单位工作人员的实际工资水平。

根据改革要求，国家机关行政人员、专业技术人员均改行以职务工资为主要内容的结构工资制，按照工资的不同职能，分为基础工资、职务工资、工龄津贴、奖励工资四个部分。

基础工资：以大体维持工作人员基本生活所需费用计算，从领导干部到一般工作人员，均执行相同的基础工资标准。

职务（含技术职务）工资：按照工作人员的职务高低、责任大小、工作繁简和业务技术水平确定，每一职务设几个等级的工资标准，上下职务之间的工资标准适当交叉，工作人员按实际担任的职务确定相应的职务工资，并随职务的变动而变动。

工龄津贴：按照工作人员的工作年限确定，逐年增长，平均每月增加0.5元，体现工作人员累计贡献。计发工龄津贴的工作年限，从参加革命工作和社会主义建设时开始计算，到本人离、退休时止，但领取工龄津贴的工作年限最多不超过40年。

奖励工资：用于奖励在工作中做出显著成绩的工作人员，有较大贡献的可以多奖，不得平均发放。

1985年工资制度改革实现了企业工资制度与机关、事业单位工资制度脱钩，体现了政企分开、事企分离的原则，企业工资不再与机关、事业单位捆绑在一起，改为与企业创造的经济效益挂钩，建立了企业工资随国民经济增长和企业效益提高而增加的机制；机关、事业单位则回归了公共部门"吃财政饭"的基本属性，中央、省、自治区、直辖市国家机关行政人员和专业技术人员的职务工资标准由国家统一制定，省辖市、行署、县、乡国家机关工作人员和专业技术人员的职务工资标准，由省、自治区、直辖市在不超过国家制定的职务工资标准和国家安排的工资增长指标范围内制定。此外，允许事业单位自行建立适合自己行业特点的工资制度，在科学性上有了较大提高。

1985年工资制度改革废除了工资待遇终身制，建立起职务与工资之间的联系，在制度制定中打破了"平均主义""大锅饭"的思想，进一步体现了按劳分配的原则，不合理的工资关系得到一定程度的校正。建立了正常的晋级增资制度，每年根据国民经济计划完成情况，适当安排国家机关、事业单位工作人员的工资增长指标。定期对工作人员的工作表现、贡献大小进行考核，对完成任务较好的人员，可在其职务工资标准范围内增资；对没有完成工作任务、成绩较差的则应降级。这一制度从根本上改变了之前工资分配要么长期不动、要么所有人齐步走的局面。

1985年工资制度改革,使工资管理体系进一步完善。事业单位行政人员和专业技术人员的工资制度,允许根据各行各业的特点差异化实施,可以实行以职务工资为主要内容的结构工资制,也可以实行以职务工资为主要内容的其他工资制度。实行结构工资制的,可以有不同的结构因素。

1985年工资制度改革是在我国经济体制和干部人事制度没有进行全面改革的情况下实施的,在运行中必然会产生一些新的矛盾。如以职务作为衡量劳动、晋升工资的主要依据,缺乏职务不变前提下的工资晋升机制,在实际运行中出现了滥提职务和"千军万马挤独木桥"的现象;机关、事业单位工作人员出现较为严重的同一职务不同资历、不同学历的工作人员工资水平在一个水平的矛盾;工资增长机制难以有效落实,宏观调控、微观搞活的工资管理体质也没有很好地实现;工资制度改革缺乏配套的措施,一定程度上也影响了工资制度的落实。

三、1993年工资制度改革

随着改革开放的推进,1985年建立的机关、事业单位的工资制度中存在的矛盾也日益突出。一是工资管理体制过分集中,事业单位特色没有得到应有的体现;二是工资制度过于强调职务因素,对能力、资历等因素考虑不足,只有提升职务才能增加工资,诱发了机构升格和高职位不当扩张的问题;三是制度运行过程中对基本工资只进行了一次微调和一次普调,由于没有建立工资正常增长机制,各种津贴、补贴逐年增多,基本工资占比日益下降,工资的激励作用越来越弱化,"平均主义"严重。机关、事业单位与企业的工资收入差距越来越大,改革呼声越来越高。

1993年,工资制度迎来新一轮的改革,其目的是根据改革开放和建设社会主义市场经济体制的需要,贯彻按劳分配原则,克服分配中的"平均主义",逐步使工作人员的工资报酬与实际贡献相一致,建立起符合机关、事业单位工作性质的工资制度和工资正常晋升机制。此次工资制度改革将机关与事业单位在工资制度上相互分离,机关工作人员实行以职务和级别为主的职级工资制度，在事业单位根据不同岗位和不同行业建立了分类工资制度。

（一）机关工作人员工资制度的主要内容

机关工作人员工资制度改革于1993年10月1日起正式施行，改革的主要目的是建立符合自身特点的职务级别的工资制度，以利于进一步调动机关工作人员积极性，提高工作效率，更好地为改革开放和经济建设服务。改革所坚持的原则：一是贯彻按劳分配原则，克服"平均主义"，建立符合机关特点的工资制度；二是机关工作人员的工资水平应该根据国民经济发展有计划增长，并以此为基础，构建正常的晋升机制；三是机关与事业单位实行不同的工资制度，机关工作人员的平均工资水平要与企业相当人员的平均工资水平大体持平，保持合理的关系；四是改革地区工资类别的工资制度和津贴制度，发挥工资的导向和激励作用，鼓励人们到边疆、到艰苦的地区和岗位工作。

机关工作人员工资改革的基本内容是：按照不同职能，将工资构成分为职务工资、级别工资、基础工资和工龄工资四个部分。其中，职务工资和级别工资是职级工资构成的主体。

（1）职务工资

职务工资是按工作人员的职务高低、责任轻重和工作难易程度确定的，是职级工资制中体现按劳分配的主要内容。在职务工资标准中，每一职务层次设若干工资档次，职务层次高的档次设置少一些，职务层次低的档次设置多一些，以保证正常晋升工资的需要。各职务工资档次的设置，考虑了保持不同职务层次人员间合理的工资差距，并按照每两年晋升一个工资档次进行设计，以保证套改和近期升档需要。随着经济的发展，工资标准适当进行调整，各职务工资档次根据需要相应延伸。按照《国家公务员暂行条例》，国家行政机关设置非领导职务序列，这样可以缓解因领导职数有限引发的许多矛盾，可适当解决机关与企事业单位同类人员在工资、待遇上不平衡的问题，有利于稳定公务员队伍。

（2）级别工资

级别工资是按工作人员的资历和能力确定的，也是体现按劳分配的主要部分。在工资构成中增设级别工资，是此次工资制度的一个重要特点。设置级别工资的主要考虑：一是全国机关干部 92% 是科级以下人员，由于机关的职务、职数有限，相当一部分人员职务难以晋升。设置级别工资后，可以使工作人员不提升职务也能通过晋升级别提高待遇，避免都去竞争职务，还可以增强工作人员的荣誉感。二是同一职务层次的人员工作年限、资历和能力不同，级别工资可以体现同一职务人员在这方面的差别，能更好地贯彻按劳分配原则。级别工资标准的确定，体现了不同级别人员间合理的工资差距，级别越高，级差越大，既做到了拉开差距，又避免了过于悬殊。级别设置多少以及级别与职务的对应关系是从机关的实际情况考虑的。同时，考虑到职务层次的不同，职务层次高的，对应的级别和上下职务交叉的级别相对少一些；职务层次低的，对应的级别和上下职务交叉的级别相对多一些，这样有利于基层干部级别的晋升。

（3）基础工资

基础工资是按大体维持工作人员本人基本生活费用并适当考虑其赡养人口的因素而确定的。在工资构成中保留基础工资部分，并占有一定的比重，这是符合我国国情的，有利于保障工作人员的基本生活。在市场生活必需品价格上升时，可适当调整基础工资。

（4）工龄工资

工龄工资是按工作人员的工作年限确定的，主要体现工作人员的积累贡献。

这次改革，对津贴制度也作了新的规定，包括改革地区津贴和岗位津贴。

（1）地区津贴

根据不同地区的经济发展状况、物价水平以及自然环境等因素，结合对地区生活费补贴的调整，建立地区津贴制度，用该制度取代历时 30 余年的 11 类工资区制度。实行地区津贴制度，可使全国工资标准统一，工作人员调动或交流离开所在地区后，取消原地区的津贴，到新的单位后，按当地的地区津贴执行。

（2）岗位津贴

鉴于岗位津贴种类繁多，因此，在建立新的工资制度的同时，对岗位津贴进行了梳理、整合，将合理的项目予以保留，不合理的项目予以取消，需要新建或提高标准的，按规定履行审批手续。考虑到在不同岗位工作的人员，其工作条件差异较大，根据不同岗位的具体情况，对在比较艰苦和危险岗位工作的人员发放岗位津贴。

这次改革还包括改革奖励制度，不再实行每月按人头平均发放奖金的办法。为了达到鼓励先进的目的，在严格考核的基础上，对考核成绩为称职以上的人员在年终发放一次性奖金，奖金数额为本人当年12月份当月基本工资。

1993年确定的工资制度避免了等级工资制、结构工资制的弊端，建立了正常的晋级增资制度，改变了工资区类别制度等，应该说是符合公务员制度的，是符合当时的经济社会发展情况的。但新工资制度仍存在一些缺陷，主要问题：一是级别偏少，设置15级，不利于级别的晋升。二是工龄工资由于财政的限制，仍没有起到应有的作用。这次工资改革是我国进入市场经济后的第一次改革，也是我国开始实行公务员制度的一次改革，不可避免会有缺陷和不足之处，应该在不断总结经验教训的基础上继续改革。

（二）事业单位工作人员工资制度的主要内容

事业单位所跨行业多、情况复杂，工作性质也与机关不同，比照国家机关制定的事业单位工资制度没有体现事业单位自身特点，不能适应国民经济发展和经济体制改革需要，亟须改革。根据中共中央关于事业单位要逐步建立符合自身特点的工资制度要求，对事业单位实行不同类型的工资制度。

此次事业单位工资改革的原则：一是按照按劳分配原则，在科学分类的基础上，建立符合不同类型、不同行业事业单位自身特点的工资制度，与国家机关的工资制度脱钩；二是引入竞争机制，建立体现事业单位不同特点的津贴制度和奖金制度，加大工资中"活的部分"，使工作人员的报酬与其实际贡献紧密结合起来，克服"平均主义"；三是建立工资正常增加机制，使工作人员的工资水平随着国民经济的发展有计划地增长并与企业相当人员的工资水平大体持平；四是在国家宏观调控的前提下，实行分级分类管理，使工资管理体制逐步适应事业单位发展的需要；五是发挥工资的导向作用，对到边远艰苦地区及在苦、脏、累、险岗位工作的人员，在工资政策上给予倾斜。同时，通过建立地区津贴制度，理顺地区工资关系。

此次事业单位新工资制度的总体框架是：

1. 管理体制

在管理体制上,对全额拨款、差额拨款和自收自支三种不同类型的事业单位区别对待。一是全额拨款事业单位,在严格执行国家统一的工资制度和工资标准前提下,工资由国家承担。同时,为鼓励人员精干,提高工作效率,可实行工资总额包干的办法。增人不增工资总额,减人不减工资总额,编制内节余的工资,单位可自主安排使用。二是差额拨款事业单位,根据经费自立程度核定工资总额,以鼓励其减少对财政拨款的需求,逐步向经费自收自支过渡。在核定的工资总额内,单位可参照国家制定的工资制度和工资标准执行,适当搞活内部分配。三是自收自支单位,有条件的可实行工资总额与经济效益挂钩,工资总额随效益的增长而相应增加;在国家核定和控制工资总额的前提下,内部分配办法完全放开,鼓励自主经营、自负盈亏,向企业化方向发展。

2. 工资制度

此次工资制度改革,根据事业单位的不同特点,将其工资制度分为五类:第一类,教育、科研、卫生等事业单位,根据其专业技术人员比较集中,工作人员的水平、能力、责任和贡献主要通过专业技术职务来体现的特点,实行专业技术职务等级工资制。第二类,地质、测绘和交通、海洋、水产等事业单位,由于从事野外或水上作业,具有条件艰苦、流动性大和岗位责任明确的特点,实行专业技术职务岗位工资制。第三类,文化艺术表演团体,根据艺术表演人员成才早、舞台青春期短的特点,实行艺术结构工资制。第四类,体育运动员,根据其技术要求高、竞争性强、成才早、淘汰快的特点,实行体育津贴、奖金制。第五类,金融单位,根据其大多数工作人员为行员的特点,实行行员等级工资制。

3. 工资结构

在工资结构上,为发挥工资的保障作用和激励功能,事业单位工作人员工资由固定部分和"活的部分"两块构成。固定部分,即专业技术职务工资,主要体现工作人员的水平高低和责任大小。"活的部分",即津贴、奖金等,主要体现工作人员实际工作量的多少和贡献大小。根据单位类型和行业不同,其固定部分和"活的部分"所占比例也不相同。全额拨款单位固定部分占70%,"活的部分"占30%;差额拨款单位固定部分占60%,"活的部分"占40%;

自收自支的单位，有条件的可实行企业化管理或企业工资制度，向经费自筹自支过渡。

4. 工资标准

在工资标准上，为有利于宏观调控和管理，对各类事业单位的固定工资部分，由国家制定相应的工资标准。地区之间的差异，主要通过建立地区津贴制度来体现。行业之间的差异，主要是根据行业特点，在实行不同类型工资制度的基础上，通过不同的工资标准来体现。

（三）此次工资制度改革的主要成效

谭中和认为，1993年工资制度改革总体运行比较平稳，取得了积极成效，主要表现在以下方面：一是在工资构成中重新增设了级别工资，改变了以前工资主要依赖职务的格局；二是工资结构中"活的部分"比重增加；三是出台了艰苦边远地区津贴；四是在机关和事业单位建立了不同的工资制度。一些不合理的工资关系得到调整和改善，脑体劳动收入倒挂的不合理现象得到一定程度缓解；五是工作人员的工资随着国民经济的发展有计划地增长，随着生活费用价格指数的变动而调整，并在此基础上制定了正常的增资制度。

然而，在这一工资制度运行中又逐渐暴露出一些矛盾和问题：一是公务员基本工资结构切块过多、功能叠加，原来设计的功能不能协调发挥作用；二是地区附加津贴没有实施，各地各单位自行建立了名目繁多的津贴补贴，工资外收入分配秩序比较混乱，地区间和部门间工资差距拉大；三是各种津贴补贴大幅增多，基本工资在工资收入中的比重不断下降；四是津贴补贴大多按职务发放，在一定程度上削弱了级别工资应有的作用；五是工资体系呈"大平台"状态，工资的标准同职务挂钩，而对业绩考核体现较少。

四、2006年工资制度改革

1993年形成的工资制度，历经近13年的时间，总体运行比较平稳，取得了积极成效。但随着我国社会主义市场经济体制的建立和各项改革的不断深化，机关、事业单位工资收入分配制度中逐渐暴露出一些突出的矛盾和问题，如收入分配秩序混乱,工资收入水平总体偏低,工资制度本身不尽合理,工资管理体制需要改进等,需要进一步深化改革。

这一次机关、事业单位工资制度改革,重在建立科学合理的工资收入分配制度和增长机制,形成适应经济体制和干部人事管理体制要求的工资收入分配管理体制,通过改革制度和建立新机制,使分配秩序更加规范,标志着机关、事业单位工资收入分配改革进入一个新的阶段。

(一)机关工作人员收入分配制度改革

为贯彻落实党的十六大关于"完善干部职务与职级相结合的制度、建立干部激励和保障机制"的精神,以及《公务员法》等的规定,2006年6月,《公务员工资制度改革方案》印发,规定自同年7月1日起,公务员工资制度改革方案正式实施。这次公务员工资制度改革的主要目标是,实行统一的职务与级别相结合的公务员工资制度,力求建立科学的公务员工资水平决定机制和正常的工资增长机制,形成适应经济体制和干部管理体制要求的公务员工资管理体制。

1. 公务员收入分配制度改革所坚持的原则

一是贯彻按劳分配原则,进一步理顺工资关系,合理拉开不同职务、级别之间的工资差距;二是坚持职务与级别相结合,增强级别的激励功能,实行级别与工资等待遇适当挂钩;三是健全公务员工资水平正常增长机制,建立工资调查制度,定期调整工资标准,使公务员的工资水平与经济社会发展水平相适应;四是加强工资管理,严格监督检查,有效调控地区工资差距,逐步将地区工资差距控制在合理的范围。

2. 公务员收入分配制度改革的基本内容

按照《公务员法》的要求,公务员实行国家统一的职务与级别相结合的工资制度。这次改革公务员职级工资制,主要包括六个方面的内容:

一是改革工资制度与清理规范津贴补贴相结合。一方面,在清理津贴补贴、摸清底数的基础上,结合公务员职级工资制度改革,将一些地方和部门的部分津贴补贴纳入基本工资,适当提高基本工资收入中的比重,优化公务员工资收入结构。另一方面,对津贴补贴进行规范,合理确定水平,科学规范项目，分类分步调控，严格监督管理，为规范公务员工资收入分配秩序奠定基础。

二是简化基本工资结构。将公务员现行基本工资结构由职务工资、级别工资、基础工资、工龄工资四项构成简化为职务工资、级别工资两项构成。职务工资主要体现公务员的工作职责大小，一个职务对应一个工资标准。为体现岗位职责的差别，领导职务和非领导职务对应不同的职务工资标准。级别工资主要体现公务员的资历、职务和工作实绩，每一级别设若干个工资档次，公务员根据所任职务、德才表现、工作实绩和资历确定级别和级别工资档次。

三是增设级别和调整职务级别对应关系。将公务员对应的级别数由15个增加到27个，各职务对应的级别数相应增加，科员、办事员从对应6个级别增加到对应9个级别，副科级从对应5个级别增加到对应8个级别，给低职务公务员提供了充分的级别晋升空间。适当加大不同职务对应级别的交叉幅度，使低职务公务员能晋升到较高的级别。

四是合理设计工资标准。既保证低职务人员适当的工资标准，又适当加大不同职务、级别的工资差距，形成合理的工资关系。

五是完善正常增资办法。结合公务员基本工资结构的调整，相应调整公务员正常晋升工资的办法。公务员晋升了职务，相应提高职务工资和级别工资；累计两年和五年年度考核合格，可以晋升一个工资档次和级别工资等级。按照《公务员法》规定，将建立工资调查制度，定期进行公务员与企业相当人员工资水平的调查比较，为调整公务员工资标准提供科学依据，实现工资调整的制度化、规范化。今后，国家将根据工资调查比较的结果，结合国民经济发展、财政状况、物价水平等因素，适时调整基本工资标准。

六是实行级别与工资等待遇挂钩。总的考虑是，既要缓解因职数限制而存在的晋升职务难的问题，又要坚持条件。关于级别与工资等待遇挂钩问题的具体实施意见，由中央组织部和人事部另行下发。对县乡党政主要领导实行工资政策倾斜。县乡党政主要领导任职每满5年高定一级，既适当提高这部分人员的工资待遇，又使其能更早享受级别与工资等待遇挂钩的政策，鼓励他们安心基层工作。

在改革公务员职级工资制的同时，相应完善机关工人工资制度。技术工人现在实行岗位技术等级工资制,基本工资由现行技术等级(职务)工资、岗位工资、奖金三项构成。由于奖金没有发挥应有作用,这次适当调整机关工人的基本工资结构,取消奖金,简化为技术等级(职务)工资和岗位工资两项构成。技术等级(职务)工资根据技术水平高低确定,一个技术等级(职务)对应一个工资标准。岗位工资根据工作难易程度和工作质量确定,按初级工、中级工、高级工三个技术等级和技师、高级技师两个技术职务设置,分别设若干工资档次。普通工人基本工资由现行岗位工资、奖金两项构成简化为岗位工资一项构成。同时,相应制定了机关工人从现行工资制度过渡到新工资制度的套改办法。

3. 公务员收入分配制度改革的主要特点

公务员工资制度改革的特点,主要体现在四个方面:

一是改革工资制度和清理规范津贴补贴相结合。这次改革公务员工资制度,要解决各地区、各部门自行出台的津补贴比较混乱的问题。清理规范公务员津贴补贴,既是规范公务员的收入分配秩序,也是为改革制度创造条件。目的是通过改革建立科学合理的公务员工资制度,促进严肃纪律,从而建立起新机制和一个好的制度框架,为今后继续深化改革奠定基础。因此,这次改革不是简单地增加工资。一方面,在清理津贴补贴、摸清底数的基础上,结合公务员职级工资制改革,将一些地方和部门的部分津贴补贴纳入基本工资,适当提高基本工资占工资收入的比重,优化公务员工资收入结构。另一方面,对津贴补贴进行规范,设立规范的项目,确定合理的水平,实行统一的发放办法,为实施地区附加津贴制度奠定基础。

二是适当向基层倾斜。我国公务员队伍60%在县以下基层单位工作,92%是科级以下人员,为了鼓励广大基层公务员安心本职工作,缓解都去挤职务这个"独木桥"的矛盾,公务员职级工资制改革方案中采取了相应的倾斜措施。主要包括:适当增加级别,使低职务对应的级别数多一些,提供充分的级别晋升空间;加大不同职务对应级别的交叉幅度,使低职务公务员可以晋升到较高的级别;加大级别工资的比重,使晋升级别对提高工资发挥更大的作用;实行级别与工资等待遇挂钩,使公务员不晋升职务也能提高待遇;对县乡党政主要领导高定级别,使工资水平得到适当提高,还能较早享受级别与工资等待遇挂钩的政策。

三是向艰苦边远地区倾斜。为了扶持艰苦边远地区合理提高工资水平，逐步缩小地区工资差距，在改革公务员职级工资制的同时，完善艰苦边远地区津贴制度。主要包括：适当扩大实施范围，将符合条件的县市区列入范围；适当增设津贴类别，由4类调整为6类，合理体现不同地区艰苦边远程度的差异；适当调整津贴标准，使津贴水平有一定幅度的提高；建立动态调整机制，定期评估调整范围和类别，适时调整津贴标准，逐步提高艰苦边远地区的工资水平。

四是增强工资的激励功能。将公务员基本工资结构由四项调整为两项，解决原来切块偏多、功能重叠的矛盾，更好地发挥各部分的作用。适当拉开不同职务、级别之间的工资差距，进一步理顺工资关系，更好地体现公务员的职责和贡献大小。

（二）事业单位工作人员收入分配制度改革

根据党的十六届三中全会关于推进事业单位分配制度改革的精神，2006年6月，《事业单位工作人员收入分配制度改革方案》（国人部发〔2006〕56号）印发，规定自同年7月1日起，事业单位工作人员收入分配制度改革正式实施。此次改革事业单位工资制度总体目标是，建立符合事业单位特点、体现岗位绩效和分级分类管理的收入分配制度，完善工资正常调整机制，健全宏观调控机制，在制度形式和运行机制上与机关公务员工资制度脱钩。

1. 事业单位工作人员收入分配制度改革所坚持的原则

一是贯彻按劳分配与按生产要素分配相结合的原则，建立与岗位职责、工作业绩、实际贡献紧密联系和鼓励创新创造的分配激励机制。二是适应事业单位聘用制改革和岗位管理的要求，以岗定薪，岗变薪变，加大向优秀人才和关键岗位的倾斜力度。三是建立体现事业单位特点的工资正常调整机制，使事业单位工作人员收入与经济社会发展水平相适应。四是坚持搞活事业单位内部分配，进一步增强事业单位活力。五是实行分级分类管理，加强宏观调控，规范分配秩序，理顺分配关系。

2. 事业单位工作人员收入分配制度改革的基本内容

针对事业单位工资制度岗位因素体现不足、与机关挂得过紧、收入分配政策不完善、调控机制不健全等突出矛盾和问题，以适应深化事业单位改革的需要为目标，推进事业单位收入分配制度改革，逐步建立起宏观上注重公平，微观上体现激励，关系合理、秩序规范的收入分配制度。此次事业单位收入分配制度改革主要内容包括五个方面：

一是建立岗位绩效工资制度，使工作人员的收入与其岗位职责、工作表现和工作业绩相联系。岗位绩效工资包括岗位工资、薪级工资、绩效工资和津贴补贴四部分，其中岗位工资和薪级工资为基本工资。

岗位工资，主要体现工作人员所在岗位的职责和要求，是基本工资的主体部分。与事业单位聘用制改革和岗位管理相适应，根据各类岗位的特点，在现行各职务序列基础上，分别对专业技术岗位、管理岗位、工勤技能岗位设置不同的岗位等级，对同一层级专业技术岗位进行适当细分，以体现不同岗位等级之间的差别，实行"一岗一薪，岗变薪变"。事业单位专业技术岗位设置13个等级，管理岗位设置10个等级，工勤技能岗位分为技术工岗位和普通工岗位，技术工岗位设置5个等级，普通工岗位不分等级。不同等级的岗位对应不同的工资标准。工作人员按所在岗位执行相应的岗位工资标准。

薪级工资，主要体现工作人员的工作表现和资历，实行"一级一薪，定期升级"。根据实际运行需要，对专业技术人员和管理人员设置65个薪级，对工人设置40个薪级，对不同岗位规定不同的起点薪级，每年考核合格，可升一个薪级工资。基本工资中增设体现资历因素的部分，是当时事业单位工作人员的普遍要求。设置薪级工资，有利于工作人员经考核随工作年限的延长而增加工资，鼓励大家做好本职工作。

绩效工资，是改革后事业单位工作人员收入的重要组成部分，属于事业单位收入分配中"活的部分"，主要体现工作人员工作业绩和实际贡献。在基本工资外设置绩效工资，有利于进一步加大事业单位搞活内部分配的力度，增强工资的激励功能。国家对绩效工资进行总量调控，事业单位在核定的绩效工资总量内享有分配自主权，使绩效工资与工作人员表现、业绩相联系，合理拉开差距，调动大家的积极性。同时，将绩效工资总量与单位完成社会公益目标任务及考核情况相联系，促进事业单位不断提高公益服务的能力和水平，避免片面追求经济效益，忽视社会效益。事业单位实行绩效工资后，取消年终一次性奖金，将一个月基本工资的额度以及地区附加津贴纳入绩效工资。

事业单位津贴补贴，分为艰苦边远地区津贴和特殊岗位津贴补贴。艰苦边远地区津贴主要是根据自然地理环境、社会发展等方面的差异，对在艰苦边远地区工作生活的工作人员给予适当补偿。艰苦边远地区的事业单位工作人员，执行国家统一规定的艰苦边远地区津贴制度。执行艰苦边远地区津贴所需经费，属于财政支付的，由中央财政负担。特殊岗位津贴补贴主要体现对事业单位苦、脏、累、险及其他特殊岗位工作人员的政策倾斜。国家对特殊岗位津贴补贴实行统一管理。

二是实行新的工资分类管理办法。为适应事业单位分类改革的要求，对从事公益服务的事业单位，根据单位类型的不同实行工资分类管理，但要与改革后公务员工资水平基本匹配。各类事业单位基本工资执行国家统一的政策和标准，绩效工资实行不同的管理办法。

三是完善工资正常调整机制。为适应聘用制改革要求，事业单位应当建立符合自身特点的工资正常调整机制，在运行机制上与机关彻底脱钩。根据考核结果，将两年晋升一档工资改为每年增加一级薪级工资；建立基本工资标准和津贴补贴标准的动态调整机制，使事业单位工作人员收入水平与国民经济社会发展相协调。

四是完善高层次人才和单位主要领导的分配激励约束机制。完善高层次人才收入分配激励机制，是贯彻中央人才工作会议精神，体现知识、技术管理等生产要素参与分配的一项重要措施。通过进一步完善各项激励措施，实现一流人才、一流业绩、一流报酬，充分调动高层次人才的积极性、主动性和创造性。事业单位主要领导的收入分配有较强的示范作用，建立激励约束机制，既有利于调动他们的积极性，又有利于加强引导和调控事业单位的收入分配。

五是健全收入分配宏观调控机制。改革当时高度集中的工资管理体制，进一步明确中央、地方和部门的管理权限，分级管理，分级调控，充分发挥地方和部门的作用。完善收入分配调控政策，加强工资支付管理，将事业单位发给职工的工资纳入调控范围，理顺分配关系，规范分配秩序。

3. 事业单位工作人员收入分配制度改革的主要特点

针对事业单位工资制度岗位因素体现不足、简单与机关对应、收入分配政策不完善、调控机制不健全等突出矛盾和问题，以适应深化事业单位改革的需要为目标，对事业单位的收入分配制度进行改革，逐步建立起宏观上注重公平微观上体现激励，关系合理、秩序规范的岗位绩效工资制度。改革的主要特点有以下五个方面：

一是与深化事业单位体制改革相适应。事业单位收入分配制度改革是事业单位整体改革的重要组成部分，与事业单位分类管理、人事制度、财务制度、养老保险制度等改革密切相关。这次事业单位收入分配制度改革，在内容和方法步骤上，都充分考虑了相关配套改革的要求和进程，既有利于深化收入分配制度改革，也有利于推动事业单位其他各项改革。

二是建立了体现事业单位特点的收入分配制度。事业单位在功能性质、资源配置、管理方式、用人机制等方面都不同于机关，收入分配制度改革必须体现自身的特点，进一步实现与公务员工资制度脱钩。新的岗位绩效工资制度，在制度模式上，突出岗位、绩效的激励功能，工作人员的收入与其岗位职责、工作业绩和实际贡献相联系，事业单位的总体收入水平与单位完成社会公益目标任务及考核情况相联系。充分调动了工作人员的积极性，有利于促进事业单位不断提高公益服务水平。在运行机制上，适应事业单位聘用制和聘期管理的需要，工作人员按考核结果实行每年增加一级薪级工资。

三是完善工资正常调整机制。事业单位在收入分配制度改革的基础上，逐步建立了适应事业单位整体改革要求的工资调整机制，在运行机制上体现事业单位特点；建立基本工资标准和津贴补贴标准动态调整机制，使事业单位工作人员收入水平与国民经济社会发展相协调。

四是完善高层次人才分配激励约束机制。这一举措贯彻了中央人才工作会议精神，体现了尊重知识、尊重人才、鼓励创新创造、增强自主创新能力，进一步加大了对高层次人才的倾斜力度，有利于知识、技术、管理等生产要素参与分配。通过进一步完善各项激励措施，在继续执行政府特殊津贴的同时，采取一次性奖励、建立特殊津贴、建立重要人才国家投保制度等措施，对部分急需人才实行协议工资、项目工资等灵活多样的分配办法，实现一流人才、一流业绩、一流报酬，充分调动高层次人才的积极性、主动性和创造性。

五是建立分级管理体制，健全收入分配宏观调控机制。为适应社会主义市场经济体制和分级管理财政体制要求，此次改革进一步明确中央、地方和部门管理权限，分级管理、分级调控，完善收入分配调控政策，加强工资收入支付管理，进一步理顺了分配关系，规范了分配秩序，充分发挥了地方和部门在调控管理和监督检查方面的作用，逐步形成了统分结合、权责清晰、运转协调、监督有力的宏观调控政策。

（三）制度改革的主要成效

谭中和认为，自2006年起的改革工作，将收入分配制度改革和规范收入分配秩序并举，对于建立新的科学合理的工资制度和收入分配激励机制，逐步实现公务员、事业单位收入分配的科学化、规范化和法制化具有重要意义。

一是增强了级别在工资分配中的激励作用，体现为向基层倾斜。通过合理设计工资标准，在保证低职务人员工资水平的同时，适当拉开不同职务、不同级别的工资差距，将基本工资最高最低比例由原来的6.6：1调整为12：1，有利于合理体现职责和贡献的大小，较好地解决了"制度内平均主义"的问题。

二是规范了收入分配秩序。清理规范津贴补贴，有效遏制了地方、部门和单位滥发津贴补贴的现象，逐步使同一地区不同部门的津贴补贴水平大体相当，有利于促进整体收入分配秩序的规范，也有利于更好地调动公务员和事业单位工作人员的积极性。

三是完善艰苦边远地区津贴制度，有利于发挥工资政策的导向作用，促进了艰苦边远地区机关、事业单位工作人员队伍的稳定。

四是建立符合事业单位特点的收入分配制度。建立岗位绩效工资制度，适应事业单位由身份管理向岗位管理转变的要求，使工作人员的收入与其岗位职责、工作业绩、实际贡献相联系，初步形成灵活多样的收入分配激励约束机制，进一步实现了在制度形式和运行机制上与公务员工资制度脱钩。通过完善高层次人才激励机制,加大了对高层次人才的倾斜力度,体现了尊重知识、尊重人才和鼓励创新,吸引和稳定了人才。通过建立事业单位主要领导收入分配激励约束机制,加强了对事业单位的收入分配的引导和调控。

五是实行分级分类管理,强化地方和部门的职责,促进形成合理的收入分配格局。

六是按照分级分类管理要求,各地出台相关落实政策,事业单位全面实施绩效工资制度。

第二节 高等院校工资制度的发展

通过对曾湘泉、赵立军的《我国高等学校工资制度历史沿革》,张荆、赵卫华的《高校教师收入分配与激励机制改革研究》,以及李倩的《高等学校教师绩效薪酬的理论体系研究》等文献资料的研究发现,新中国成立后,随着我国工资制度的发展,高等院校工资制度经历了等级工资制、结构工资制、职级工资制和绩效工资制四个阶段。

一、等级工资制

新中国成立初期,我国百废待兴,通货膨胀和失业现象严重,财政经济困难重重,工资状况非常混乱、不合理,全国工资标准多达数百种。中央政府根据当时经济条件,对国家机关和事业单位实行供给制工资待遇,且保持着较低的水平。

为使国家工作人员工资制度进一步合理,使供给制逐步过渡到工资制,并在发展生产的基础上,提高工作人员待遇,中央政府对当时的工资制度进行了一系列修订。1952年7月,中央人民政府教育部印发《全国各级学校教职工工资标准表》,这是新中国成立后第一次明确发布的高校教师工资标准,在全国范围内统一实施。高等院校的工资按职务分成33级,一职多级,上下交叉。工资标准以工资分为计量单位,包括伙食费和服装费,合计最高分为

1100 分，最低分为 90 分。各级学校教职员工的工资以按劳取酬的原则，依据现任职务，结合德、才、资历进行评定（以德、才为主），参考学校所在地的生活水平，根据工资标准表中所列的工资标准进行具评定。1954 年 11 月，教育部颁布《全国高等学校教职工工资标准表》。仍然沿用之前的 33 级划分，将最高工资分调整至 1 230 分。

1955 年 8 月，国务院发布《关于国家机关工作人员全部实行工资制和改行货币工资的命令》，将供给制一律改为工资制，废除工资分计算方法，改用货币工资。教育部根据国务院命令，发布了货币工资标准表，并执行国务院的物价津贴。高校工作人员工资收入由工资标准表中的货币工资和物价津贴两部分构成。工资基数仍然沿用 33 级。

1956 年 6 月，国务院颁布《国务院关于工资改革的决定》，根据按劳取酬的原则，对企业、事业和国家机关的工资制度，进行进一步改革。这次改革取消了物价津贴，改行 11 类工资区制度。依据各地的自然条件、物价和生活费用水平、交通以及工资状况，并适当照顾重点发展地区和生活条件艰苦地区，将全国分为 11 类工资区。规定以 I 类地区为基准，每高 1 类，工资标准增加 3%，对边远少数民族地区另加一定比例的生活费补贴。在这个决定中特别指出，对于事业单位和国家机关中有重要贡献的高级科学技术人员及其他高级知识分子，除了按照他们的工资标准发给工资以外，也应该加发特定津贴。

根据《国务院关于工资改革的决定》，教育部制定了高等院校工资改革方案，对高等院校工资制度实行分类管理。高等院校教职员工分行政人员、教学人员、教学辅助人员三类，相应工资标准也分三类。其中教学人员工资标准分 12 级，高校行政人员共分 25 级，教学辅助人员共分 12 级。相比之前的工资制度增加了差级，减少了级别。此外，还特别规定，在科研或教学上有特殊成就的教授，经教育部报请国务院批准，可以另行发放"特定津贴"。

1958 年至 1965 年，部分高等院校实行了奖励制度；1958 年至 1959 年，部分高校实行了年终跃进奖制度；1963 年 12 月，劳动部发布《关于某些事业单位职工实行经常性奖励制度的通知》，自此，多数高校建立了经常性奖励制度，但办法和标准不一致。

"文革"期间，教师工资多年未进行调整，大量青年教师的工资长期停留在最低工资水平。教师对工资待遇不能也不敢有明确的诉求。计划经济下"平均主义"主导的分配方式不仅减小了高校教师之间的工资差距，也缩小了高校教师与工人的收入差距。分配上的"平均主义"对人们的分配思想的影响更为深远。改革开放初期，国家试图拉开收入差距，但因受到"平均主义"分配思想的影响而进展缓慢。

二、结构工资制

形成于新中国成立初期的等级工资制，在改革开放后已经无法体现按劳分配原则，劳动和报酬脱节、职级不符等情况越来越严重。很多承担重要任务的中青年尽管担负了重要工作，工资却还维持在较低水平。

1979年，国务院《关于职工升级的几项具体规定》要求基层单位制定具体的考核标准和办法，以劳动态度、技术高低和贡献大小为依据对职工进行考核，择优升级。也可以把这看作是绩效工资的一种初级形式。同年，财政部发布《关于文教科研卫生事业单位、行政机关"预算包干"试行办法》，在文教卫生科研单位试行财务预算包干、增收节支奖励办法，并按照不同部门具体情况，实行收入留成办法，部分留成收入可用于奖励。1980年1月，中共中央、国务院发出《关于节约非生产性开支，反对浪费的通知》，明确规定国家对文教、卫生、科学、体育等事业单位和行政单位试行"预算包干"办法，节余留用，增收归己，以调动努力增收节支和提高资金使用效果的积极性。这一阶段，分配体制变化的一个明显意图是希望通过奖勤罚懒的制度安排，调动人们的工作积极性。但在实践中，由于"平均主义"思想影响及考评操作中的种种弊端，使得效果并不明显，甚至产生了不少负面影响，反而挫伤了人们的工作积极性。

为解决脑体工资严重倒挂问题，1985年6月，党中央、国务院颁发了《关于国家机关和事业单位工作人员工资制度改革问题的通知》（中发〔1985〕9号），实行以职务工资为主要内容的结构工资制，全国仍执行11类工资区制度。工资的构成包括职务工资、基础工资、工龄津贴和奖励工资四个部分。高等院校、中等学校的教师，科研单位的研究人员，以及其他单位的专业技术人员，今后逐步实行聘任合同制，并按聘任的职务确定相应的职务工资。1985年工资制度改革初步理顺了工资关系，从此结束了自1952年7月1日建立的、整整执行了33年的职务等级工资制。

1985年8月，国务院工资制度改革小组、劳动人事部发布《高等学校教职工工资制度改革实施方案》，对高等院校教职工工资进行改革，实行以职务工资为主要内容的结构工资制。职务工资是按照教职员工职务分列工资等级，相近职务之间工资级别上下交叉，高等院校教师逐步实行聘任合同制，按照聘任的职务确定相应的职务工资。基础工资以大体维持工作人员本人基本生活费计算，从领导干部到一般工作人员，均执行相同基础工资。工龄津贴按每工作一年0.5元计算，最长不超过40年。奖励工资从行政经费中开支，不得平均发放。按劳分配仍是1985年工资改革的基本原则，改变了等级工资制中一成不变的工资水平，建立了同国家财政状况相适应的正常的晋级制度，以国家财政承受能力为前提，使工作人员工资有一定程度的增加。各学校根据教育部的编制标准暂行规定核定编制和人员，并根据国务院规定对教师职责规范、人员结构比例、人数限额等提出具体要求。对各类专业技术人才明确职务，制定岗位责任制，建立考核制度。

党的十三大之后，在经济体制改革浪潮中，企业普遍实行承包制和租赁制，多数高校面临教育经费不足，短期内难以解决工资制度改革的问题，创收赚钱成为当时社会乃至高校的潮流。各高校为了筹集资金开辟新的渠道，除了科技服务外，委托培养、联合办学、校办产业也为学校筹措了不少经费，创收提成为高校教职员工基本工资之外的主要收入来源，高校教师的工资因此大幅上升，基本上体现出复杂劳动和简单劳动之间的工资差别。

这一时期工资分配制度的设计，反映了风行全国的全民经商热潮，虽然一时解决了高校教师提高收入问题，但是制度设计中的问题也为后期高校教师收入中的乱象埋下了伏笔。

三、职级工资制

随着改革开放的深入，1985年建立的工资制度中存在的矛盾日益突出，以职务工资为主体的结构工资制度是参照国家机关制定的,不能体现事业单位的特点,不能适应国民经济发展和经济体制改革的需要,亟须进行改革。根据党的十三届七中全会和十四大关于事业单位要逐步建立符合自身特点的工资制度的要求,1993年,国务院制定了《事业单位工作人员工资制度改革方案》(国发〔1993〕97号),对事业单位工资制度进行改革。在此次工资制度改革中,事业单位与国家机关工资制度脱钩,在科学分类的基础上,按照按劳分配原则,建立了事业单位不同类型、不同行业特点的工资制度。通过建立符合事业单位不同类型、不同行业特点的津贴、奖励制度,使事业单位工作人员的报酬与实际贡献紧密结合,有效克服了"平均主义"。

高等院校工作人员基本工资是参照《事业单位工作人员工资制度改革方案》制定并实施的,根据全额拨款单位、差额拨款单位和自收自支三种不同类型高校实施不同的管理办法。全额拨款单位,执行国家统一的工资制度和工资标准,在工资构成中,固定部分占70%,"活的部分"占30%;差额拨款单位,按照国家指定的工资制度和工资标准,在工资构成中,固定部分占60%,"活的部分"占40%;自收自支单位,有条件的可实行企业化管理或企业工资制度,向经费自筹自支过渡。

高等院校中专业技术人员,其工作水平、能力、责任和贡献方面的差距主要通过专业技术职务体现,实行专业技术职务等级工资制。在工资构成上,主要分为专业技术职务工资和津贴两部分。专业技术职务工资是工资中的固定部分,按照教授、副教授等专业技术职务,每一级职务设置若干个工资档次,不同职务间工作档次标准相互交叉;津贴是工资构成中"活的部分",与实际工作数量与质量挂钩,多劳多得,少劳少得,不劳不得。国家对津贴进行总量控制,各单位在国家规定的津贴总额内享有分配自主权,自主确定津贴项目、津贴档次以及如何分配。津贴的设立,其目的是鼓励专业技术人员把主要精力用在完成本职工作上,高等院校可通过设立课时津贴、研究生导师津贴等鼓励教师完成更多教学培养工作。对专业技术人员担任领导职务的,可设立领导职务津贴。在国家规定的津贴比例之外,经人事部、财政部批准,可设立特设岗位津贴。

高等院校的管理人员,在建立职员职务序列的基础上,实行职员职务等级工资制。在构成上，主要包括职员职务工资和岗位目标管理津贴两部分。职员职务工资主要体现管理人员的工作能力高低和所负责任大小，是工资构成中的固定部分；岗位目标管理津贴，主要体现管理人员的工作责任大小和目标任务完成情况，是工资构成中"活的部分"。高等院校的工人，分为技术工人和普通工人两类，技术工人实行技术等级工资制，在工资构成上，主要分为技术等级工资和岗位津贴两部分；普通工人实行等级工资制，工资主要由等级工资和津贴两部分组成。

改革现行奖励制度，根据高等院校实际情况，对作出突出贡献和取得成绩的人员，分别给予不同的奖励。一是对有突出贡献的专家、学者和科技人员，继续实行政府津贴制度；二是对作出重大贡献的其他人员，给予不同程度的一次性重奖；三是结合年度考核，对优秀、合格人员，年终发放一次性奖金。

在运行机制上，高等院校工作人员工资提升，主要通过以下四种途径：一是正常升级，经考核合格，每两年晋升一个工资档次，对少数考核优秀并作出突出贡献的专业技术人员，可提前升级或越级晋升；二是晋升职务，通过晋升专业技术职务、晋升等级或担任领导职务增加工资收入；三是定期调整工资标准，根据国家安排定期调整工作人员工资标准；四是提高津贴水平，随着工资标准的调整，相应提高津贴水平，确保工资构成保持合理关系。

1999年6月，《中共中央 国务院关于深化教育改革全面推进素质教育的决定》（中发〔1999〕9号）印发实施。文件指出，要切实落实和扩大高等院校的办学自主权，要深化学校内部管理体制改革，实行多劳多得、优劳优酬的分配和奖励制度。1999年9月，教育部印发《关于当前深化高等学校人事分配制度改革的若干意见》（教人〔1999〕16号），明确提出要积极引入竞争机制，破除专业技术职务和干部职务终身制，按照"按需设岗、公开招聘、平等竞争、择优聘用、严格考核、合同管理"的原则，在高等学校全面推行教师聘任制和全员聘用合同制，由"身份管理"转向"岗位管理"。高等院校主管部门根据国家工资管理的有关规定，通过实行工资总额动态包干管理等办法，搞活高等院校内部分配；各高校要加大学校内部分配改革力度，把教职工的工资收入与岗位职责、工作业绩和贡献直接挂钩，真正实现按劳分配、优劳优酬。对优秀拔尖人才、学术带头人和中青年骨干教师采取相应措施,提高他们的待遇。对在教学科研方面作出重大贡献者,要给予重奖。

1999年年底,北京大学、清华大学率先实施了以校内津贴制度为重点的人事分配制度改革,初步建立起了以"竞争和流动"为特征的用人制度,以及与教师的学术水平、实际贡献相适应的分配制度。随后,部分高校结合自身特点相继实施。在校内津贴分配上,各高校改革方案不尽相同,但大多与岗位聘任相结合,概括为五种模式:一是等级制。等级制岗位津贴模式最早由北京大学和清华大学提出,采用"三类九级"形式,将教师、干部、职工的岗位津贴设置成3个类别9个等级。"三类"分别是校聘关键岗位、院系聘重点岗位和系聘一般岗位;"九级"是根据岗位重要程度和岗位职责大小分为9个等级,其中校聘关键岗位跨越5~9级5个等级,院系聘重点岗位跨越3~7级5个等级,1、2级为一般岗位等级。这一模式的特点是强化岗位,淡化身份,津贴和岗位挂钩,岗在津贴在,而不是给教授分级。这一模式后来被许多学校效仿[1]。二是岗位聘任津贴制。岗位聘任津贴包括职位津贴和业绩津贴两部分,职位津贴与岗位职责、学术水平等挂钩,业绩津贴与完成的教学、科研任务挂钩。岗位聘任津贴制模式以浙江大学和中山大学为代表,其特点是岗位聘任津贴与受聘人员的岗位职责、承担的任务和绩效挂钩,按照公平、公正、效率优先的原则,对在教学、科研、学科建设及管理岗位上作出突出贡献的学科带头人和骨干教师,给予较高的校内岗位聘任津贴。[2] 三是业绩津贴制。以业绩津贴为主的岗位津贴制以北京师范大学为代表,其特点是业绩津贴由岗位津贴、任务津贴、奖励津贴三部分构成。岗位津贴指根据学校学科建设、队伍建设、课程建设、管理工作需要,分别设置学科建设岗、队伍建设岗、课程建设岗、管理岗和教学辅助岗的岗位津贴。岗位津贴的分配直接与完成任务的数量和质量挂钩,意在强化岗位管理。教师在明确岗位职责及任职条件的基础上竞聘上岗。任务津贴指按照教师完成的工作任

---

[1] 龚映衫,刘冬梅,刘婉华,等.清华大学向旧的人事管理制度告别——清华大学实行岗位聘任和岗位津贴制纪实[J].中国高等教育,2000(2):4-7.
[2] 胡方茜,盛亚东,等.浙江大学实施岗位聘任津贴制度的实践和效果[J].中国高教研究,2004(增刊):59-63.

务的数量和质量，设置课时津贴、指导研究生津贴、科研项目津贴和学生工作津贴。奖励津贴标准按照单项奖、综合奖和特别奖设置，其中单项奖按照获得国家、省部级等各种奖励所发奖金的一定比例确定津贴数额，综合奖按照在学校教学工作、科研成果、科研任务方面业绩突出、综合排名在校名列前茅的单位和个人获得的一次性奖励来确定津贴数额，特别奖按照取得重大科研成果、主持重大科研项目、为学校作出突出贡献的个人和集体获得的一次性奖励来确定津贴数额[1]；四是岗位等级＋业绩津贴制。岗位等级＋业绩津贴制模式以四川大学代表，将专业技术人员、管理人员、教辅（工勤）人员岗位津贴设置成若干等级，不同等级设定不同的岗位职责任务，教职工根据自己的工作业绩竞争上岗，能上能下，实现收入同岗位职责、工作业绩和实际贡献挂钩，真正体现按劳分配、多劳多得、优劳优酬的分配原则；对于完成的教学科研业绩，通过业绩津贴的形式予以体现，年终考核合格后结算发放。五是基础岗位津贴＋其他津贴制。基础岗位津贴＋其他津贴制的岗位津贴分配制度以西安交通大学为代表，基础岗位津贴与教职工身份挂钩，按照教职工的专业技术职务或管理职务进行分配，另外通过设置其他津贴对特殊岗位或教职工完成的教学科研业绩等进行分配。[2]

通过此次人事分配制度改革，高等院校逐步建立了"国家工资＋校内岗位津贴"的教师薪酬制度。国家工资是以教师的工作岗位、工作职称、工龄等为依据，按照国家、省、市的工资政策的规定而发放；校内岗位津贴是以教师的工作业绩为依据，各学校按照自身情况来制定发放标准。高校教师薪酬制度以"国家工资＋校内岗位津贴"这种双轨形式实施，逐步形成了高校按教师教学、科研、服务社会的工作职能和需要设置岗位，形成了按岗聘任的机制，在较大程度上改变了以往高校的用人机制和教职工的考核机制。这种薪酬制度将教师的薪酬收入与教师工作业绩紧密联系在一起，激发了广大教职工投入工作的积极性与主动性，打破了以往"平均主义"的局面，促进

---

[1] 李红，夏春婷，陈光巨. 积极探索创新 推进分配改革——北京师范大学分配制度改革的实践与效果 [J]. 中国高教研究，2004（增刊）：74-78.
[2] 陈天宁，王雅正，等. 对高校分配制度改革的探索与思考——西安交通大学实施岗位津贴制度的实践与效果 [J]. 中国高教研究，2004（增刊）：67-71.

了高校教师工资制度，特别是教师绩效薪酬制度的发展。

总体来看，人事分配制度从重视人员级别、专业技术职务和资历转向强调岗位责任、工作业绩，强化激励机制，向优秀人才倾斜，并且在管理思想、管理手段上有了许多创新和进步。李倩认为，全面推行聘用（聘任）制，打破了高等院校教师的终身制。在分配上强调岗位责任和工作业绩，强化激励机制，在管理思想、管理手段方面有许多创新和进步。不同学校的津贴分配方案各不相同，基本包括国家工资、地方性补贴、校内岗位津贴，形成了多元收入分配形式，开始了真正意义上的高等院校工资制度改革。通过对岗位责任和工作业绩的细分，也积累了更多对高等院校教师工作业绩标准和考核的经验，为后来的绩效工资改革奠定了基础。

四、绩效工资制

2006年6月，经国务院批准，人事部、财政部联合发布《关于印发〈事业单位工作人员收入分配制度改革方案〉的通知》（国人部发〔2006〕56号）和《关于印发〈事业单位工作人员收入分配制度改革实施办法〉的通知》（国人部发〔2006〕59号），开启了我国事业单位绩效工资改革的序幕。这次工资改革的核心是建立岗位绩效工资制度。改革的总体目标是建立符合高等院校特点、体现岗位绩效和分级分类管理的收入分配制度，完善工资正常调整机制，健全宏观调控机制，逐步实现高等院校收入分配的科学化和规范化。

绩效工资是以绩效为付酬依据的工资制度，其核心内容在于将绩效考核结果作为绩效工资发放的主要依据。2006年6月，《事业单位工作人员收入分配制度改革方案》和《事业单位工作人员收入分配制度改革实施办法》印发实施，正式提出事业单位绩效工资制度。此次绩效工资制度改革是在之前实行的校内岗位制度基础上进行的，其目的是希望进一步理顺分配关系，规范分配秩序，建立符合高校特点、体现岗位绩效和分级分类管理的收入分配制度。

2006年10月，人事部、财政部、教育部《高等学校、中小学、中等职业学校贯彻〈事业单位工作人员收入分配制度改革方案〉三个实施意见》（国人部发〔2006〕113号）印发，该实施意见充分考虑了各地区之间的经济发展水平差距，要求将同一地区所属高等院校的绩效工资总体水平调控到处于基本平衡的状态，综合考虑不同高校在完成社会公益服务目标、绩效考核、事业发展、人员规模和岗位设置等因素，有所区别地核定具体绩效工资总量，体现不同高校的实绩和贡献；高等院校则需要在核定的绩效工资总量内制定具体工资方案并报上级主管部门批准后实施。该实施意见明确规定了工资调控机制、核定依据、制度目标等方面内容，试图改变之前高校之间收入差距悬殊、工资名目繁多、发放混乱的状况，是高校推进绩效工资制度改革的基础性文件。

李倩认为，在此次工资制度改革初期，绩效工资的实施情况并不理想，绩效工资制度只是按照政策要求在名义上完成了绩效工资制度改革，将原来的"国家工资+校内津贴"在名义上改为"岗位工资+薪级工资"，校内不同部门之间的相同职称、级别的教师工资水平基本一致，高等院校教师的实际收入水平和构成内容并未发生实质性转变，收入与业绩挂钩的绩效工资并未得到有效实行。[①] 2007年5月，人事部、教育部联合发布《关于高等学校岗位设置管理的指导意见》，将高校的专业技术岗位由正高、副高、中级、初级四级细分为12级，其中，正高1～4级、副高5～7级、中级8～10级、初级11～12级；管理序列和工勤序列的分级不变。经过2008年12月21日和2009年9月2日两次国务院常务会议，最终形成事业单位绩效工资推行的"四个原则"，并决定从2010年1月1日起在包括高等院校在内的事业单位全面实施绩效工资制度。2014年的《事业单位人事管理条例》再一次明确，事业单位工作人员工资包括基本工资、绩效工资和津贴补贴。随着绩效工资改革的推进，将工资与绩效进行实质性挂钩的工资制度改革方案开始在各高校推进。

此次在高校中实施的岗位绩效工资制度内容与事业单位要求一样，主要包括四个部分：岗位工资、薪级工资、绩效工资和津贴补贴。岗位工资是以教职工的岗位职责和岗位要求为依据，按照岗位级别来设置的。薪级工资主要根据教职工的岗位职级、工作年限等情况而确定，高校专业技术人员和管

---

① 李倩. 高等院校教师绩效薪酬的理论体系研究 [D]. 沈阳：东北大学，2017.

理人员设置 65 个薪级，工人设置 40 个薪级。绩效工资主要是以教职工的实际工作业绩情况为依据而核定的，是薪资构成中较灵活的部分，并且将以往的奖励性工资和地区性津贴划入绩效工资范围。高校在核定的绩效工资总量范围内，自主制定绩效工资发放实施办法，采取灵活的分配形式和办法激励教职工工作积极性。津贴补贴主要包括艰苦边远地区津贴和特殊岗位津贴两大类。

对高等院校实施绩效工资总量管理，高等院校在教育行政主管部门核定的绩效工资总量范围内自行制定绩效工资分配实施方案，这就为绩效薪酬管理打开了广阔的空间。此次改革的核心是建立岗位绩效工资制度，改革的关键是建立绩效薪酬体系与绩效评价机制，改革的重心在高校自身。高校通过开展岗位设置、制定评价体系和绩效考核指标、公平发放绩效工资等改革工作，改善用人机制和教职工考核机制，增强管理自主权，激发教职工工作积极性和主动性，提高工作效率，推动学校事业的发展。

第三节 河北高校绩效工资的发展

经查阅相关政策文件，河北高校绩效工资随着河北省其他事业单位的实施而实施，源于 2010 年，先后历经两次政策优化，五次标准调整。

一、河北高校绩效工资的实施

河北高校绩效工资与河北省其他事业单位绩效工资同步实施。2010 年 11 日，《河北省事业单位实施绩效工资意见（暂行）》（冀政办〔2010〕37 号）印发实施，提出除义务教育学校和公共卫生与基层医疗卫生以外的其他事业单位，按国家规定执行事业单位岗位绩效工资制度的单位正式工作人员，从 2010 年 1 月 1 日起实施绩效工资。

在绩效工资水平和总量核定方面，《河北省事业单位实施绩效工资意见（暂行）》指出，绩效工资总体水平由县级以上人力资源社会保障、财政部门综合考虑当地经济发展、财力状况、物价消费水平、所在地城镇单位在岗职工年平均工资水平、公务员规范后的津贴补贴水平等因素确定。其中财政性资金基本保证事业单位，由同级人力资源社会保障、财政部门共同确定；财政性资金定项或定额补助事业单位，由同级人力资源社会保障部门商财政部门确定；财政性资金零补助事业单位，由同级人力资源社会保障部门确定。财政性资金基本保证事业单位绩效工资水平确定后，财政性资金定项或定额补助和财政性资金零补助事业单位根据单位经济和社会效益状况，绩效工资平均水平可适当高一些，高出幅度为：财政性资金定项或定额补助事业单位一般可高于财政性资金基本保证事业单位10%～15%，财政性资金零补助事业单位最高不超过财政性资金基本保证事业单位30%。事业单位绩效工资总量由相当于单位工作人员上年度12月份基本工资的额度、规范后的津贴补贴和原工资构成中津贴比例按国家规定高出30%的部分（不含特殊岗位原工资构成比例提高部分）构成。同时提出，对知识技术密集、高层次人才集中、国家战略发展需要重点支持的事业单位，在核定绩效工资总量时给予适当倾斜。2011年1月，《河北省省直事业单位绩效工资实施办法》（冀人社发〔2011〕2号）提出，省人力资源与社会保障厅、省财政厅综合考虑事业单位类型、人员结构、岗位设置、事业发展、经费来源等因素，核定省直事业单位绩效工资总量。其中，财政性资金基本保证事业单位绩效工资总量按照相当于单位工作人员上年度12月份基本工资的额度和主管部门公务员规范后的津贴补贴水平核定；财政性资金定项或定额补助和财政性资金零补助事业单位，按照相当于单位工作人员上年度12月份基本工资的额度、主管部门公务员规范后的津贴补贴水平和原工资构成中津贴比例按国家规定高出30%的部分核定，其中主管部门执行限高津贴补贴标准的，其所属事业单位暂按省直统一的津贴补贴标准核定。

在绩效工资分配方面，明确提出绩效工资分为基础性绩效工资和奖励性绩效工资两部分。其中，基础性绩效工资主要体现地区经济发展、物价水平、岗位职责等因素。在同一县级行政区域内，同级政府主管机关管理的不同类型事业单位中同职务（岗位等级）人员，基础性绩效工资一般执行相同的标准，具体标准分别由省、市、县（市、区）人力资源社会保障部门、财政部门制定，在绩效工资中所占比重原则上可相对大一些，一般按月发放。奖励性绩效工资主要体现工作量和实际贡献等因素，由单位在主管部门核定的奖励性绩效工资总量内根据考核结果发放，可采取灵活多样的分配方式和办法。此外，要充分发挥绩效工资分配的激励导向作用。行业主管部门要结合本行业特点制定绩效考核办法，加强对事业单位内部考核的指导，引导事业单位不断提高公益服务水平。事业单位要完善内部考核制度，根据专业技术、管理、工勤等岗位的不同特点，实行分类考核。根据考核结果，在分配中坚持多劳多得，优绩优酬，重点向关键岗位、业务骨干和作出突出成绩的工作人员倾斜。同时，要妥善处理单位内部各类人员的绩效工资分配关系，防止差距过大；事业单位主要领导的奖励性绩效工资，在核定的绩效工资总量范围内，由主管部门根据对主要领导的考核结果统筹考虑确定；单位主要领导与本单位工作人员的奖励性绩效工资水平，要保持合理的关系，一般不超过本人基础性绩效工资。《河北省省直事业单位绩效工资实施办法》规定，河北省省直事业单位基础性绩效工资主要体现地区经济发展、物价水平、岗位职责等因素，不再分设项目，统称为"基础绩效工资"，按月发放。具体标准见表3-1。

河北省省直事业单位奖励性绩效工资主要体现工作量和实际贡献等因素，由单位在主管部门核定的奖励性绩效工资总量内，根据考核结果发放，可采取灵活多样的分配方式和分配办法。根据实际情况，在奖励性绩效工资中可设立岗位津贴和综合目标奖励等项目。省直事业单位主管部门要制定绩效工资考核分配办法，加强对所属事业单位内部考核的指导；各事业单位要完善内部考核制度，根据专业技术、管理、工勤等岗位不同特点，实行分类考核，根据考核结果，在分配中坚持多劳多得、优绩优筹，重点向关键岗位、业务骨干和作出突出成绩的工作人员倾斜。

此次事业单位实施绩效工资与规范事业单位津贴补贴结合进行。在全面清理核查事业单位发放的各种津贴补贴和奖金，摸清收入来源、支出去向、账户情况和津贴补贴奖金的实际发放水平的基础上，规范津贴补贴，完善岗位绩效工资制度，严肃分配纪律，规范事业单位收入分配秩序，取消资金来源不合法、不合规的项目。

表 3-1　省直事业单位基础绩效工资标准

单位：元/月

分类	岗位	标准
管理岗位	二级职员	2 680
	三级职员	2 210
	四级职员	1 980
	五级职员	1 780
	六级职员	1 580
	七级职员	1 430
	八级职员	1 330
	九级职员	1 230
	十级职员	1 130
专业技术岗位	一级岗位	2 670
	二级岗位	2 200
	三级岗位	1 950
	四级岗位	1 800
	五级岗位	1 700
	六级岗位	1 620
	七级岗位	1 550
	八级岗位	1 500
	九级岗位	1 450
	十级岗位	1 400
	十一级岗位	1 270
	十二级岗位	1 220
	十三级岗位	1 120
工勤岗位	技术工一级	1 500
	技术工二级	1 380
	技术工三级	1 280
	技术工四级	1 180
	技术工五级、普工	1 080

二、河北高校绩效工资的调整

(一) 绩效工资的调整

按照国家事业单位实施绩效工资"三步走"部署,河北省在事业单位全面实施绩效工资制度基础上,为进一步深化事业单位工作人员工资收入分配制度改革,规范事业单位绩效工资实施工作,于2012年12月印发《河北省事业单位绩效工资实施意见》(冀政办〔2012〕31号),提出要以规范事业单位绩效工资管理为重点,不断完善绩效工资考核办法,切实搞活内部分配,建立绩效工资水平动态调整机制,形成机制健全、关系合理、调控有力、秩序规范的绩效工资管理体系,实现事业单位绩效工资管理的科学化和规范化。

在绩效工资总体水平确定方面,为加强事业单位绩效工资总体水平调控,合理控制事业单位收入水平差距,设置绩效工资总体水平指导线和控制线。指导线和控制线是纳入绩效工资管理"规范后津贴补贴"的水平线,主要体现不同地区之间、同一地区不同类型性质单位之间的绩效工资水平差异,是合理确定绩效工资水平的重要依据。指导线是当地核定各单位绩效工资总量的基础,控制线是当地核定各单位绩效工资总量的最高限。指导线和控制线的设置,遵循地域原则,按照隶属关系、管理权限,分别由省、市、县人力资源和社会保障部门、财政部门确定。其中,指导线根据当地经济发展、财力状况、物价水平、所在地城镇单位在岗职工年平均工资水平、公务员规范后的津贴补贴水平确定,根据国家和省工资收入分配政策,特别是当地公务员规范后津贴补贴水平的调整作相应调整。控制线结合清理规范津贴补贴,按照合法合规收入水平不降低的原则,结合当地实际和单位资金承受能力,按不同类型事业单位分别设置。其中,财政性资金基本保证事业单位控制线一般不超过指导线的1.1倍;人才聚集、自筹经费较充裕的高等院校、省级示范性高中等单位可适当提高控制线,但最高不超过指导线的2倍;财政性资金定项或定额补助事业单位中,高等院校(含职业技术学院)不超过指导线的2倍,中等专业学校不超过指导线的1.5倍,三甲医院不超过指导线2.6倍,其他事业单位一般不超过指导线的1.5倍;财政性资金零补助事业单位根据自身资金承受能力确定，最高不超过指导线的3倍。

在绩效工资分配上，继续保留基础性绩效工资和奖励性绩效工资两部分。其中，基础性绩效工资主要体现地区经济发展、物价水平、岗位职责等因素，按月发放；奖励性绩效工资主要体现工作量和实际贡献等因素，是事业单位搞活分配的主体，可采取灵活多样的分配方式和办法。基础性绩效工资标准原则上按照当地绩效工资水平指导线的70%测算确定，并根据指导线调整同步调整，具体标准分别由省、市、县人力资源部门、财政部门确定；事业单位主管部门在核定的绩效工资总量范围内，核定所属各事业单位奖励性绩效工资总量，并报同级人力资源与社会保障部门、财政部门备案，单位在主管部门核定的奖励性绩效工资总量内，根据考核结果发放。同时提出，事业单位要不断完善绩效考核分配办法，考核结果作为工作人员绩效工资发放的主要依据，要根据专业技术、管理、工勤等岗位不同特点，实施分类考核，要坚持多劳多得、优绩优筹，重点向关键岗位、业务骨干和作出突出贡献的工作人员倾斜，同时要妥善处理好单位内部各类人员的绩效工资分配关系，防止差距过大。根据单位实际，奖励性绩效工资可设立岗位津贴、效能补贴、综合目标奖等项目，不再设置伙食补助、防暑费、过节费等类似项目。在单位主要负责人奖励性绩效工资分配上，财政性资金基本保证事业单位，一般不超过本人基础性绩效工资；财政性资金定项或定额补助以及零补助事业单位，一般不超过本单位职工奖励性绩效工资平均水平的3倍；主要负责人的奖励性绩效工资水平年增长幅度不超过本单位职工奖励性绩效工资水平年增长幅度。

（二）绩效工资标准的调整

实施绩效工资以来，河北省省直事业单位先后4次对绩效工资标准进行了调整。

1.2011年绩效工资标准调整

2011年9月，河北省人力资源和社会保障厅、河北省财政厅印发《关于调整省直事业单位绩效工资标准的通知》（冀人社发〔2011〕71号），提出省直事业单位按照执行主管机关津贴补贴标准和"属地化"相结合的原则确定，具体为：省直事业单位（不含省垂管系统和驻省外单位）按省直公务员津贴补贴年人均 25 000 元的水平确定，发放水平高于省直公务员津贴补贴水平且属于合法合规收入的，原则上不降低其收入水平。省垂管系统事业单位按同级主管机关公务员的津贴补贴水平确定。驻省外事业单位按照省政府驻外办事处机关公务员津贴补贴水平确定。

在绩效工资总量核定方面，省直财政性资金基本保证事业单位按照相当于单位工作人员上年度 12 月份基本工资的额度（岗位工资和薪级工资之和）和主管部门公务员调标后的津贴补贴水平核定；财政性资金定项或定额补助和财政性资金零补助事业单位，绩效工资总量按照相当于单位工作人员上年度 12 月份基本工资的额度、主管部门公务员调标后的津贴补贴水平和原工资构成中津贴补贴比例按国家规定高出 30% 的部分（不含特殊岗位原工资构成比例提高部分）核定。

在绩效工资分配方面，绩效工资分为基础性绩效工资和奖励性绩效工资两部分。奖励性绩效工资由单位在主管部门核定的奖励性绩效工资总量内，依据本单位制定的绩效考核办法分配办法，按考核结果发放。

2. 2014 年绩效工资标准调整

2014 年 12 月，河北省人力资源和社会保障厅、河北省财政厅印发《关于调整部分省直事业单位绩效工资标准的通知》（冀人社发〔2014〕40 号），将河北省绩效工资水平指导线调整为提标后省直机关公务员规范津贴补贴年均水平，即 31 100 元，同时调整基础工资标准。

在绩效工资总量核定方面，核定绩效工资总量时执行的规范后津贴补贴水平低于调整后指导线的单位，可申请按照调整后指导线分别核定 2013 年、2014 年度绩效工资总量增加量。核定绩效工资总量时执行的规范后津贴补贴水平高于元指导线的单位，可按照原提高幅度申请核定 2013、2014 年度绩效工资总量增加量。

在具体执行方面，本次调整绩效工资标准，2013 年 1 月 1 日至 2014 年 12 月 31 日期间增加的绩效工资总量，原则上以核定 2013 年、2014 年度绩效工资总量时的人数为准，分年度核算，增加的绩效工资总量核定到单位，由单位按照工作人员实际情况清算。

3. 2015 年绩效工资标准调整

2015 年 6 月，河北省人民政府办公厅转发省人力资源和社会保障厅、省财政厅制定的《河北省调整事业单位工作人员基本工资标准实施办法》，决定自 2014 年 10 月 1 日起调整事业单位工作人员基本工资标准，同时将部分绩效工资纳入基本工资。部分绩效工资纳入基本工资后，绩效工资水平相应减少，减少额度详见表 3-2。

表 3-2　事业单位工作人员绩效工资减少额度

单位：元/月

分类	岗位等级	减少额度
专业技术人员	一级	655
	二级	555
	三级	515
	四级	485
	五级	450
	六级	415
	七级	390
	八级	340
	九级	325
	十级	300
	十一级	275
	十二级	250
	十三级	220
管理人员	一级	650
	二级	590
	三级	530
	四级	480
	五级	430
	六级	380
	七级	330
	八级	290
	九级	250
	十级	220

(续表)

分类	岗位等级	减少额度
工人	技术工一级	360
	技术工二级	310
	技术工三级	280
	技术工四级	240
	技术工五级	210
	普通工	210

绩效工资减少办法为：以国家规定的各岗位等级减少额度为基数，原则上70%从基础绩效工资中减少，30%从奖励绩效工资中减少。

本次基本工资标准调整，进一步完善了事业单位绩效工资制度相关政策，推动事业单位收入分配制度改革不断深化。

一是调整绩效工资总体水平指导线和控制线。事业单位基本工资标准调整和部分绩效工资纳入基本工资后，事业单位绩效工资总体水平相应调整。绩效工资指导线标准为：2014年9月30日前执行31 100元标准，2014年10月1日后执行27 500元标准。

二是规范基础绩效工资标准。根据省政府办公厅冀政办〔2012〕31号文件规定，参考调整后绩效工资水平指导线，按照同层级同水平同标准的原则，统一制定基础绩效工资标准，详见表3-3。

表3-3 省直事业单位基础绩效工资标准

单位：元/月

分类	岗位	标准
管理岗位	二级职员	3 090
	三级职员	2 680
	四级职员	2 330
	五级职员	2 010
	六级职员	1 730
	七级职员	1 540
	八级职员	1 430
	九级职员	1 350
	十级职员	1 290

(续表)

分类	岗位	标准
专业技术岗位	一级岗位	3 040
	二级岗位	2 590
	三级岗位	2 310
	四级岗位	2 120
	五级岗位	1 910
	六级岗位	1 790
	七级岗位	1 720
	八级岗位	1 650
	九级岗位	1 590
	十级岗位	1 530
	十一级岗位	1 420
	十二级岗位	1 350
	十三级岗位	1 290
工勤岗位	技术工一级	1 640
	技术工二级	1 500
	技术工三级	1 390
	技术工四级	1 300
	技术工五级、普工	1 230

4. 2016年绩效工资标准调整

2016年2月，河北省人力资源和社会保障厅、河北省财政厅印发《关于调整省直事业单位绩效工资标准的通知》（冀人社发〔2016〕7号），决定自2014年7月1日起调整省直事业单位绩效工资标准。

一是调整绩效工资水平指导线，2014年7月至9月年人均37 100元，2014年10月后年人均33 500元。

二是调整绩效工资总量，按照原指导线核定绩效工资总量的单位，按调整后的指导线分段核定绩效工资总量增加量；高于原指导线核定绩效工资总量的单位，可根据冀政办〔2012〕31号文件规定，申请分段核定绩效工资总量增加量。在核定总量时，规范后津贴补贴水平超过指导线的单位，申请核定2014年、2015年度绩效工资增加量和2016年度绩效工资总量时，要充分考虑单位经费承受能力，确保工作正常运转。其中，高等院校（含高职院校）要结合2015年本校学费收入及自有资金情况，以收定支，可参照省直财政性资金基本保证事业单位绩效工资水平增量，合理申请2014年、2015年度绩效工资增加量。

三是调整基础绩效工资标准。在具体执行层面，本次调整绩效工资标准，增加的绩效工资总量，原则上以核定2014年、2015年度绩效工资总量时的人数为准，分段核算。增加的绩效工资总量核定到单位，由单位根据实情清算补发。调整后的基础绩效工资标准分别从2014年7月1日、2014年10月1日起执行，自2016年1月1日起按月发放。

2016年9月，河北省人民政府办公厅转发省人力资源社会保障厅、省财政厅制定的《河北省调整事业单位工作人员基本工资标准实施办法》，规定从2016年7月1日起调整事业单位工作人员基本工资标准，同时将部分绩效工资纳入基本工资。将部分绩效工资纳入基本工资后，绩效工资水平相应降低。

一是绩效工资水平指导线由33 500元调整为31 100元。

二是调整各类别岗位等级基础绩效工资标准，详见表3-4。

表3-4 省直事业单位基础绩效工资标准

单位：元/月

分类	岗位	标准
管理岗位	二级职员	3 510
	三级职员	3 040
	四级职员	2 640
	五级职员	2 280
	六级职员	1 960
	七级职员	1 740
	八级职员	1 620
	九级职员	1 540
	十级职员	1 470
专业技术岗位	一级岗位	3 400
	二级岗位	2 860
	三级岗位	2 490

(续表)

分类	岗位	标准
专业技术岗位	四级岗位	2 280
	五级岗位	2 090
	六级岗位	1 990
	七级岗位	1 920
	八级岗位	1 850
	九级岗位	1 800
	十级岗位	1 750
	十一级岗位	1 620
	十二级岗位	1 540
	十三级岗位	1 470
工勤岗位	技术工一级	1 850
	技术工二级	1 700
	技术工三级	1 570
	技术工四级	1 470
	技术工五级、普工	1 410

5. 2017 年调整绩效工资总量

2017 年 5 月，河北省人力资源和社会保障厅、河北省财政厅印发《关于适当提高高层次人才集中的事业单位绩效工资总量的办法》（冀人社规〔2017〕8 号），规定自 2017 年 5 月起适当提高高层次人才集中的事业单位绩效工资总量。文件规定，具备以下评定标准中两项以上（含两项）的事业单位，可确定为高层次人才集中的事业单位。

一是全日制博士学位人员占单位编制内全员总量比例达到 17% 以上。

二是获得副高级以上职称人员占单位编制内全员总量比例达到 45% 以上。

三是本年度有国家级专家学者称号（包含院士、全国杰出专业技术人才、享受政府特殊津贴人员、百千万人才工程人选、国家基杰出青年基金获得者、长江学者奖励计划特聘教授、专家等）和有省级专家称号（包括省管优秀专家、省杰出专业技术人才、省政府特殊津贴专家或省有突出贡献专家、百人计划等）的在职人员共计 40 人以上。

四是单位拥有博士学位授予权。

五是近三年内获得省部级二等奖以上成果数量达到 20 项以上。

六是近三年内在三区以上发表论文达到 35 篇以上。

七是近三年内人均争取国家级（含部委）科研经费和横向研发经费数量达到 10 万元以上。

在绩效工资总量调整幅度方面，明确规定高等院校（含职业技术院校）绩效工资水平控制线最高不超过指导线 2 倍。

第四节 河北高校教师薪酬激励的优化

河北高度重视高等院校薪酬管理工作，在赋予高校分配自主权、强化高层次人才激励方面出台了若干措施，在充分发挥薪酬激励作用，调动教职工积极性、助力事业发展上成效显著。河北高校薪酬管理在发展中不断优化，在发展中不断产生新的矛盾，及时梳理总结河北高校薪酬管理相关政策，挖掘薪酬管理存在的主要问题，提出改进措施，可有效加强河北高校教师队伍建设。

一、河北高校薪酬管理相关政策

为充分发挥工资收入分配的激励作用，吸引和留住更多高层次人才为经济建设服务，自 2016 年以来，河北省出台了一系列薪酬激励政策，均明确充分赋予高校和科研院所分配自主权，强化高层次人才薪酬激励，鼓励高校、科研院所等事业单位探索实施年薪制、项目工资和协议工资制，工资水平由双方协商确定，不纳入绩效工资总量管理，计入单位工资总额。具体激励政策主要有以下 8 个。

（一）《关于深化人才发展体制机制改革的实施意见》

2016 年 7 月，中共河北省委、河北省人民政府印发《关于深化人才发展体制机制改革的实施意见》，明确提出加大科研成果转化激励力度。赋予高校、科研院所科研成果使用、处置和收益管理自主权，除事关国防、国家安全、国家利益和重大社会公共利益外，行政部门不再审批或备案。高校、科研院所可以以协议方式，进一步将成果使用权、处置权和收益权授予研发团队。探索科研成果产权化，引入科研成果市场化定价机制，建立健全成果转化激励分配机制。提高高校、科研院所科研人员成果转化收益比例，科研团队所得不低于70%。鼓励人才为社会提供技术服务，收入与成果转化收入同等对待。

（二）《关于加快科技创新建设创新型河北的决定》

2016年7月，中共河北省委、河北省人民政府印发《关于加快科技创新建设创新型河北的决定》，继续扩大高等院校和科研院所科研自主权。改革科技人员薪酬分配制度，探索实施年薪制、项目工资和协议工资制，所聘任高层次人才报酬计入工资总额，不纳入绩效工资总量管理。高等院校、科研院所及国有企业要向基层单位和研发团队放权，赋予领衔科技专家、学科带头人和科研带头人等创新领军人才更大的科研经费支配权、研究人员聘用权、技术路线决定权、科研设备购置权。

（三）《关于深化薪酬分配制度改革鼓励科技创新创造实施细则》

2016年7月，河北省人力资源和社会保障厅等四部门印发《关于深化薪酬分配制度改革鼓励科技创新创造实施细则》（试行），提出单位以技术转让或者许可方式转移转化职务发明和科技成果的，转移转化所得收入全部留归本单位分配。其中，获得的净收益可提取不低于70%奖励给研发团队、成果完成人或科技成果转化重要贡献人员。

单位以科技成果作价投资实施转化的，应当从作价投资取得的股份或者出资比例中提取不低于70%的比例用于奖励给研发团队、成果完成人或科技成果转化重要贡献人员。

单位将科技成果自行投资实施转化、与其他单位或个人共同实施转化的，自项目开始盈利的下一年度起，在3~5年内每年从上一年度项目净收益中提取不高于30%的比例作为分红，奖励给研发团队、成果完成人或科技成果转化重要贡献人员。

事业单位科技人员经所在单位同意并签订书面协议后，可在省内离岗从事科研创新和成果转化工作，实行另册管理，3～5年内在原单位保留人事关系，由原单位继续为其缴纳养老、失业、医疗等社会保险（单位缴纳部分），档案工资正常晋升，创业所得收入归个人所有。不核减原单位离岗科技人员工资等财政经费，可用于聘用人员或奖励本单位在岗工作人员。

（四）《关于落实以增加知识价值为导向分配政策的实施意见》

2017年9月，中共河北省委办公厅、河北省人民政府办公厅印发《关于落实以增加知识价值为导向分配政策的实施意见》，全面落实科技成果转化收益分配有关法规政策，加大科技人员科技成果股权、期权激励力度，探索赋予其所有权或长期使用权，对财政资助项目产生科技成果的转化，由各项目承担单位自行制定单位和完成人之间的收益分配办法，对横向委托项目科技成果的转化收益按合同约定确定。

鼓励对科技人员进行期权奖励。科研机构、高校等事业单位以科技成果作价投资的国有科技型企业，可根据科技成果转化净收益情况，对作出重要贡献的人员进行期权奖励，奖励总额不超过转化项目近三年形成净资产增值额的35%，行权价格为激励方案批准日上一年度末每股净资产价格。

（五）《关于深化科技改革创新推动高质量发展的意见》

2019年1月，中共河北省委、河北省人民政府印发《关于深化科技改革创新推动高质量发展的意见》，强化科技领军人才薪酬激励。对全时全职承担省级以上重大科研或重大创新平台建设任务的项目负责人，实行一项一策、清单式管理和年薪制，年薪所需经费允许在项目经费中列支并单独核定。协议工资、年薪、项目工资、单位科研奖励及科技成果转移转化所获收益用于人员激励支出的部分，计入单位工资总额，但不纳入绩效工资总量管理。

强化成果转化激励。允许转制院所和事业单位管理人员、科研人员以"技术股+现金股"形式持有股权。可引入技术经理人全程参与成果转化。鼓励高等院校、科研院所以订单等方式参与企业技术攻关。高等院校、科研院所面向企业开展的技术开发、技术咨询、技术转让、技术服务等"四技服务活动"收益,视为科技成果转化收益。

(六)《关于深化"放管服"改革优化科研管理若干政策措施》

2019年1月,河北省人民政府印发《关于深化"放管服"改革优化科研管理若干政策措施》,赋予高等院校、科研院所横向委托项目职务科技成果归属及使用自主权。对于高校、科研院所接受企业、其他社会组织委托项目形成的职务科技成果,允许合同双方自主约定成果归属和使用、收益分配等事项;合同未约定的,职务科技成果由项目承担单位自主处置,允许赋予科研人员所有权或长期使用权。横向委托项目获得的收益,科研人员按照合同约定提取报酬,如无合同约定,允许全部留归项目组成员自主分配并依法缴纳所得税。省科技厅、省财政厅、省教育厅等部门联合开展试点,对利用财政资金形成的职务科技成果,由试点单位按照权利与责任对等、贡献与回报匹配的原则,在不影响国家安全、国家利益、社会公共利益的前提下,探索赋予科研人员所有权或长期使用权。强化成果转化激励,允许转制院所和事业单位管理人员、科研人员以"技术股+现金股"的形式持有股权;可引入技术经理人全程参与成果转化;鼓励高等院校、科研院所以订单方式参与企业技术攻关。

(七)《关于进一步完善事业单位高层次人才工资分配激励机制的实施意见》

2020年7月,河北省人社厅、省财政厅《关于进一步完善事业单位高层次人才工资分配激励机制的实施意见》印发实施,扩大研发经费使用自主权。对承担省级科技计划项目中试验设备依赖程度低和实验材料耗费少的基础研究,软件开发、集成电路设计、软科学研究等智力密集型项目的高层次人才,提高间接经费比例,100万元以下的部分可达到30%,100万元至300万元可达到25%,300万元以上的可达到20%。科研项目实施期间,年度剩余资金可以结转下一年度继续使用,完成项目任务并通过验收后,结余资金按规定留归项目承担单位使用,在2年内由项目承担单位统筹安排用于科研活动的直接支出。

（八）转发人社部、科技部、财政部《关于事业单位科研人员科技成果转化现金奖励纳入绩效工资管理有关问题的通知》

2021年，人社部、科技部、财政部印发的《关于事业单位科研人员科技成果转化现金奖励纳入绩效工资管理有关问题的通知》指出，科技成果转化后，科技成果完成单位按规定对完成、转化该项科技成果作出重要贡献的人员给予的现金奖励，计入所在单位绩效工资总量，但不受核定的绩效工资总量限制，不作为人社、财政部门核定单位下一年度绩效工资总量的基数，不作为社会保险缴费基数。

二、河北高校薪酬管理存在的主要问题

（一）事业单位（含高校）工资动态调整机制不健全

与机关工资制度相比，当前事业单位工资的动态调整机制还不健全。《公务员法》规定，国家实行工资调查制度，定期进行公务员和企业相当人员工资水平的调查比较，并将工资调查比较结果作为调整公务员工资水平的依据。国家也明确规定事业单位工作人员的工资水平应当与国民经济发展相协调、与社会进步相适应。但实际操作难度很大，且事业单位的工资调查制度迟迟没有开展，这就导致事业单位的工资调整往往只能伴随公务员工资调整开展。

（二）绩效工资水平指导线标准调整滞后

目前河北省省直执行的绩效工资指导线为31 100元（为国家2014年调整基本工资时批复的公务员规范津贴补贴水平）。随着公务员职务与职级并行制度的全面实施，机关公务员职级层次普遍提升，但绩效工资指导线并未随之调整。

（三）财政经费保障能力不足

一是受限于现行财政经费保障政策。高校为财政性资金定额或定项补助事业单位，目前财政教育拨款以学生数量作为支付的依据，且财政教育拨款

中只能调剂部分资金用于人员经费,制约了高校绩效工资的保障能力。

二是国家文件规定的经费使用政策不明确、不具体,单位实际执行中有困难,存在顾忌思想,难以用足用好现有政策,拓宽资金来源渠道有压力。如科研专项资金中产生的间接费用和高校参与社会化服务项目剔除成本之后的余额,是否可以用于人员奖励,可以使用多大比例用于奖励等政策不明确,高校在具体落实中,顾忌审计、巡视等因素,不敢将上述经费用于人员奖励。

(四)绩效工资的调节功能日趋减弱

一是绩效工资在整个工资结构中的占比日趋降低。在事业单位岗位绩效工资构成中,岗位工资和薪级工资为基本工资,主要体现工作人员所聘岗位的职责要求和资历,属于工资中相对固定的部分;绩效工资主要体现工作人员的实绩和贡献,由单位在主管部门核定的奖励性绩效总量内,采取灵活多样的分配方式和办法。实施绩效工资以来,河北省经历了3次工资调整,基本工资得到大幅提高,但绩效工资总量未发生明显变化,绩效工资在整个工资构成中的占比大幅降低。

二是奖励性绩效工资的调节功能趋于弱化。事业单位绩效工资分为基础性绩效工资和奖励性绩效工资两部分。其中基础性绩效工资在同一县域内一般执行相同的标准;奖励性绩效工资主要体现工作量和实际贡献等因素,是内部搞活分配的重点。实施绩效工资以来,河北省高校基础性绩效工资随着工资的调整也进行了上涨,在绩效工资总量未发生明显变化的情况下,进一步挤压了奖励性绩效工资的激励空间。

此外,河北省现行的绩效工资总量核定办法以事业单位上年度末在岗人数为依据,虽然对高层次人才集中的单位进行了适度倾斜,但对人员结构情况考虑不足,一定程度上造成了高层次人才越集中的高校,基础性绩效占比越高,奖励性绩效可使用空间越小。

(五)编内编外人员同工不同酬

高校普遍存在编内编外人员薪酬双轨制现象,编外人员除在薪酬待遇低于编内人员外,在养老保险、职业年金、医疗待遇、住房补贴等方面也与编内人员存在较大差距,有时会产生编内外人员的矛盾。随着改革不断推进和事业发展,双轨制问题迫切需要解决。

三、河北高校教师薪酬激励的优化

(一)调整绩效工资指导线

冀政办〔2012〕31号文件规定,指导线根据国家和省工资收入分配政策,特别是当地公务员规范后津贴补贴水平的调整相应调整。考虑到当前公务员实际执行的规范津贴补贴水平已发生变化,可由人社牵头,会商财政、组织部门按照公务员实际执行的规范津贴补贴标准核定绩效工资指导线。

(二)调整绩效工资控制线

一是调整控制线。及时了解国家关于高校、科研院所绩效工资制度改革动态,提前做好政策研究和摸底调研,在充分听取意见建议的基础上,适时将现行的2倍控制线调整为3倍,给予高校更为宽松的绩效工资分配政策。

二是设置限高线。可参照山西省做法,由高等院校根据办学层次和定位、发展目标、人员结构、当地经济发展水平等因素,自主确定绩效工资总量;或学习山东经验,在控制线的基础上设置5倍限高线,超过控制线低于限高线部分由高校通过"四技服务"、对外培训等自筹,提高高校自主创收的积极性,在增加办学经费的同时提高人员收入水平;或参照河南省做法,调整绩效工资总额核定办法,按照高等院校上年度基本工资总额的2.4~2.8倍进行核定。

(三)优化绩效工资使用

河北省高校现行的绩效工资结构确定于2012年,按照基础性绩效工资占比70%、奖励性绩效工资占比30%进行测算。尽管中共河北省委、河北省人民政府印发的《关于全面深化新时代教师队伍建设改革的实施意见》规定高等院校的基础绩效工资标准可按统一规定执行，也可以自行设置基础绩效工资标准或不设置基础绩效工资，将绩效工资全部用于奖励；但在实际操作过程中，面对重大改革带来的不确定性，受政府计划管理机制影响，高校仍缺乏内生的主动变革动力，需要进一步的政策引导或工作指导。

（四）增加绩效工资收入

相对于发达地区，河北高校办学经费严重不足，教师待遇明显落后。为破除体制障碍，增加办学经费，提高教师收入水平，可借鉴山东经验，一方面，出台政策鼓励高校通过校企合作、技术服务、社会培训、自办企业等形式，努力开展创收，创收净收入可按照不低于50%的比例用于奖励性绩效工资分配，纳入绩效工资总量管理；另一方面，鼓励高校下放内设二级单位分配自主权，根据二级单位的发展目标、工作任务、年度考核、成果贡献等情况，将绩效工资总量切块到二级单位，对二级单位设置差额供养额度，鼓励各单位增加创收，在总量额度内自主分配。

（五）对绩效工资制度改革涉及的经费保障政策和经费使用渠道予以明确细化

一是对财政补助和资金使用渠道进一步明确，避免使用"提取部分""按照现有经费保障渠道"等含糊表述，进一步明确哪些经费项目及具体比例可以用于人员奖励，哪些经费可以保障绩效工资制度改革。

二是提高财政补助标准比例。高校虽然被界定为财政性资金定额定项补助单位，但是高校属于公益性事业单位，可将财政补助标准由60%提高到80%，年度绩效奖也给予相应比例的补助，帮助高校解决财务困境。

第四章 新时代人才评价与河北高校教师评价激励

人才评价对人才培养、选拔、使用具有重要的导向作用,扎实推进人才评价制度改革,积极开展教师分类评价,是深入实施人才强国战略的必然选择。党的十八大以来,党中央高度重视人才评价工作改革,不断加强改革顶层设计,推出一系列政策文件,着力解决人才评价中的"顽瘴痼疾",相关部委、高校深入推进人才评价改革探索,以改革增活力,不断释放出人才创新的积极性、主动性,取得了积极成效。本章拟对党的十八大以来人才评价政策进行梳理总结,探寻发现人才评价政策发展变化的内在逻辑,从发展的视角分析河北高校人才评价制度改革成效和存在的主要问题,结合教师队伍建设中的评价激励,进一步提出人才评价改革的方向和路径。

第一节 新时代人才评价政策回眸

党和国家历来高度重视人才工作,在革命、建设、改革各个历史时期,制定和实施了一系列重大方针政策,为党和人民事业发展培养和集聚了宏大人才队伍。党的十八大以来,习近平总书记深刻把握国际国内发展基本走势,对人才事业发展和人才队伍建设作出一系列重要指示,反复强调要建立集聚人才体制机制,聚天下英才而用之。

一、人才评价改革顶层设计

党的十八大以来,以习近平同志为核心的党中央高度重视人才评价改革,对人才评价改革作出重点部署安排,为人才评价制度改革指明了方向。

2013年11月,党的十八届三中全会进一步明确了全面深化改革的总目标,对全面深化人才体制机制改革作出重大部署,强调要打破体制壁垒,扫除身份障碍,让人人都有成长成才、脱颖而出的通道,让各类人才都有施展才华的广阔天地,同时将"完善人才评价机制"列为重点任务。

2014年1月,习近平总书记在会见"嫦娥三号"任务参研参试人员代表时指出:"我们要着力完善人才发展机制,最大限度支持和鼓励科技人员创新创造。要不拘一格、慧眼识才,放手使用优秀青年人才,为他们奋勇创新、脱颖而出提供舞台。"

2018年5月,习近平总书记在两院院士大会上讲话强调:"要创新人才评价机制,建立健全以创新能力、质量、贡献为导向的科技人才评价体系,形成并实施有利于科技人才潜心研究和创新的评价制度。……要完善科技奖励制度,让优秀科技创新人才得到合理回报,释放各类人才创新活力。要通过改革,改变以静态评价结果给人才贴上'永久牌'标签的做法,改变片面将论文、专利、资金数量作为人才评价标准的做法,不能让繁文缛节把科学家的手脚捆死了,不能让无穷的报表和审批把科学家的精力耽误了。""要营造良好创新环境,加快形成有利于人才成长的培养机制、有利于人尽其才的使用机制、有利于竞相成长各展其能的激励机制、有利于各类人才脱颖而出的竞争机制,培植好人才成长的沃土,让人才根系更加发达,……形成天下英才聚神州、万类霜天竞自由的创新局面。"

2020年10月,党的十九届五中全会提出以科研评价制度改革为突破口激发科技人员创新活力。一是强化国家使命导向,围绕重要学科领域和创新方向,培养造就一批具有国际水平的战略科技人才、科技领军人才和创新团队,建立有利于青年科技人才脱颖而出的机制。二是完善科技评价机制,确立以质量、贡献、绩效为核心的评价导向,实行与不同类型科研活动规律相适应的跟踪和分类评价制度,优化科技奖励项目。三是落实用人单位的评价自主权，减少不必要的政府性评价活动，坚决破除"唯论文、唯职称、唯学历、唯奖项"取向，落实代表作制度。四是坚持教育、激励、监督、惩戒相结合，加强科研诚信和监管机制建设。大力弘扬科学家精神，引导广大科技工作者秉持国家利益和人民利益至上的崇高精神。强化科技界联合惩戒机制，以"零容忍"的态度加大对科研不端行为的查处力度和公开曝光，切实净化学术环境，推动作风学风实质性改观。

2021年5月，习近平总书记在两院院士大会、中国科协第十次全国代表大会上强调："要重点抓好完善评价制度等基础改革，坚持质量、绩效、贡献为核心的评价导向，全面准确反映成果创新水平、转化应用绩效和对经济社会发展的实际贡献。"

2021年9月，以习近平同志为核心的党中央在北京召开了中央人才工作会议，这也是新中国历史上第一次以中央的名义召开的人才工作会议。在这次中央人才工作会议上，习近平总书记强调："要完善人才评价体系，加快建立以创新价值、能力、贡献为导向的人才评价体系，形成并实施有利于科技人才潜心研究和创新的评价体系。"

2022年6月，中共中央总书记、国家主席、中央军委主席、中央全面深化改革委员会主任习近平主持召开中央全面深化改革委员会第二十六次会议，审议通过了《关于开展科技人才评价改革试点的工作方案》。习近平在主持会议时强调，"要遵循科技创新规律和人才成长规律，以激发科技人才创新活力为目标，按照创新活动类型，构建以创新价值、能力、贡献为导向的科技人才评价体系，引导人尽其才、才尽其用、用有所成"。要"开展科技人才评价改革试点，要坚持德才兼备，按照承担国家重大攻关任务以及基础研究、应用研究和技术开发、社会公益研究等分类进行人才评价"。要"从构建符合科研活动特点的评价指标、创新评价方式、完善用人单位内部制度建设等方面提出试点任务，形成可操作可复制可推广的有效做法"。

习近平总书记系列重要讲话对人才评价工作的顶层设计、战略布局、理念方向、实践要求等作了系统诠释，为人才评价制度改革提供了行动指南。

二、人才评价政策梳理

（一）《关于深化人才发展体制机制改革的意见》

2014年8月，中央政治局审议通过的《深化党的建设制度改革实施方案》，明确提出要着眼于形成激发人才创造活力、具有国际竞争力的人才制度优势，营造识才、爱才、敬才、用才的良好氛围，择天下英才而用之，把各方面的优秀人才集聚到党和国家事业中来。《深化党的建设制度改革实施方案》主要从健全党管人才领导体制、创新集聚人才体制机制、完善人才流动配置、评价激励、服务保障机制等方面，提出了具体改革任务。根据中央部署，中央组织部等10个部门成立工作领导小组，深入开展调研，广泛听取各方面意见，组织有关方面反复研究论证。

2016年2月，党中央印发第一个人才发展体制机制改革综合性文件《关于深化人才发展体制机制改革的意见》，以"放权、松绑"为核心，突出"精准、分类"要求，提出一系列务实管用的改革举措。《关于深化人才发展体制机制改革的意见》着眼于破除束缚人才发展的思想观念和体制机制障碍，解放和增强人才活力，形成具有国际竞争力的人才制度优势，聚天下英才而用之，明确深化改革的指导思想、基本原则和主要目标，从管理体制、工作机制和组织领导等方面提出改革措施，是当前和今后一个时期全国人才工作的重要指导性文件，对包括人才评价改革在内的人才体制机制改革作出顶层设计。《关于深化人才发展体制机制改革的意见》提出要创新人才评价机制，一方面，要突出品德、能力和业绩评价。制定分类推进人才评价机制改革的指导意见。坚持德才兼备，注重凭能力、实绩和贡献评价人才，克服唯学历、唯职称、唯论文等倾向。不将论文等作为评价应用型人才的限制性条件。另一方面，要改进人才评价考核方式。发挥政府、市场、专业组织、用人单位等多元评价主体作用，加快建立科学化、社会化、市场化的人才评价制度。基础研究人才以同行学术评价为主，应用研究和技术开发人才突出市场评价，哲学社会科学人才强调社会评价，注重引入国际同行评价。应用型人才评价应根据职业特点突出能力和业绩导向，加强评审专家数据库建设，建立评价责任和信誉制度，适当延长基础研究人才评价考核周期。

《关于深化人才发展体制机制改革的意见》的颁布实施，对于全面贯彻党的十八大和十八届三中、四中、五中全会精神，深入贯彻习近平总书记系列重要讲话精神，加快建设人才强国，最大限度激发人才创新创造创业活力，把各方面优秀人才集聚到党和国家事业中来，为实现"两个一百年"奋斗目标提供有力人才支撑，具有十分重要的战略意义和现实意义。《关于深化人才发展体制机制改革的意见》明确提出，要研究制定分类推进人才评价机制改革的指导意见，并列入中央全面深化改革重点工作任务。

（二）《关于全面深化新时代教师队伍建设改革的意见》

百年大计，教育为本；教育大计，教师为本。为深入贯彻落实党的十九大精神，造就党和人民满意的高素质专业化创新型教师队伍，落实立德树人根本任务，培养德智体美全面发展的社会主义建设者和接班人，全面提升国民素质和人力资源质量，加快教育现代化，建设教育强国，办好人民满意的教育，为决胜全面建成小康社会、夺取新时代中国特色社会主义伟大胜利、实现中华民族伟大复兴的中国梦奠定坚实基础，2018年1月，中共中央、国务院《关于全面深化新时代教师队伍建设改革的意见》印发实施，这是新中国成立以来党中央出台的第一个专门面向教师队伍建设的政策文件。

《关于全面深化新时代教师队伍建设改革的意见》对高等院校教师队伍建设标准和建设路径作出规定，提出要全面提高高等院校教师质量，建设一支高素质创新型的教师队伍。着力提高教师专业能力，推进高等教育内涵式发展。搭建校级教师发展平台，组织研修活动，开展教学研究与指导，推进教学改革与创新。加强院系教研室等学习共同体建设，建立完善的传帮带机制。全面开展高等院校教师教学能力提升培训，重点面向新入职教师和青年教师，为高等院校培养人才培育生力军。重视各级各类学校辅导员专业发展。结合"一带一路"建设和人文交流机制，有序推动国内外教师双向交流。支持孔子学院教师、援外教师成长发展。服务创新型国家和人才强国建设、世界一流大学和一流学科建设，实施好"万人计划""长江学者奖励计划"等重大人才项目、着力打造创新团队，培养引进一批具有国际影响力的学科领军人才和青年学术英才。加强高端智库建设，依托人文社会科学重点研究基地等，汇聚培养一大批哲学社会科学名家名师。高等院校高层次人才遴选和培育中要突出教书育人，让科学家同时成为教育家。

在教师评价方面，《关于全面深化新时代教师队伍建设改革的意见》明确提出要推行高等院校教师职务聘任制改革，加强聘期考核，准聘与长聘相结合，做到能上能下、能进能出。教育、人力资源社会保障等部门要加强职称评聘事中事后监管。深入推进高等院校教师考核评价制度改革，突出教育教学业绩和师德考核，将教授为本科生上课作为基本制度。坚持正确导向，规范高层次人才合理有序流动。

（三）《关于分类推进人才评价机制改革的指导意见》

习近平总书记强调，要完善好人才评价"指挥棒"作用，为人才发挥作用、施展才华提供更加广阔的天地。人才评价是人才发展体制机制的重要组成部分，是人才资源开发管理和使用的前提。长期以来，我们逐步探索和建立完善的人才评价机制，在发现、培养、使用、激励人才上发挥了重要作用。

然而，当前的人才评价机制还存在分类评价不足、评价标准单一、评价手段趋同、评价社会化程度不高、用人主体自主权落实不够等问题，尤其是对不同人才评价时"一把尺子量到底"等做法备受社会关注。为了破除思想观念和体制机制障碍，以分类评价为基础，加快形成导向明确、精准科学、规范有序、竞争择优的科学化社会化人才评价机制，最大限度激发和释放各类人才活力，让人才放开手脚创新创造，多出创新思想，多出创新成果，促进人才更多更好成长起来。为进一步推进人才评价机制改革，更好发挥人才评价"指挥棒"作用，2018年2月，中共中央办公厅、国务院办公厅印发《关于分类推进人才评价机制改革的指导意见》，实行分类评价，基础研究人才、应用研究和技术开发人才评价告别"一刀切"。《关于分类推进人才评价机制改革的指导意见》提出，人才评价是人才发展体制机制的重要组成部分，是人才资源开发管理和使用的前提。建立科学的人才分类评价机制，对于树立正确的用人导向、激励引导人才职业发展、调动人才创新创业积极性、加快建设人才强国具有重要作用。

评价标准是人才评价的核心，也是社会最为关注的问题。人才评价标准缺乏科学分类，对不同类型人才"一把尺子量到底"，存在重学历轻能力、重资历轻业绩、重论文轻贡献、重数量轻质量等问题，对一线创新创业人才正向激励作用不足，甚至引发科研诚信、弄虚作假、学术腐败等突出问题。为科学客观公正地评价人才，发挥好评价"指挥棒"作用，《关于分类推进人才评价机制改革的指导意见》按照"干什么、评什么"的原则，提出三项重点改革举措。一是实行分类评价。以职业属性和岗位要求为基础，分类建立健全涵盖品德、知识、能力、业绩和贡献等要素，科学合理、各有侧重的人才评价标准。二是突出品德评价。坚持德才兼备，把品德作为人才评价的首要内容，加强对人才科学精神、职业道德、从业操守等评价考核，倡导诚实守信，强化社会责任，抵制心浮气躁、急功近利等不良风气，从严治理弄虚作假和学术不端行为。完善人才评价诚信体系，建立诚信守诺、失信行为记录和惩戒制度。探索建立基于道德操守和诚信情况的评价退出机制。三是坚持凭能力、实绩、贡献评价人才，克服唯学历、唯资历、唯论文等倾向，注重考察各类人才的专业性、创新性以及履责绩效、创新成果、实际贡献。着力解决评价标准"一刀切"问题，合理设置和使用论文、专著、影响因子等评价指标，实行差别化评价，鼓励人才在不同领域和不同岗位作出贡献、追求卓越。

评价方式是人才评价机制的重要环节。有了导向明确的评价标准，还必须通过科学规范的评价方式，才能实现对人才的精准评价。针对当前人才评价主体单一、评价专业性不强、评价手段趋同、非公领域人才评价渠道不畅、评价活动过多过繁等突出问题，《关于分类推进人才评价机制改革的指导意见》提出：一是建立以同行评价为基础的业内评价机制，注重引入市场评价和社会评价，发挥多元评价主体作用。基础研究人才以同行学术评价为主，加强国际同行评价。对于应用研究和技术开发人才突出市场评价，由用户、市场和专家等相关第三方评价。哲学社会科学人才评价重在同行认可和社会效益。丰富评价手段，科学灵活采用考试、评审、考评结合、考核认定、个人述职、面试答辩、实践操作、业绩展示等不同方式，提高评价的针对性和精准性。二是丰富人才评价手段，结合不同人才特点，科学灵活采用不同评价办法。三是打破户籍、地域、所有制、身份、人事关系等限制，畅通非公有制经济组织、社会组织、新兴职业等领域人才申报评价渠道。完善引进海外高层次人才、外籍人才等申报参加评价办法。四是遵循人才成长发展规律，科学设置评价考核周期，探索实施聘期评价制度，适当延长基础研究人才、青年人才评价考核周期。五是深入推进项目评审、人才评价、机构评估改革，精简评审数量，简化评审环节，改进评审方式，加强结果共享，支持人才潜心研究、长期积累。

随着我国经济社会的快速发展、人才队伍的不断壮大和社会分工的不断细化，要准确客观评价人才，实行分类评价势在必行。《关于分类推进人才评价机制改革的指导意见》在对人才评价机制改革提出总体要求的基础上，重点对科技、哲学社会科学和文化艺术、教育、医疗卫生、技术技能等领域人才评价机制改革进行部署。主要考虑有三个方面：一是党的十九大强调要培养造就一大批具有国际水平的战略科技人才、科技领军人才、青年科技人才和高水平创新团队，对加强技能、教育、医疗卫生、文艺人才队伍建设作出重要部署。习近平总书记多次强调要培育符合创新发展要求的人才队伍，在不同场合对培养上述各类人才提出明确要求。二是从我国人才队伍实际来看，这几个领域人才量大面广，专业性和代表性强，是我国人才队伍主体部分和推动经济社会发展的骨干力量。三是通过分类分层明确上述重点领域人才评价的核心要素，建立符合不同人才成长规律和实际特点的评价机制。对应用型、实践性强的人才淡化论文等学术要求，将创新创业成果纳入评价标准；实行代表作评价制度，重点评价成果质量，淡化数量要求；加大向企业、基层一线和青年人才倾斜力度，激励支持科研人员潜心研究、教师上讲台、医生到临床、工程师到实验室和厂房工地、农技人员到田间地头，在不同岗位上建功立业，作出贡献，真正让干得好的人能评得上。

建立科学化社会化的人才评价机制，需要发挥政府、市场、专业组织、用人单位等多元评价主体作用。围绕使市场在人才资源配置中起决定性作用和更好发挥政府作用，防止人才评价行政化、"官本位"倾向，保障落实用人单位自主权，充分发挥政府、市场、专业组织等多元评价主体作用，形成充满活力的人才评价管理和运行机制等方面，《关于分类推进人才评价机制改革的指导意见》明确以下改革举措：一是建立权责清晰、管理科学、协调高效的人才评价管理体制，推动人才管理部门转变职能、简政放权，减少审批事项和微观管理。二是尊重用人单位主导作用，合理界定和下放人才评价权限，推动具备条件的高校、科研院所等企事业单位自主开展评价工作，促进人才评价与培养、使用、激励等有机衔接，最大限度发挥评价效能。三是健全社会化市场化管理服务体系，积极培育发展人才评价社会组织和专业机构，从而有序承接政府人才评价职能等。同时，为加强事中事后监管，提高人才评价质量和公信力，《关于分类推进人才评价机制改革的指导意见》提出多项监管措施，主要包括：强化政府人才评价宏观管理、政策法规制定、公共服务、监督保障等职能，严格规范申报、公示、申诉等评价程序和制度，建立随机、回避等评审专家遴选机制，完善人才评价诚信体系，加强对用人单位自主评价工作监管，建立评价机构综合评估、动态调整机制，依法清理规范各类人才评价活动和事项。

（四）《关于深化项目评审、人才评价、机构评估改革的意见》

一段时期以来，人才"帽子"满天飞，"唯论文、唯职称、唯学历"，"项目多、帽子多、牌子多"的现象仍然存在，名目繁多的评审评价让科技工作者应接不暇。2018年6月，中共中央办公厅、国务院办公厅印发《关于深化项目评审、人才评价、机构评估改革的意见》，对深化科技评价制度改革，克服唯论文、唯职称、唯学历、唯奖项倾向，使人才称号回归学术性、荣誉性本质进行了具体部署。科技部政策法规与监督司司长贺德方说："本次项目评审、人才评价、机构评估改革的意见是我国迄今为止发布规格最高、内容最全面、工作部署最系统的一次科研评价改革文件，将深化科技体制改革从科技计划层面推进到科研项目层面，对科技事业的健康发展起到至关重要的作用。《关于深化项目评审、人才评价、机构评估改革的意见》以对项目、人才、机构的评价为重点推进评价制度改革，构建科学、规范、高效、诚信的科技评价体系，营造潜心研究、追求卓越、风清气正的科研生态环境，促进科技事业健康可持续发展，为建设世界科技强国提供有力支撑。"

在科技人才评价方面,《关于深化项目评审、人才评价、机构评估改革的意见》针对人才"帽子多"、标准"一刀切"、评用脱节等突出问题,坚持"干什么评什么"的分类原则,"评用结合、谁用谁评",论文发表和引用排名等不作为限制性指标,扭转少数人急功近利、作风浮躁的局面,让作风和学风得到转变。具体而言包括以下几个方面:

一是统筹科技人才计划。加强部门、地方的协调,建立人才项目申报查重及处理机制,防止人才申报违规行为,避免多个类似人才项目支持同一人才。指导部门、地方针对不同支持对象科学设置科技人才计划,优化人才计划结构。

二是科学设立人才评价指标。人才评价改革是一项复杂的系统工程,在破除"四唯"标准之后,还需要刻不容缓地建立更加完善科学的新标准。在建立新标准的过程中,我们不能从一个极端走到另一个极端。不唯论文但非不需要论文,不唯奖项但非不需要奖项,而是要从影响力、创新力、贡献力等方面综合考虑,实现人才评价标准"破"与"立"的有机统一,以多维度的评价标尺让各类科技人才各美其美,为他们提供脱颖而出、建功立业的最好时代舞台。对人才评价要突出品德、能力、业绩导向,克服"唯论文、唯职称、唯学历、唯奖项"倾向,推行代表作评价制度,注重标志性成果的质量、贡献、影响。把学科领域活跃度和影响力、重要学术组织或期刊任职、研发成果原创性、成果转化效益、科技服务满意度等作为重要评价指标。在对社会公益性研究、应用技术开发等类型科研人才的评价中,SCI(科学引文索引)和核心期刊论文发表数量、论文引用榜单和影响因子排名等仅作为评价参考。注重个人评价与团队评价相结合,尊重和认可团队所有参与者的实际贡献。引进海外人才要加强对其海外教育和科研经历的调查验证,不把教育、工作背景简单等同于科研水平。注重发挥同行评议机制在人才评价过程中的作用。探索对特殊人才采取特殊评价标准。对承担国防重大工程任务的人才可采用针对性评价措施,对国防科技涉密领域人才评价开辟特殊通道。

三是树立正确的人才评价使用导向。坚持正确价值导向,不把人才荣誉性称号作为承担各类国家科技计划项目、获得国家科技奖励、职称评定、岗位聘用、薪酬待遇确定的限制性条件，使人才称号回归学术性、荣誉性本质，避免与物质利益简单、直接挂钩。鼓励人才合理流动，引导人才良性竞争和有序流动，探索人才共享机制。中西部、东北老工业基地及欠发达地区的科研人员因政策倾斜因素获得的国家级人才称号、人才项目等支持，在支持周期内原则上不得跟随人员向东部、发达地区流转。合理发挥市场机制作用，逐步建立高层次人才流动的培养补偿机制。

四是强化用人单位人才评价主体地位。坚持评用结合，支持用人单位健全科技人才评价组织管理，根据单位实际建立人才分类评价指标体系，突出岗位履职评价，完善内部监督机制，使人才发展与单位使命更好地协调统一。按照深化职称制度改革方向要求，分类完善职称评价标准，不将论文、外语、专利、计算机水平作为应用型人才、基层一线人才职称评审的限制性条件。落实职称评审权限下放改革措施，支持符合条件的高校、科研院所、医院、大型企业等单位自主开展职称评审。选择部分国家临床医学研究中心试点开展临床医生科研评价改革工作。不简单以学术头衔、人才称号确定薪酬待遇、配置学术资源。

五是加大对优秀人才和团队的稳定支持力度。国家实验室等的全职科研人员及团队不参与申请除国家人才计划之外的竞争性科研经费，由中央财政给予中长期目标导向的持续稳定经费支持。推动中央部委所属高校、科研院所完善基本科研业务费的内部管理机制，切实加强对青年科研人员的倾斜支持。

（五）《关于完善科技成果评价机制的指导意见》

党中央、国务院高度重视科技成果评价改革工作。2018年，中共中央办公厅、国务院办公厅印发《关于深化项目评审、人才评价、机构评估改革的意见》，对"三评"改革工作作出全面部署，取得积极成效。但与"三评"工作相比，科技成果评价机制仍存在一些问题。一是科技成果的评价导向作用和价值发现作用发挥不够，对促进产出高质量成果和激励创新主体、科研人员积极性的效果不充分。二是多维度、分类的科技成果评价体系不健全，指标单一化、标准定量化、结果功利化的问题还不同程度存在。三是科技成果评价行业不成熟，评价服务的标准化、规范化水平不高，行业自律和有效监管体系尚未形成。

科技评价是科技活动的指挥棒,对科技事业的健康发展起到重要作用。为健全完善科技成果评价体系,更好发挥科技成果评价作用,促进科技与经济社会发展更加紧密结合,加快推动科技成果转化为现实生产力,2021年8月,国务院办公厅印发《关于完善科技成果评价机制的指导意见》,强调深入实施创新驱动发展战略,深化科技体制改革,坚持正确的科技成果评价导向,创新科技成果评价方式,通过评价激发科技人员积极性,推动产出高质量成果,营造良好创新生态,促进创新链、产业链、价值链深度融合,为构建新发展格局和实现高质量发展提供有力支撑。

《关于完善科技成果评价机制的指导意见》坚持科技创新质量、绩效、贡献为核心的评价导向,坚持科学分类、多维度评价,坚持正确处理政府和市场关系,坚持尊重科技创新规律,提出了十方面举措。一是首次在政策性文件中明确提出要全面准确评价科技成果的科学、技术、经济、社会、文化价值,并明确了五种价值的评价重点。二是强调要健全完善科技成果分类评价体系,基础研究成果以同行评议为主,推行代表作制度。三是加快推进国家科技项目成果评价改革,提升科技成果供给质量。四是大力发展科技成果的市场化评价,加快建设现代化高水平技术交易市场。五是充分发挥金融投资在科技评价中的作用,加大对科技成果转化和产业化的投融资支持。六是引导规范科技成果第三方评价,制定科技成果评价通用准则,细化具体领域评价技术标准和规范。七是改革完善科技成果奖励体系,控制奖励数量,提升奖励质量,调整奖励周期。八是坚决破除成果评价中的"四唯"问题。九是创新科技成果评价工具和模式,利用大数据、人工智能等技术手段,开发信息化评价工具。十是完善科技成果评价激励和免责机制,建立成果评价与转化行为负面清单,完善尽职免责规范和细则。

(六)《关于进一步弘扬科学家精神加强作风和学风建设的意见》

为激励和引导广大科技工作者追求真理、勇攀高峰,树立科技界广泛认可、共同遵循的价值理念,加快培育促进科技事业健康发展的强大精神动力,在全社会营造尊重科学、尊重人才的良好氛围,2019年6月,中共中央办公厅、国务院办公厅印发《关于进一步弘扬科学家精神加强作风和学风建设的意见》，对加强作风和学风建设作出全面、系统的部署，提出了一系列重要的任务措施。特别提出要正确发挥评价引导作用：一是改革科技项目申请制度，优化科研项目评审管理机制，让最合适的单位和人员承担科研任务。二是实行科研机构中长期绩效评价制度，加大对优秀科技工作者和创新团队稳定支持力度，反对盲目追求机构和学科排名。三是大幅减少评比、评审、评奖，破除唯论文、唯职称、唯学历、唯奖项倾向，不得简单以头衔高低、项目多少、奖励层次等作为前置条件和评价依据，不得以单位名义包装申报项目、奖励、人才"帽子"等。四是优化整合人才计划，避免相同层次的人才计划对同一人员的重复支持，防止"帽子"满天飞。

《关于进一步弘扬科学家精神加强作风和学风建设的意见》对进一步弘扬科学家精神，培育和践行社会主义核心价值观，健全完善我国良好的科研生态，鼓励科学人员潜心研究，勇攀科研高峰，建设世界科技强国具有重要的指导意义，为进一步深化人才评价体制改革指明了方向。

（七）《深化新时代教育评价改革总体方案》

教育评价事关教育发展方向，有什么样的评价指挥棒，就有什么样的办学导向。为彻底扭转不科学的教育评价导向，坚决克服"唯分数""唯升学""唯文凭""唯论文""唯帽子"的"顽瘴痼疾"，2020年10月，中共中央、国务院印发了《深化新时代教育评价改革总体方案》，提出五项具体意见，进一步明确了教师评价标准。

一是坚持把师德师风作为第一标准。坚决克服重科研轻教学、重教书轻育人等现象，把师德表现作为教师资格定期注册、业绩考核、职称评聘、评优奖励首要要求，强化教师思想政治素质考察，推动师德师风建设常态化、长效化。健全教师荣誉制度，发挥典型示范引领作用。全面落实新时代幼儿园、中小学、高校教师职业行为准则，建立师德失范行为通报警示制度。对出现严重师德师风问题的教师，探索实施教育全行业禁入制度。

二是突出教育教学实绩。把认真履行教育教学职责作为评价教师的基本要求，引导教师上好每一节课、关爱每一个学生。规范高校教师聘用和职称评聘条件设置，不得将国（境）外学习经历作为限制性条件。把参与教研活动，编写教材、案例，指导学生毕业设计、就业、创新创业、社会实践、社团活动、竞赛展演等计入工作量。落实教授上课制度，高校应明确教授承担本（专）科生教学最低课时要求，确保教学质量，对未达到要求的给予年度或聘期考核不合格处理。支持建设高质量教学研究类学术期刊，鼓励高校学报向教学研究倾斜。完善教材质量监控和评价机制，实施教材建设国家奖励制度，每四年评选一次，对作出突出贡献的教师按规定进行表彰奖励。完善国家教学成果奖评选制度，优化获奖种类和入选名额分配。

三是强化一线学生工作。各级各类学校要明确领导干部和教师参与学生工作的具体要求。高校领导班子成员年度述职要把上思政课、联系学生情况作为重要内容。完善学校党政管理干部选拔任用机制，原则上干部应有思政课教师、辅导员或班主任等学生工作经历。高校青年教师晋升高一级职称，至少须有一年担任辅导员、班主任等学生工作经历。

四是改进高校教师科研评价。突出质量导向，重点评价学术贡献、社会贡献以及支撑人才培养情况，不得将论文数、项目数、课题经费等科研量化指标与绩效工资分配、奖励挂钩。根据不同学科、不同岗位特点，坚持分类评价，推行代表性成果评价，探索长周期评价，完善同行专家评议机制，注重个人评价与团队评价相结合。探索国防科技等特殊领域教师科研专门评价办法。对取得重大理论创新成果、前沿技术突破、解决重大工程技术难题、在经济社会事业发展中作出重大贡献的，申报高级职称时论文可不作限制性要求。

五是推进人才称号回归学术性、荣誉性。切实精简人才"帽子"，优化整合涉教育领域各类人才计划。不得把人才称号作为承担科研项目、职称评聘、评优评奖、学位点申报的限制性条件，有关申报书不得设置填写人才称号栏目。依据实际贡献合理确定人才薪酬，不得将人才称号与物质利益简单挂钩。鼓励中西部、东北地区高校"长江学者"等人才称号入选者与学校签订长期服务合同，为实施国家和区域发展战略贡献力量。

（八）《关于加强新时代高校教师队伍建设改革的指导意见》

为深入落实中共中央、国务院《关于全面深化新时代教师队伍建设改革的意见》和《深化新时代教育评价改革总体方案》，推进加强新时代高校教师队伍建设改革，2021年1月，教育部、中央宣传部等六部门联合印发《关于加强新时代高校教师队伍建设改革的指导意见》。《关于加强新时代高校教师队伍建设改革的指导意见》聚焦高校内涵式发展，落实立德树人根本任务，明确了新时代高校教师队伍建设的指导思想和目标任务，以强化高校教师思想政治素质和师德师风建设为首要任务，以提高教师专业素质能力为关键，以推进人事制度改革为突破口，遵循教育规律和教师成长发展规律，为提高人才培养质量、增强科研创新能力、服务国家经济社会发展提供坚强的师资保障。

在教师评价方面，《关于加强新时代高校教师队伍建设改革的指导意见》提出要深化高校教师考核评价制度改革。一是突出质量导向，注重凭能力、实绩和贡献评价教师，坚决扭转轻教学、轻育人等倾向，克服"唯论文""唯帽子""唯职称""唯学历""唯奖项"等弊病。二是规范高等院校SCI等论文相关指标使用，避免SCI、SSCI、CSSCI等引文数据使用中的绝对化，坚决摒弃"以刊评文"，破除论文"SCI至上"。三是合理设置考核评价周期，探索长周期评价。注重个体评价与团队评价相结合。四是建立考核评价结果分级反馈机制。建立院校评估、本科教学评估、学科评估和教师评价政策联动机制，优化、调整制约和影响教师考核评价政策落实的评价指标。

（九）关于破除"五唯"政策

1.《关于破除科技评价中"唯论文"不良导向的若干措施（试行）》

2020年2月，科技部《关于破除科技评价中"唯论文"不良导向的若干措施（试行）》印发实施。针对个别单位将论文作为评价一切科技活动的标尺，滋生、助长了"唯论文"的不良导向提出改革举措：一是要把科研人员的注意力从发论文转到出实绩上来，"唯论文""SCI至上"严重扭曲了科学研究的价值导向，在一定程度上助长了浮夸浮躁、急功近利甚至弄虚作假的不良风气，要鼓励广大科技人员回归初心、潜心研究、注重实绩，把论文写在祖国的大地上，把科技成果应用到实现现代化的伟大事业中。二是要把科技评价的重点从数数量转到评质量上来。科技评价活动中"只数数量和影响因子，不看论文质量"，"重国外期刊，轻国内期刊"等问题依然存在，甚至简单化、"一刀切"地将论文数量与考核排名、绩效考核、资源分配直接挂钩；要对基础研究推行论文代表作制度，由看数量转为重质量，不把论文作为应用研究、技术开发类科技活动的主要评价依据和考核指标。三是要为科研人员减轻负担、摆脱"论文枷锁"。调研中，不少科研人员反映，"唯论文"导致"被迫"发论文、求挂名、买论文现象频发。要全面树立分类评价导向，把破除"唯论文"的要求贯穿各类科技活动评价全过程，注重标志性成果的质量、贡献和影响，切实为科研人员营造风清气正、追求卓越的创新生态。

《关于破除科技评价中"唯论文"不良导向的若干措施（试行）》共提出27项具体措施，归纳起来主要是以下几个方面。一是强化分类考核评价导向。对基础研究类科技活动推行论文评价代表作制度，其中国内科技期刊论文原则上不少于1/3。对应用研究和技术开发类活动不把论文作为主要评价依据和考核指标。同时，要适当提高对高质量成果的考核评价权重。二是分类提出科技活动的评价重点和要求。如国家科技计划项目（课题）突出创新质量和综合绩效，国家科技创新基地突出支撑服务能力，中央级科研事业单位绩效评价突出使命完成情况，国家科技奖励评审突出成果质量和贡献，创新人才推进计划和人才评选突出科学精神、能力和业绩等。同时，对论文代表作设定数量上限，引导科技人员更加关注论文质量，不以"数量论英雄"。三是提出相关配套措施。破除"唯论文"导向的关键一招，是要避免论文与资源配置和利益简单挂钩。要加强论文发表支出管理，不允许使用国家科技计划项目专项资金奖励论文发表，不允许将论文发表数量、影响因子等与奖励奖金挂钩。同时，要打造中国高质量科技期刊，完善学术期刊预警机制，强化监督检查等。

2.《关于规范高等学校SCI论文相关指标使用 树立正确评价导向的若干措施》

破除"唯论文"，需要打出系列"组合拳"。2020年2月，教育部、科技部《关于规范高等学校SCI论文相关指标使用 树立正确评价导向的若干措施》同步印发，为扭转科研评价中存在的SCI论文相关指标片面、过度、扭曲使用等现象，规范各类评价工作中SCI论文相关指标的使用，鼓励定性与定量相结合的综合评价方式，探索建立科学的评价体系，引导评价工作突出科学精神、创新质量、服务贡献，推动高等院校回归学术初心，净化学术风气，优化学术生态，提出了具体举措。文件对 SCI 论文使用提出了负面清单，包括五方面的意见：一是改进学科和学校评估。减少对学科、学校的排名性评价，坚持分类和分领域评价。在评估中要突出创新质量和实际贡献，审慎选用 SCI 论文数量等量化指标，同时引导社会机构科学开展大学评估排行。二是优化职称（职务）评聘办法。在职称（职务）评聘中，要建立分类的评价指标体系，考察重点是人岗相适，不把 SCI 论文相关指标作为职称（职务）评聘的直接依据，以及作为人员聘用的前置条件。三是扭转考核奖励功利化倾向。学校不宜设置对院系和个人的论文指标要求，解除 SCI 论文相关指标与资源配置和绩效奖励的直接挂钩关系。四是科学设置学位授予质量标准。引导学校结合学科特点合理设置学位授予的质量标准，不宜将发表 SCI 论文数量和影响因子等指标作为学生毕业和学位授予的限制性条件。五是树立正确政策导向。高校及其主管部门要担负起引领学术文化建设的责任，要有自信和定力，在舆论宣传上不采信、不发布以 SCI 论文相关指标为核心编制的排行榜等信息。

同时提出，科学评价学术水平是一个复杂的问题，需要定性与定量相结合的综合评价方式：一是建立健全分类评价体系。不同类型的科研工作，成果的产出形式是有区别的，从评价上要解决"一刀切"问题，既不能只看论文，也不能不看论文。文件针对基础研究、应用研究和技术创新、国防科研和成果转化的不同类型，提出分类评价的侧重点，以及论文在其中的不同权重作用。二是完善学术同行评价。同行评价是科研评价的通用做法，关键是要真正发挥同行专家作用，在评审中引导专家不简单以 SCI 论文相关指标代替专业判断，负责任地提供专业评审意见，并倡导建立评审专家评价信誉制度。三是规范评价评审工作。对于评价评审工作，首先是要减少，大力减少项目评审、人才评价、机构评估等"三评"事项。其次是要规范，评价指标、办法要充分听取意见，特别是科技管理部门和科研人员意见；评价方式要实行代表作评价，精简优化申报材料，不再要求填报 SCI 论文相关指标；评价过程要遵循同行评价原则，对评审对象合理分组，遴选合适专家，并合理设定工作量等。

3.《关于破除高校哲学社会科学研究评价中"唯论文"不良导向的若干意见》

为切实扭转当前高校哲学社会科学研究评价中存在的"唯论文"不良导向,建立健全中国特色哲学社会科学学术规范和评价体系,全面优化学术生态,不断提高研究质量,推动高校加快构建中国特色哲学社会科学,2020年12月,教育部印发《关于破除高校哲学社会科学研究评价中"唯论文"不良导向的若干意见》,从提高思想认识、树立正确导向、严格底线要求、优化评价方式、加强学风建设、健全长效机制、开展专项整治等方面作出全面部署。

文件中明确提出了10个"不得"的底线要求,即不得简单以刊物、头衔、荣誉、资历等判断论文质量,防止"以刊评文""以刊代评""以人评文";不得过分依赖国际数据和期刊,防止国际期刊论文至上;不得为追求国际期刊论文的发表而刻意矮化丑化中国、损害国家主权安全;不得将SSCI、CSSCI等论文收录数、引用率和影响因子等指标与资源分配、物质奖励、绩效工资等简单挂钩,防止高额奖励论文;不得将SSCI、CSSCI等论文收录数作为导师岗位选聘、人才计划申报评审的唯一指标;不得把SSCI、CSSCI等论文收录数作为教师招聘、职务(职称)评聘、人才引进的前置条件和直接依据;不得将在学术期刊上发表论文作为学位授予的唯一标准;不得将学历、职称等作为在教育系统学术期刊发表论文的限制性条件;不得多头评价、重复评价,严格控制涉及论文的评价活动数量和频次;不得盲目采信、引用和宣传各类机构发布的排行榜,不过度依赖以论文发表情况为主要衡量指标的排行性评价。

《关于破除高校哲学社会科学研究评价中"唯论文"不良导向的若干意见》同时强调,要优化评价方式,坚持分类评价、健全综合评价、探索多元评价、推行代表性成果评价、完善同行评价;要加强学风建设,弘扬马克思主义学风、加强学术共同体建设、加强科研诚信建设、坚持学术不端"零容忍"、加强学术期刊建设和管理;要健全长效机制,落实高校在学术评价中的主体地位和自主权,激发学术创新创造活力,正确理解破除"唯论文"不是不要论文,正确看待SSCI、CSSCI等相关引文索引的作用与功能。

4.《关于正确认识和规范使用高校人才称号的若干意见》

为深化人才发展体制机制改革,激发人才创新活力,切实扭转高校"唯帽子"倾向,树立正确人才观,推动人才高质量发展,推进人才称号回归学术性、荣誉性本质,激励和引导高校人才队伍坚守初心使命、矢志爱国奉献、勇于创新创造,2020 年 12 月,教育部印发《关于正确认识和规范使用高校人才称号的若干意见》的通知,坚持正本清源,把解决"知"与"行"的问题贯穿始终。针对"唯帽子"问题,既从认识层面强调应该"怎么看",又从实践层面强调应该"怎么办",树立人才发展的正确导向。

规范使用高校人才称号,首先要解决应该"怎么看"的问题。为此,《关于正确认识和规范使用高校人才称号的若干意见》从不同角度进行了回答,树立人才发展的正确导向。一是强调人才称号是对人才阶段性学术成就、贡献和影响力的充分肯定,不是给人才贴上"永久牌"标签,也不是划分人才等级的标准,获得者不享有学术特权。同时,阐明授予和使用人才称号的目的是赋予人才荣誉、使命和责任,为广大人才树立成长标杆,激励和引导人才强化使命担当。二是从教育行政部门和高校的角度,强调要平等看待各类人才,不将高层次人才等同于人才称号获得者,不把人才称号作为评价人才、配置学术资源的唯一依据,不单纯以人才称号获得者数量评价人才队伍建设成效。三是从高校人才称号获得者的角度,强调第一身份是教师,要牢记为党育人、为国育才使命,把落实立德树人根本任务融入教育教学全过程;坚持自主创新和自立自强,实现关键核心技术重大突破和哲学社会科学繁荣发展;强化价值引领,坚守精神追求,勇于承担社会责任,努力成为爱国、创新、求实、奉献、协同、育人典范。

在"怎么办"方面,《关于正确认识和规范使用高校人才称号的若干意见》在人才计划改革方面提出四个具体举措。一是精简教育领域各类人才计划,对原有人才计划进行优化整合。二是强调在相同层次人才计划实施中,高校要避免重复推荐人选,同一人才在计划支持期内只能获得一项。三是要求认真检视正在实施的人才计划,明确定位,完善制度,依法管理。四是提出对人才计划实施效果进行评估,实施成效不佳、重复支持、没有实质性支持举措的要及时终止。人才称号获得者岗位管理方面提出:一是加强对人才称号获得者的合同管理，建立健全中期履职报告、聘期考核制度和重要事项报告制度。二是提出要健全兼职兼薪管理制度，加大对人才"双聘""多聘"情况的监管力度。三是完善人才称号退出机制，实现人才计划能进能出。四是强化支持期概念，提出对支持期已结束的，原则上不再使用相应人才称号，确需使用的要标注支持期。在人才招聘和引进工作方面，提出了五个具体举措。一是要求高校精准提出人才招聘和引进岗位需求，不将人才称号作为硬性指标，不针对人才称号获得者发布"明码标价"的招聘广告。二是提出要统筹用好国内外人才资源，不将国（境）外学习或工作经历作为人才招聘引进的限制性条件。三是强调严格依照法律政策规定和合同约定招揽、引进人才，不得招揽在支持期内的高层次人才，禁止采取"不要人事档案、不要流动手续"或另建人事档案的违规做法招揽和引进全职人才。同时明确人才成果归属问题，要求严格按照署名单位认定，不随人走。四是强调发达地区不得片面通过高薪酬高待遇竞价抢挖人才，特别是从中西部、东北地区挖人才；要合理发挥市场机制作用，探索建立高层次人才流动的前期培养投入补偿机制。五是鼓励中西部、东北地区高校人才称号获得者与学校签订长期服务合同，为实施国家和区域发展战略贡献力量。

针对破"四唯"导向，科技部、教育部、人社部等相关部委接连出台专项文件，对人才评价存在的痛点和难点重拳出击。如开展清理"四唯"专项行动、规范高校 SCI 论文指标使用、规范使用高校人才称号等，破除简单"数论文"的评价方式，改变将人才称号、数量作为评价直接依据的风气，削弱行政对学术的干预，降低评价结果与学术资源配置的直接挂钩。同时，破"四唯"和"立新标"并举，建立行之有效的代表作评价制度，推行以创新能力、质量、实效、贡献为导向的分类评价机制。

第二节 新时代人才评价政策内在逻辑

党的十八大以来，中共中央、国务院颁发多个与人才有关的文件，并且在党的十九大报告中多次对人才与人才评价体制机制问题进行了专门论述，把人才提高到前所未有的战略资源地位,以"抓铁有痕"与"钉钉子"精神系统地推进了人才评价机制建设工作。以解决人才评价机制中存在的问题为重点,从评价方式、评价标准、人才分类、管理体制机制等方面,对重点领域的人才评价工作进行了重大决策部署与改革指导。萧鸣政、张湘姝在《新时代人才评价机制建设与实施》中对新时代人才评价政策内在逻辑进行了系统梳理。

一、新时代人才评价机制建设的目标

人才评价机制,是为实现人才评价功能、推进人才战略、发挥人才价值的各评价要素及其持续联动的运行系统。人才评价机制建设的根本目标在于在评价过程中凸显各类人才的特点,激发其内在活力,使其得到更好的发展。从近年来各地、各部门人才评价工作的具体实践情况来看,评价目的仅仅停留在考核与选拔,主要针对被考评人现有的能力素质进行评价的阶段。2018年2月26日,中共中央、国务院出台的《关于分类推进人才评价机制改革的指导意见》对人才评价机制建设的目的进行了明确界定,指出人才评价机制建设的目的是围绕实施人才强国战略和创新驱动发展战略"激发人才创新创业活力",并将人才评价、人才发展、社会经济发展三者进行有机结合,强调要充分发挥人才评价的"指挥棒"作用。这就使得人才评价机制的建设具有了更加突出的战略意义。

二、新时代人才评价机制建设的关键

用人主体处在人才发展治理的最前沿,最贴近人才,最理解人才需求,是各项人才制度以及人才政策的执行者和人才最直接的服务者。我国人才发展体制机制改革主要存在人才培养模式有待创新、人才结构有待优化、人才评价制度不合理和人才激励机制发挥作用不够等问题。向用人主体充分授权,保障用人主体自主权,是解决人才发展体制机制堵点、充分激发和释放人才创新活力的战略撬动点。要进一步激发用人主体在"引、用、育、留"各环节的自主能动性，才能实现人才资源的高效配置，充分激发优质人才的创新活力。例如在推动自主科技创新方面。企业、高校与科研院所等用人主体是顶尖科技人才的集聚地，是优质青年科技人才的孵化地。要释放广大科技工作者的创新活力，必须发挥企业、高校、科研院所等创新主体的支撑作用，坚持以经济社会发展为目标，以市场产业需求为导向，通过加强用人主体层面的主动作为，促进教育链、人才链与产业链、创新链深度融合，推动人才、技术、资本、信息等诸多创新资源协同共享、优化配置，不断增加科技创新能力供给，全面强化创新驱动发展。

三、新时代人才评价机制实施的基础

对人才实施分类评价，是新时代人才评价机制得以建立的基础。我国人才结构日益复杂，各行各业人才辈出，若不对人才进行科学分类，便可能出现评价指标设置不科学、评价过程混乱、评价结果不真实的情况。因此，对于人才进行科学分类是开展评价工作的基础。2016年发布的《关于深化人才发展体制机制改革的意见》将人才划分为九类，其将专业技术人才具体划分为战略科学家与创新型科技人才、哲学社会科学人才、基础研究人才、应用研究与技术开发人才。由此可见，人才的科学分类问题已开始逐步被重视。但是，在具体实施过程中，仍存在"一把尺子量到底"、人才分类不够细化等问题。2018年2月出台的《关于分类推进人才评价机制改革的指导意见》中多次提到人才分类问题，强调要按照不同职业、不同岗位、不同层次人才的特点和职责，建立各有侧重的人才评价标准，实行差别化评价。值得注意的是，除了按职业属性对人才进行分类外，还提出要按照发展规律对人才进行分类。例如，科学设置人才评价周期，对青年人才、基础研究人才等延长其考评考核周期，鼓励持续研究与长期积累，体现出对青年人才成长的重视，对等待基础研究人才取得成果的耐心。这一项改革有助于改变目前人才评价"短视化"，尤其是科研领域"唯论文量论"和"唯科研项目论"的现象，使得人才评价工作更接地气，更加客观公正。

四、新时代人才评价机制建设的核心

解决"一刀切"问题,构建科学的评价标准是人才评价的核心,也是社会最为关注的问题。我国人才评价机制仍存在分类评价不足、评价标准单一、评价手段趋同、评价社会化程度不高、用人主体自主权落实不够等突出问题。长久以来,"一刀切"问题作为我国人才评价机制中的沉疴宿疾,造成的不良后果在不同行业领域都有所显现。例如,教育人才评价中过多强调论文,以发表论文数量为主要考核标准,弱化了教学质量及师风师德建设考评标准;文化艺术领域以"流量"为王,作品质量与价值导向大打折扣。因此,要"分类建立健全涵盖品德、知识、能力、业绩和贡献等要素,科学合理、各有侧重的人才评价标准","改变片面将论文、专利、项目、经费数量等与科技人才评价直接挂钩的做法","着力解决评价标准过于追求学术化问题"。由重视"量"向注重"质"转变,旨在建立更加公平、合理的人才评价机制,正向引导专业技术人才、创新型科技人才的发展。同时,提出把品德放在人才评价指标的第一位,要对人才评价中的品德标准探索制定相关的惩戒制度,这将有利于从源头上整治各个领域中因弱化品德考评而带来的弄虚作假、学术不端、腐化堕落等问题。

五、新时代人才评价机制建设的重点

在人才评价的方式方法上,《关于分类推进人才评价机制改革的指导意见》既有传承又有创新。第一,它提出建立以同行评价为基础,引入社会评价与市场评价的评价机制。这与2016年《关于深化人才发展体制机制改革的意见》中的相关提法一脉相承。第二,它提出要丰富评价手段。例如考试、评审、考评结合、考核认定、个人述职、面试答辩、实践操作、业绩展示等方法。对于不同职业、不同岗位,要采用更加具体、精准的测评方式。第三,提出打破户籍、地域限制,依托行业协会、专业学会、公共人才服务机构进行人才评价,使评价主体更加多元,评价过程更加客观。第四,提出将人才评价贯穿在项目评审、科技计划、急难险重工作中,简化评审环节,加强结果共享，让人才能安心研究，不被多头人才评价所累。第五，尊重人才发展规律，按不同人才的成长途径设计不同的人才评价方法，延长青年人才、基础研究人才的考核周期，给人才成长留时间、留空间。

第三节　河北高校教师评价激励的优化

一、河北高校教师评价相关政策

（一）中共河北省委、河北省人民政府《关于深化人才发展体制机制改革的实施意见》

为深入贯彻落实中共中央印发的《关于深化人才发展体制机制改革的意见》，2016年7月，中共河北省委、河北省人民政府印发《关于深化人才发展体制机制改革的实施意见》。《关于深化人才发展体制机制改革的实施意见》共分九部分23条，包括总体要求、改革人才管理体制、创新更具吸引力的人才引进机制、完善符合人才成长规律的培养机制、改进人才评价激励办法、构建合理顺畅的人才流动机制、建立京津冀人才一体化发展机制、健全服务人才发展保障机制、加强党对人才工作的领导等内容，着力破除束缚人才发展的思想观念和体制机制障碍，向用人主体放权，为人才松绑，进一步激发人才活力。

《关于深化人才发展体制机制改革的实施意见》指出，要深化人才分类评价和职称制度改革。研究制定人才分类评价办法，制定深化职称制度改革的实施意见，合理界定和下放职称评审权限。省属骨干本科院校和科研单位、有条件的省委管理领导人员企业可自主评审主系列正高级及以下职称，有硕士授权的普通本科院校可自主评审主系列副高级及以下职称，评审结果报省职改办备案。紧缺急需和贡献突出的优秀人才，可实行高级职称直评直聘制度。

（二）中共河北省委办公厅、河北省人民政府办公厅《分类推进人才评价机制改革工作六个领域实施意见》

2018年5月，针对人才评价中存在的分类不完善、标准单一、社会化程度不高等问题，中共河北省委办公厅、河北省人民政府办公厅发布《关于印发〈深入贯彻分类推进人才评价机制改革工作六个领域实施意见〉的通知》，采取"1+6"的形式进一步推进人才分类评价机制改革。为落实中办、国办通知精神，这一通知重点就贯彻中央文件提出细化实化要求。

一是充分认识人才分类评价的重要意义。人才评价是人才工作的重要组成部分，是人才资源开发管理和使用的前提。建立科学的人才分类评价机制，对于树立正确用人导向、激励引导人才职业发展、调动人才创新创业积极性、加快建设人才强国具有重要意义。推进人才分类评价，是全面贯彻党的十九大精神，统筹推进"五位一体"总体布局和协调推进"四个全面"战略布局、落实新发展理念的根本要求；是推进河北经济转型升级，聚焦京津冀协同发展、雄安新区规划建设和北京冬奥会筹办工作，促进河北省创新发展、绿色发展、高质量发展的必然选择；是实施人才强冀战略，落实更加积极、更加开放、更加有效的人才政策的重要举措。各地各部门要充分认识实施人才分类评价的重大意义，认真抓好6个《实施意见》的贯彻落实。要立足河北省经济社会发展实际，聚焦问题、精准施策，加快建立完善符合人才发展规律的人才评价制度，努力构建形成推动河北省人才发展的体制机制竞争优势，为建设经济强省、美丽河北提供有力人才智力支撑。

二是全面落实人才分类评价的重点任务。深入贯彻人才分类评价的总体要求与基本原则。准确把握中共中央办公厅、国务院办公厅印发的《关于分类推进人才评价机制改革的指导意见》精神实质，坚持以科学分类为基础，以激发人才创新创业活力为目的，加快形成导向明确、精准科学、规范有序、竞争择优的科学化社会化市场化人才评价机制，加快建立符合各类人才成长规律的人才评价制度。切实将党管人才、服务发展、科学公正、改革创新原则贯穿到推进人才分类评价工作的全过程，把各方面优秀人才集聚到党和人民的伟大事业中来。最大限度地激发和释放人才创新创业活力，让各类人才的价值得到充分尊重和体现，努力形成人人渴望成才、人人努力成才、人人皆可成才、人人尽展其才的良好局面。

三是健全落实人才分类评价标准。要实施分类评价，以职业属性和岗位要求为基础，健全科学的人才分类评价体系。要突出品德评价，坚持德才兼备，把品德作为人才评价的首要内容，加强对人才科学精神、职业道德、从业操守等评价考核。要科学设置评价标准，坚持凭能力、实绩、贡献评价人才，克服唯学历、唯资历、唯论文等倾向，注重考察各类人才的专业性、创新性和履责绩效、创新成果、实际贡献，鼓励人才在不同领域、不同岗位作出贡献、追求卓越。

四是创新完善人才分类评价方式。要建立以同行评价为基础的业内评价机制，注重引入市场评价和社会评价，切实发挥多元评价主体作用，丰富评价手段，对不同类型的人才采取不同的评价方式，努力提高评价的针对性和精准性。要遵循不同类型人才成长发展规律，科学设置评价考核周期。要进一步打破户籍、地域、所有制、身份、人事关系的限制，畅通人才申报评价渠道。要推动促进人才评价和项目评审、机构评估有机衔接，完善在重大项目实施、急难险重工作中评价、识别人才的机制。

五是有力推进重点领域人才评价改革创新。要结合科技体制改革，建立健全以科研诚信为基础，以创新能力、质量、贡献、绩效为导向的科技人才评价体系，突出代表性成果评价，注重个人评价与团队评价相结合。要坚持马克思主义指导地位、为人民做学问的研究立场、以人民为中心的创作方向，根据不同学科领域与不同类型，分类评价哲学社会科学和文化艺术人才。要将教书育人作为教育人才评价的核心内容，深化高校教师评价制度改革，完善职业院校（含技工院校）"双师型"教师评价标准，建立充分体现中小学教师岗位特点的评价机制，努力健全教育人才评价体系。要强化医疗卫生人才临床实践能力评价，合理确定不同医疗卫生机构、不同专业岗位人才评价重点，完善全科医生与基层一线医疗卫生人才评价标准。要适应工程技术专业化、标准化程度高、通用性强等特点，分专业领域推进工程技术人才评价，以职业能力为导向、以工作业绩为重点，推进技能人才分类评价。要建立与产业发展需求、经济结构相适应的企业人才评价机制，创新基层人才评价激励机制,完善青年人才评价激励措施。

《关于印发〈深入贯彻分类推进人才评价机制改革工作六个领域实施意见〉的通知》分别从人才分类、评价标准、评价方式、评价服务等方面对重点领域人才评价提出明确具体要求。

在业绩成果评价方面,对科技人才提出如下要求:

(1) 对基础研究人才,重点评价其代表性成果的原创性、前瞻性,为产业发展和应用研究提供基础科技支撑等方面的实际贡献。主要包括,主要学术思想、观点被同行关注与认可程度,在国内外权威学术组织和学术期刊任职,发表高水平学术论文、专著,组织主办、承办具有重大影响的学术会议,受邀在高水平会议作学术报告等情况,以及在基础研究人才培养、优秀创新队伍建设、学科水平提升等方面的实际贡献。

(2) 对应用研究和技术开发人才,重点评价其代表性成果取得的经济、社会和生态效益。主要包括,成果的技术创新性、创造性和成熟完备性,技术指标的先进程度、技术难度和复杂程度,有效发明专利、软件著作权、植物新品种权等自主知识产权的获得和转化应用情况,标准制定情况,关键技术推广情况,产品的市场占有率,以及在促进科技进步、推动产业发展、提高市场竞争能力等方面的实际贡献。

(3) 对社会公益研究、科技管理服务和实验技术人才,重点评价其在提供决策参考、组织科学管理、提供技术支持、强化服务保障等方面的履责绩效和业绩贡献,社会公益研究人才的成果建议被采纳应用情况和对促进决策科学化实际效果,科技管理服务人才的管理方式创新、管理工作效率、项目执行质量等管理工作绩效和服务对象满意程度,实验技术人才配合研发工作和完成任务质量情况。

在专业能力方面对本科院校教育人才提出如下要求:

(1) 教学为主岗位,重点评价教育人才在课程建设、教学运行、教学评价、教学信息化、创新创业教育、教学改革与研究等方面的能力。

(2) 科研为主岗位,对从事基础研究的人才,重点评价其解决重大科学问题能力、创新能力、带动研究团队发展和提升学科水平的能力、学术贡献及影响力;对从事应用研究和技术开发的人才,重点评价其解决关键技术的能力、技术创新与集成能力、成果转化程度及经济社会效益，创新成果商品化、产业化和对产业转型升级带动能力；对从事软科学及人文社会科学研究的人才，重点评价其服务区域经济社会发展、咨政育人、文化传承创新方面的能力。

（3）教学科研并重岗位，合理设定教学和科研两方面业务能力的评价权重，加强综合评价。对研究生导师要注重评价其科研水平、学术指导和团队建设能力，完善导师聘期和日常考核评价。

（4）辅导员岗位，重点评价思想政治教育和价值引领、学生管理、实践育人、心理健康教育、校园公共危机管理、职业规划与就业创业指导等方面的能力。注重考察思想政治工作实绩和育人实效。

（5）科技成果转化岗位，重点评价其科技成果转化、技术创新集成和技术推广应用，以及其在科技成果转化中创造的经济效益和社会效益等。

（6）管理教辅岗位，管理岗位重点评价其谋划发展、决策执行、改革创新和学生思想政治教育等方面的能力；教辅岗位重点评价其专业知识水平、业务技能及保障服务能力。

对哲学社会科学和文化艺术人才提出如下要求：

理论研究类人才，坚持正确政治方向、研究导向，遵守学术规范，品德高尚、学识渊博、学风优良，能够做人、做事、做学问相统一。在理论创新方面，重点评价深入学习宣传贯彻习近平新时代中国特色社会主义思想，推进马克思主义中国化、时代化、大众化方面的能力，特别是紧密结合河北省经济社会发展实践和发展规律，提出具有主体性、原创性重大理论观点的能力；从河北省改革开放和现代化建设中发现、提出，并切实回应、破解重大理论问题的能力。重点考察在《人民日报》《光明日报》《求是》等国家级大报大刊、核心期刊发表理论文章，或发表的文章、学术论文被《新华文摘》、人大复印资料等权威转载刊物转载或转摘，或论文入选全国性（含国际性）学术研讨会情况等。在传承文明方面，重点评价将中华优秀传统文化、传统美德和民族精神与改革开放和现代化建设结合发展的能力，特别是在研究阐发、教育普及、保护传承、创新发展、传播交流等方面取得的重要成果，以及推动新时代河北人文精神发展创新、传承燕赵文化等方面作出的贡献。重点考察参与制定省级以上文化发展规划情况，主持完成中华优秀传统文化传承发展工程、非物质文化遗产保护开发等方面重大科研课题或工作项目情况，获得重点文物保护、文化产业发展专项资金等国家级、省部级重大资金项目扶持情况，在国家和河北省历史文化等专业领域出版学术专著和发表核心期刊论文情况等。在学科建设方面，重点评价推动马克思主义理论研究、中国特色社会主义理论体系和其他具有河北特色优势学科发展的能力；在凝聚河北省学术品牌、提高学科影响力、培养学术团队、促进河北省社科优势学科进入全国一流学科建设等方面的能力与贡献。重点考察发挥学科带头人作用，扶持基础学科、加强应用学科、发展交叉学科、培育新兴学科，努力建设高水平学科群情况；人才团队入选国家"万人计划"、文化名家暨"四个一批"、省管优秀专家等，承担国家社科基金等重大研究项目、编写出版重点教材情况，承办或参加国内外重大学术会议情况等。

对应用对策研究类人才提出如下要求：

注重发扬理论联系实际的学风，加强全局性、战略性、前瞻性问题的研究，在为党和政府提供决策咨询服务上有所建树，在启迪民智上有所作为。在服务决策方面，重点评价立足河北省经济社会发展需求和问题导向，研究京津冀协同发展、雄安新区规划建设、河北产业转型升级等重大现实问题的能力；重点评价推动中国特色新型智库建设，把应用理论研究成果转化为服务党委、政府决策的能力。重点考察研究成果入选国家社科基金项目优秀成果奖、河北省社会科学优秀成果奖等省部级以上科研成果奖情况；研究成果被省级以上领导批示肯定，被各级党委、政府及其部门决策采纳，发挥实际作用情况等。在理论宣讲和社科普及方面，重点评价研究、宣传、阐释党的创新理论和路线方针政策与省委、省政府重大决策部署的能力；新形势下开展网络理论宣传，特别是网络舆论引导和网络突发事件舆情应对的能力；在提高公众社会科学文化素养，推动社科普及等方面所作出的贡献。重点考察组织或参与面对面理论宣讲、网络宣讲、社科普及等活动的场次、受众数量和实际效果，理论宣讲、社科普及文章成果在报刊、广播电视、网络媒体传播及群众反响和受上级部门表彰情况。

对艺术表演创作类人才提出如下要求：

始终坚持马克思主义文艺观，坚持"二为"方向和"双百"方针，坚持以人民为中心的创作导向，能够以高尚的职业操守、良好的社会形象、文质兼美的优秀作品赢得人民喜爱和欢迎。在艺术表演方面，重点评价坚守中华美学立场，进行创造性转化和创新性发展，结合自身条件和艺术特点进行艺术探索，形成个人表演风格的能力；艺术表演得到观众、同行、专家的一致认可；能够对行业内在规律、表演技能或参与表演的文艺作品进行理论论述等。重点考察代表性剧（节）目质量、数量及知名度情况，包括在大中型剧（节）目担任主演的场次，荣获中国文化艺术政府奖、中国广播电视大奖等省部级以上奖励情况，对艺术流派的开创、传承和弘扬起到主导或积极的推动作用，以及艺术表演方面的总结论述作品在主流媒体或专业期刊发表情况等。其参与表演作品等与论文、专著等效评价。在作品创作方面，重点评价创作水平、艺术风格、创作成就，或者部分作品广泛流传、长期演出、深受群众欢迎，或者有代表性作品对艺术创作具有开创意义，在同类作品中产生强烈影响。重点考察在推动文化艺术建设和业务开展中起到的作用，包括代表作品出版情况；在专业剧场、银幕、荧屏、网络上演上映的票房数、收视率、点击量、网络评价等情况；荣获精神文明建设"五个一"工程、茅盾文学奖等省部级以上奖励情况。对非个体完成的表演创作作品，依据在团体中的分工和承担任务进行相应评价。在满足人民精神文化需求方面，重点评价掌握党和国家关于基层群众文化的政策理论，坚持开展文化惠民创作演出、组织举办大型群众文化活动、指导培养基层文化艺术工作人才情况。重点考察文化艺术服务工作的质量成效和群众反响，包括组织或参与"心连心""三下乡"等有重大影响和特色的大型群众文化活动的数量、场次，有关经验做法在省级以上会议交流或在国家和省级新闻媒体、网络媒体宣传报道情况，编写创作的专业培训教材被认可推广情况等。

（三）中共河北省委办公厅、河北省人民政府办公厅《关于深化项目评审、人才评价、机构评估改革的实施意见》

为贯彻落实中共中央办公厅、国务院办公厅印发的《关于深化项目评审、人才评价、机构评估改革的意见》，深入推进科技评价制度改革，完善科技评价体系，释放创新创业活力，2019年1月，中共河北省委办公厅、河北省人民政府办公厅印发《关于深化项目评审、人才评价、机构评估改革的实施意见》。在科技人才评价方面，明确提出六项具体要求：

一是加快推进科技人才分类评价机制改革。全面落实省委办公厅、省政府办公厅印发的分类推进人才评价机制改革工作六个领域的实施意见，建立科技人才分类评价体系，尊重用人单位评价主导地位，发挥政府、市场、社会等多元主体评价作用。按照基础研究人才，应用研究与技术开发人才，社会公益研究、科技管理服务和实验技术人才等3种分类和评价标准，用人单位要细化分类评价指标、制定具体实施办法。省有关部门加强指导帮助和服务，推动科技人才分类评价改革措施落地。

二是优化科技人才支持计划。省科技、人才等管理部门加强统筹协调，根据国家有关部署，结合河北省实际，对省级科技领域人才计划优化整合，针对不同对象科学设置科技人才计划，明晰支持范围，明确支持周期，减少重复交叉。支持雄安新区创新高端科技人才引进、培养机制，实行与国际接轨的科技人才管理、评价方式。实行科技人才项目申报查重制度，防止人才申报违规行为，避免多个类似人才项目同时支持同一人才。

三是科学确定科技人才分类评价方式方法。对基础性研究人才，以同行学术评价为主；对应用研究与技术开发人才，突出市场评价；对社会公益研究、科技管理服务和实验技术人才，统筹同行评价、服务对象评价、社会评价等方式；对综合性科技人才，由用人单位根据活动类型和聘用岗位要求，统筹确定评价标准、评价方式，进行综合性评价；对科技特殊人才，用人单位可采取特殊评价标准；对承担国防重大工程任务或国防科技涉密领域人才，可采取针对性评价措施。探索建立人才共享机制和高层次人才流动培养补偿机制，引导人才良性竞争和有序流动。

四是强化科技人才评价使用正确价值导向。突出品德、能力、业绩评价，克服唯论文、唯职称、唯学历、唯奖项倾向，推行代表作评价制度，注重标志性成果的质量、贡献、影响。根据人才分类评价特点，把研发成果原创性、成果转化效益、学科领域活跃度和影响力、重要学术组织或期刊任职、科技服务满意度等作为相应重要评价指标。对社会公益研究、应用研究与技术开发等类型人才的评价，SCI（科学引文索引）和核心期刊论文发表数量、论文引用榜单和影响因子排名等仅作为评价参考。回归人才称号学术性、荣誉性本质，不把人才荣誉性称号作为申请省级及以上科技计划项目、提名省级和国家级科技奖励、职称评定、岗位聘用、薪酬待遇确定等限制性条件，避免与物质利益简单、直接挂钩。完善职称分类评价标准，不将论文、外语、专利、计算机水平作为应用型人才、基层一线人才职称评审的限制性条件。加强引进海外人才海外教育和科研经历调查验证，不把教育、工作背景简单等同于科研水平。

五是落实用人单位自主权。支持用人单位健全科技人才评价组织管理，结合自身功能定位和发展方向，细化评价标准，自主评价科技人才。用人单位根据科技人才评价不同类型，合理确定评价周期，适当延长基础研究人才、青年科技人才等评价考核周期，鼓励实行聘期评价，自主开展评价聘用（任）工作；突出岗位履职评价，不简单以学术头衔、人才称号确定薪酬待遇、配置学术资源。担省级科技计划项目负责人可根据科研需要自主评价人才、组建团队。落实职称评审权限下放改革措施，支持符合条件的高校、科研院所、医院、大型企业等单位自主开展职称评审。根据国家有关部署，选择部分省属临床医学研究中心试点开展临床医生科研评价改革工作。

六是建立高层次人才团队稳定支持机制。改变高层次人才和创新团队支持方式，对纳入省级科技计划支持的基础研究、共性关键技术研发、公益性研究等人才和创新团队，给予周期性稳定支持，使科研人员将更多的精力投入到科研活动中。

（四）河北省教育厅《关于深化高校人才分类考核评价制度改革的实施意见》

为改革完善高校人才考核评价体系，进一步提升高等教育综合实力，推动河北高等教育全面、协调、可持续发展，2017年9月，河北省教育厅印发《关于深化高校人才分类考核评价制度改革的实施意见》，从人才分类考核评价机制、加强师德考核力度、突出教育教学业绩评价、确立科学的科研评价导向、科学设置评价周期和使用考核结果等方面，对高校人才考核评价提出具体部署安排。

在人才分类方面，明确提出各高校要根据各自的办学定位、学科（专业）特点和教育教学管理的实际需要，根据不同类型人才的工作规律和特点，分类设置人才岗位。可根据实际情况设置教学为主岗、科研为主岗、教学科研并重岗、科技成果转化岗、高技能人才岗、管理教辅人才岗等岗位。通过岗位分类设置，明确各类岗位人才应承担的教学、科研、学科（专业）建设、社会服务，以及教育教学管理服务等方面的职责和任务，使得各类型人才在各自专长的岗位上最大限度地发挥自己的才能，真正实现人尽其才、才尽其用。

在考核内容方面，明确提出在对各类型岗位人才考核评价时，既要考虑到岗位的差异，也要兼顾学科（专业）差异，制定有针对性的考核评价标准。对于教学为主岗位的人才，以其承担的理论教学、实践教学和教学效果，以及在教学改革研究中取得的实际业绩作为主要考核依据。对于科研为主岗位的人才，要根据其学科差异及业务专长细化分类考核。对从事基础研究的人员主要考察其学术贡献、理论水平和学术影响力，以同行学术评价为主；对从事应用研究的人员，以其在技术理论、核心技术和共性关键技术等方面的创新水平为重点，着重评价其技术成果的突破性、带动性和成果转化情况；对从事软科学研究的人员，应将服务区域决策需求情况，支撑智库建设情况作为考核重点；对从事艺术创作的研究人员，以作品的影响力为评价重点。对于教学科研并重岗位的人才，各高校应依据各自办学层次和学科（专业）特点科学确定教学和科研两方面的业绩考核评价权重，加强对教学和科研两方面业绩的综合评价。对于科技成果转化岗位的人才，主要以其取得的科技成果转化和创造的经济社会效益为考核重点，突出市场评价。对于高技能岗位的人才，以其在工作实践中解决关键技术、工艺的实际水平和操作技能的精湛程度作为考核评价的依据。对于管理教辅岗位的人才，主要以其业务实绩、工作效率和群众满意度等为主要考核内容。

在师德师风方面，明确提出将师德摆在人才考核的首位。进一步完善师德考核办法，健全师德建设长效机制，教师岗前培训必须开展师德专题教育，并将师德考核贯穿于日常教育教学、科学研究和社会服务全过程。推行师德考核负面清单制度，建立和完善教师师德档案，师德考核结果分为优秀、合格、不合格三个等次，并计入个人师德考核档案。高校教师有师德禁行行为的，师德考核不合格，并依法依规给予相应处分，实行师德"一票否决"。要严把选聘考核思想政治素质关。在人才招聘过程中，坚持思想政治素质和业务能力双重考察，将思想政治要求纳入人才聘用合同，把师德考核作为教师职务（职称）评聘、岗位聘用和年度、聘期考核的重要内容。

在教育教学业绩评价方面，提出严格教育教学工作量考核。增加课堂教学权重，所有教师必须承担教学任务。建立健全教学工作量评价标准，把教授为本专科生上课作为基本制度，明确教授、副教授承担本专科生的教学课时要求。教师担任班主任、辅导员和学业指导教师，解答学生问题，指导学生就业、创新创业、社会实践、各类竞赛以及老中青教师"传帮带"等工作，应计入教育教学工作量，并纳入年度考核内容。要强化教学质量评价。在教师年度考核、职务（职称）评聘、评优奖励中，把思想政治表现和课堂教学质量作为首要标准。完善教学质量评价制度，多维度考评教师教学规范、教学运行、课堂教学效果、教学改革与研究、教学获奖等教学工作实绩。学校应实行教师自评、学生评价、同行评价、督导评价、基层教学单位评价等多种形式相结合的教学质量综合评价。除访学、进修、培训、组织派遣、产假等原因外，教学工作量不能达到学校规定或教学质量综合评价不合格的教师，其年度或聘期考核应为不合格。要强化课堂教学纪律监督。在教学过程中，严格高校课堂教学纪律，把坚持党的基本路线作为教学基本要求，坚持正确的政治方向和育人导向，对在课堂传播违法、有害观点和言论的，依纪依法严肃处理。

在科研评价方面，提出要坚持服务国家需求和注重实际贡献的评价导向。鼓励人才勇于创新和服务国家需求，服务国家创新驱动发展战略和河北经济社会发展，推进科教结合，产学研合作育人，提升人才培养质量。科研成果评价中，要扭转现有评价标准中存在的将科研项目与经费数量过分指标化、目标化的倾向，避免科研评价重数量轻质量的现象，逐步形成以质量为导向的科研评价体系。改变在教师职称评聘、收入分配中过度依赖和不合理使用论文、专利、项目和经费等方面的量化评价指标的做法，进一步完善高校教师职称评聘标准,以服务发展为导向,重业绩、重贡献、重创新。要探索建立"代表性成果"评价机制。完善同行专家评价机制,积极探索建立以"代表性成果"为评价对象,以学术影响和社会贡献为评价标准的科研水平评价制度,将具有创新性和显示度的学术成果、指导创新创业获奖成果、指导技能大赛成果、技术推广与服务成果等作为评价教师科研工作的重要依据。完善科研评价指标体系,将重大科技成果转化业绩纳入"代表性成果"范畴。要实行科学合理的科研分类评价。针对不同类型、层次教师,按照自然科学、哲学社会科学等不同学科领域,基础研究、应用研究、技术开发及成果转化等不同研究类型,建立科学合理的分类评价标准。对自然科学人才,从事基础研究的,重点评价其解决重大科学问题能力和成果的原创性、科学价值、学术水平和影响等;从事应用研究、技术开发和成果转化的,重点评价其技术创新与集成能力、取得自主知识产权和重大技术突破及对河北省产业发展的实际贡献等。对哲学社会科学人才,从事理论研究的,重点评价其在推动理论创新、传承文明、学科建设、专业建设等方面的业绩贡献;从事应用对策研究的,重点评价其解决京津冀区域经济社会发展重大现实问题,以及为党和政府决策提供服务支撑等方面的业绩贡献。要创新高端人才和科研团队评价机制。发挥高端人才在学科(专业)建设、团队建设和科研平台建设中的引领作用。对于高端人才评价,应将个人业绩和科研团队建设业绩相结合,重点考核其在基础理论创新、科学发现方面取得的标志性成果,以及在重大科技创新和成果转化方面取得的实际业绩。对科研团队要以解决重大科研问题为导向,实施整体性评价;对于科研团队成员,以其完成的实际贡献为评价重点。

在评价周期和使用考核结果方面,坚持动态考核评价。教师考核评价周期原则上不少于3年,科研团队考核评价周期原则上不少于5年。同时应统筹年度考核、聘期考核、晋升考核等各类考核形式,根据绩效情况,对于科研团队和承担重大科研攻关任务的高端人才可适当延长考核评价周期,充分发挥团队负责人在团队内部考核评价中的作用。要重视考核评价结果的使用。充分尊重和切实保障高校各类人才在办学中的主体地位,强化考核评价结果的运用。考核评价结果要作为职称评聘、绩效分配、评优奖励等工作的重要依据，作为岗位续聘、解聘的重要参考，充分发挥考核评价的鉴定、指导、激励、教育等综合功能。根据考核评价结果，对人才岗位聘任和团队支持力度进行动态调整。结合学科（专业）建设、项目申报、平台构建、人才和团队培育等资源配置，充分发挥高校人才考核评价结果的导向作用。

二、河北高校教师评价成效与存在的主要问题

（一）河北高校教师评价成效

在河北省属本科高等院校中，多数高校按照文件要求、结合本校实际将专业技术人员分为教学为主型、科研为主型、教学科研并重型以及社会服务型（科技成果转化型）四类，相应地，对管理人员、教辅人员和辅导员的岗位也作出明确的界定和描述，对各类教育人才实施分类管理。

1.本科高校已将分类评价落实在人事政策中，导向与分流作用初现

目前，河北省本科高等院校已将人才分类评价政策与职称评审、岗位聘任及日常考核环节紧密结合，人才评价指挥棒作用初步显现。

一是职称评审的分类评价释放出更多教师的活力，破"五唯"有了实质性突破。全省本科院校在近两年的职称评审中，凭借教学教研或社会服务等优势晋升高一级职称的机会已逐渐破冰。

二是岗位聘任及日常考核的分类评价对各类教育人才的引导更具长效性，获得了教师对组织的心理承诺。专业技术人员能够在充分客观自我评估基础上，理性、自主地选择不同类别的岗位和岗级，形成个人与组织的心理契约。

三是教育人才逐步从"全能选手"向"特色专长"转型，对人才的要求从"扬长避短"走向"扬长容短"。教师不必将有限的时间精力用于"四面开花"，从补齐短板的传统"木桶理论"向长板理论的"反木桶原理"逐步过渡。例如：河北科技大学某老师凭借成功建设电子商务全国一流本科专业，通过学校设定的"校内直推"程序；燕山大学某老师通过学校设定的"教学优先评审"程序直接晋升为教授；等等。

2. 量化评价手段渐趋精细、精准、客观，人才评价科学化的步伐坚实

河北省本科高等院校实施分类评价后，人才评价的科学性不断增强，表现为以下几个方面：

专业技术人员业绩评价指标的针对性更强，对岗位职责和考核内容的界定更加符合岗位要求和特点，评价标准更易描述和量化，客观性、科学性大大提升，人为因素逐渐弱化。特别是通过分类评价，从不同侧面将岗位重点KPI（关键绩效指标）与学校发展目标紧密承接，体现出不同学校的发展定位及同一所学校不同发展阶段的轨迹和走向。

非专业技术人员的评价方式更加多元和细化，告别纯主观评价的粗放模式。特别是对辅导员系列的评价，继处级辅导员的行政上升通道外，亦可申请专业技术职称晋升，辅导员的职业发展又多了一重选择和出口，受到辅导员的欢迎和好评。教辅岗位设置更加规范、职责更加明确，分类更加细化，评价标准更加合理，岗位聘任条件更加清晰。

管理者人员评价基本停留在对"德、能、勤、绩、廉"的主观评价及聘期目标达成情况的考量，有待创新性探索。

3. 教书育人重要性得以强化，教育教学主旋律回归

全国高校均将师德要求作为人才评价的前置条件，德高身正已成为教师的自律底线。河北省所有本科高等院校都出台了关于师德师风建设的负面清单制度，在人才招聘、上岗、考核、晋升等各环节实行师德失范"一票否决"，形成师德"高压线"。不仅如此，部分学校还建立了师德师风正向积分制度，将教师参加公益活动、辅导学生成长、提供公共服务和周边绩效等纳入计分范畴、教师对师德和育人的重视逐渐从凑积分、凑条件的外在约束内化为自我约束和道德自律。

教学教研与科学研究在各类评价中同等对待，使教师潜心教学、教研的积极性大为提高。无论对哪种人才的评价，都将教学效果、教学研究、教学改革、学科建设、指导学生竞赛以及教师发展等项目作为考核和评价的内容，并与科研要求有着相同权重。河北省本科高等院校对教育人才的评价方式已从"一头沉"式的重科研、轻教学，重业务、轻育人状态中脱胎换骨，发生根本性改变。重视教学、关爱学生的取向在教师中逐渐回暖，重教重育的氛围日益浓厚。

4. 人才评价、使用自主权逐步下沉，本科高校用人主体地位凸显

随着"双一流"大学和"双一流"学科建设的推进，以及人才评价使用自主权下放，高校的人才竞争演变为各高校人事制度的竞争。河北省各本科高校纷纷出台各具特色的高端人才引进与评价使用办法，充分体现本科高校用人的主体地位。比如《燕山学者高层次人才计划实施办法（试行）》《河北工业大学元光学者计划》《河北科技大学牧星学者领军人才计划》《河北农业大学太行学者计划》等高端人才计划皆根据各校发展战略、不同学科需求分层次引进人才，破除"唯帽子"现象，更加注重能力、潜力、实绩和贡献，实行协议管理，并按照合约履行情况动态调整岗位、配置学术资源、提供薪酬待遇。

学校内部继续下放教师评价使用权，将人才分类管理缩小到更小单元、更细分支。例如：燕山大学、河北经贸大学、河北医科大学分别实施校院两级管理体制改革，学校将教学、科研、学科建设、人才队伍建设、国际化建设等各种显性业绩和隐性业绩核算为教师工作量，各二级单位有权按照自身发展需求进行二次分配。燕山大学、河北师范大学等还将职称评审权限下放到二级学院，加大终端管理力度。

5. 绩效评价的工具效力明显，"代表作"制度形成"过滤"机制

由于绩效评价结果与教师利益紧密挂钩，绩效评价标准成为有力的指挥棒，促使成果数量大幅增加，甚至使一些学校的科研经费成倍增长。成果数量增多为成果质量提高做了必要积累，但难免会有个别人迷失在逐利行为中，堆砌一些既无理论建树、又非社会需要的"成果"。

目前，各高校为提高成果质量，在职称评审、竞聘上岗、评优评先等工作中出台了"代表作"制度，通过限制填报成果数量、提高申报门槛等措施，避免了显示度不高、创新性不强的"凑数"现象，形成有效的过滤机制。各高校在成果数量减少的同时，成果质量有所提升。这种成果筛选机制也在一定程度上抑制了教师在科研活动中的短期行为，鼓励教师追求成果质量和原创性，做出实绩。燕山大学田永君教授凭借在"超硬材料研究"上的长期积累和造诣，于2017年当选中国科学院院士，并荣获2018年度陈嘉庚科学奖，其主持完成的科技成果也连续两年被评选为"中国高等学校十大科技进展"

和"中国科学十大进展"。

(二) 河北本科高校人才分类评价存在的主要问题

为深入了解河北省本科高校教育人才分类评价存在的问题,课题组在河北科技大学、燕山大学分别召开驻石家庄省属重点骨干大学和驻秦皇岛、天津、唐山、廊坊等有关本科院校的人事、科研相关负责人和教师代表座谈会。同时,采取随机抽样方式,面向河北省本科高等院校发放问卷,展开调查,最终回收有效问卷1 834份。就座谈和调查结果归纳问题如下:

1. 破"五唯"尚未全面大胆践行,更为有效的人才甄选评价机制有待推陈出新

在人才引进环节,学历、学术资历、院校背景仍为高校求职人员的重要标配。高校的招聘和人才引进过程,实际上是对人才潜力的评价,是对人才入职后产出的预期。由于前面的发展质量与发展水平共同决定其整个职业成长的发展路径、发展速度、发展高度,所以入职前的诸多标签仍然是高校人才引进的"通行证"。

在职称评审、岗位聘任及绩效分配环节,论文、项目、经费及获奖仍是教师角逐的"硬通货"。在对高校教师的调查中了解到,调查对象对所在学校人才评价各环节最看重的指标居前五位的依次是高水平论文、高级别科研项目、教育教学业绩与成果、获奖等级及数量、专利及引进科研经费数量(见图4-1),并且超半数的调查对象认为该评价标准是合理的。可见,破"五唯"

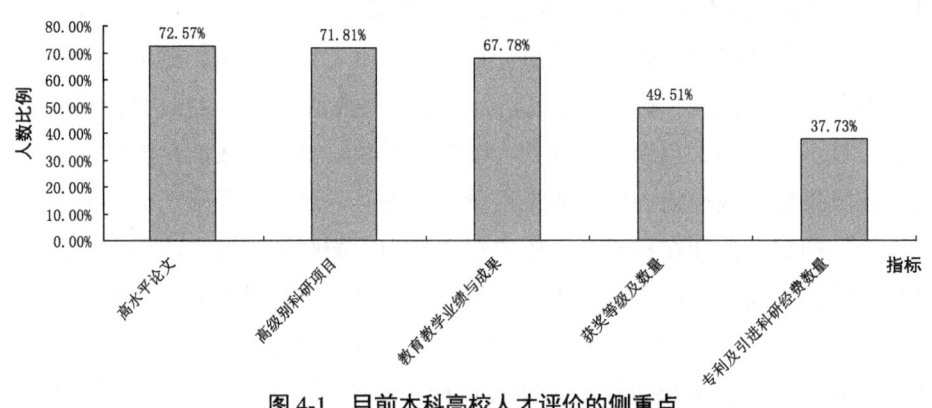

图4-1 目前本科高校人才评价的侧重点

意识尚未深入人心，教育人才本身的观念惯性依然很大。对高校管理者来讲，更为有效、更为有利于人才辈出的人才甄别评价机制亟待出新。

2."部分评价方式坠入"量化的陷阱"，定性与定量的有机结合尚需探索

数字会说话，数字有时也失语。近几年，各本科高校对教师业绩的量化评价较充分，一定程度上避免了主观性、片面性。但所有评价要素都用量化指标去衡量，也是教条和僵化的。特别是目前各高校绩效评价结果对教师个人利益、个人发展有重大影响（见图4-2），也导致一些诚信问题、科研行为异化问题的出现。比如，存在诸多短期行为，部分教师迷失在数字与分数中，成果数量高于质量，从而造成对学术资源的非理性争夺与浪费。在教学质量测评中，学生评教的公允性难以保证，常常异化为师生间的"人际游戏"，数字反映出来的课堂教学效果时有失真。对于那些很难量化的内容，需要进行必要的定性分析和评价。

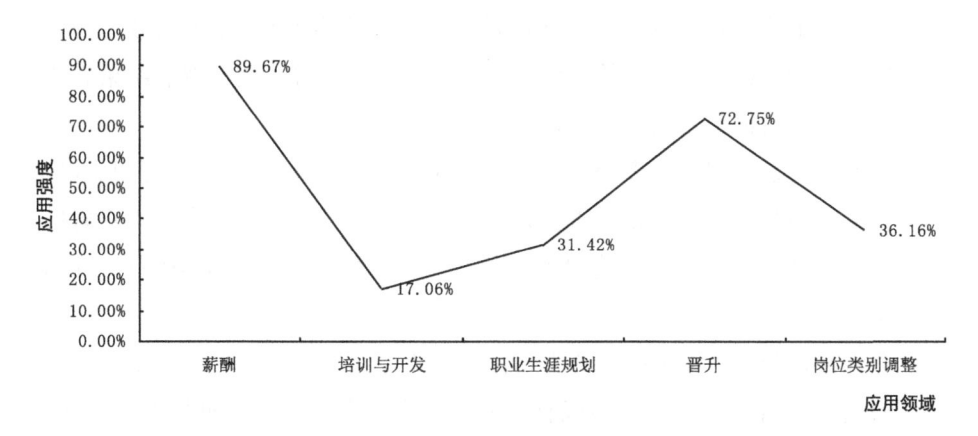

图4-2 本科高校教师绩效评价结果的应用领域及强度

3."官本位"思想依然存在，"研而优则仕"成为诸多专技人员的取向

受传统因素影响，"官本位"思想还长期存在，被调查教师有88.88%的人认为行政领导更易获取学术资源（见图4-3）。

调查结果

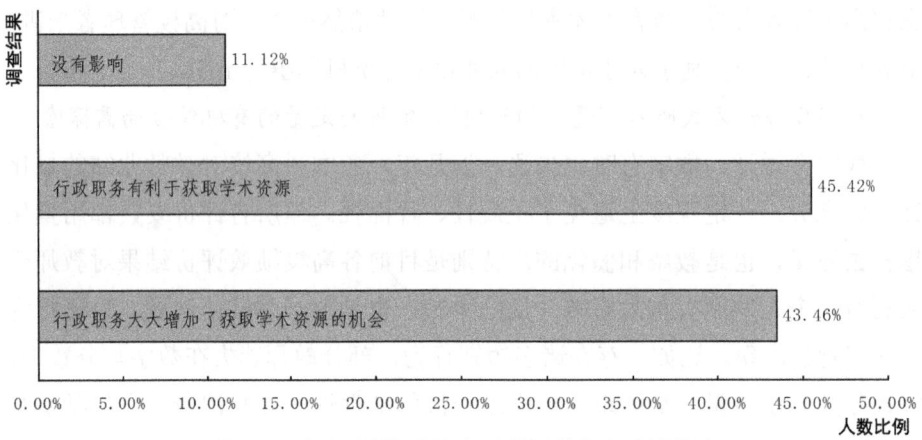

- 没有影响 11.12%
- 行政职务有利于获取学术资源 45.42%
- 行政职务大大增加了获取学术资源的机会 43.46%

人数比例

图4-3　教师认为行政职务对获取学术资源的影响

"影响高校教师学术成就诸因素的重要性"的调查结果从大到小排序依次是：有可能带来学术资源的社会兼职；本人有无行政职务及担任的行政职务高低；个人的学术声望和地位（如职称、荣誉、获奖等）；个人的教育背景；个人的学术能力；供职单位的软硬件资源及学术氛围等。这一调查结果表明，学术活动中行政化影响尚未消除。

受现实利益诱惑，更多绩优专业技术人员倾向选择"官道"。有四成以上的被访专业教师表示，如果有机会则愿意走上行政领导岗位，成为"双肩挑"干部。现实情况是，一旦成为"双肩挑"干部，便会被行政事务缠身，原有学术优势逐渐销蚀。

4. 人才评价缺少年龄轴上的变化，后职业生涯绩效评价事实失效

目前河北省各本科高校的现有绩效评价方案在不同年龄阶段上缺少针对性，对专业教师的考核贯穿其整个从教生涯，且考核的内容、标准高度统一，造成老、中、青在相同的跑道上竞争，影响了学术梯队建设及学术生态的和谐。另有一些年长教师无力或放弃考核，后职业生涯绩效评价效能很低，甚至失效。

科学研究存在年龄上的高峰期，随着年龄变化成果产出亦有变化，存在特定的规律性。随机抽样调查河北省本科高校专业教师成果产出密集程度随年龄的变化（如图4-4），结果显示，无论是教学成果还是科研成果，70%以上都集中在31～40岁之间；41～50岁之间亦有部分产出；30岁之前科研产

出较教学产出多一些，此阶段为博士学位攻读期间，大部分高校对毕业前有论文发表要求；在 50 岁以后，均鲜有产出；60 岁以上更是凤毛麟角。这提示我们，在人才分类评价中，应分年龄进行评价。

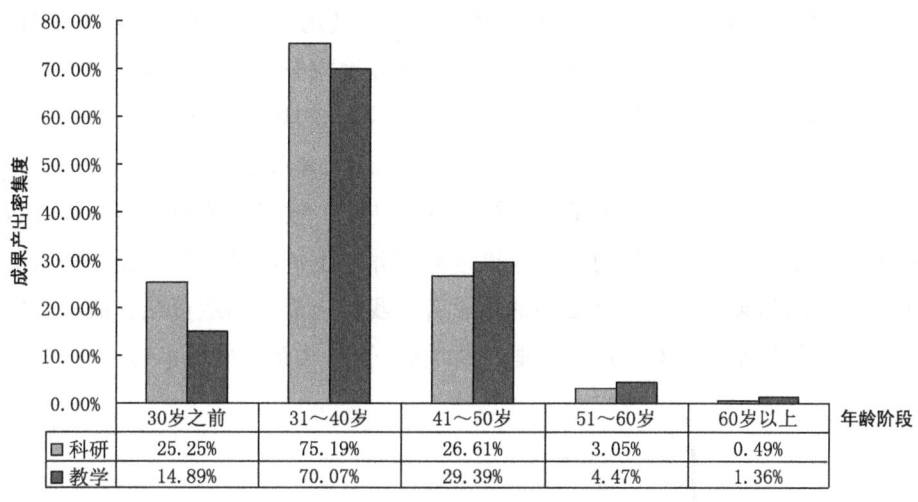

年龄阶段	30岁之前	31~40岁	41~50岁	51~60岁	60岁以上
科研	25.25%	75.19%	26.61%	3.05%	0.49%
教学	14.89%	70.07%	29.39%	4.47%	1.36%

图 4-4　成果产出随年龄的变化

5. 一些评价难题悬而未决，呼唤有力的制度创新

再完美的评价制度，都难免有疏漏。近几年，河北省本科高校对教育人才的评价机制不断优化和完善，但仍存在一些共性难题悬而未决，亟须突破性探索与创新实践。

一是虽然师德评价为重中之重，但多数学校在实践中对其的理解仍停留在抽象的概念层面，需要将其细化为可观察、可衡量、可评价的指标，并辅以其他公允性强、信度和效度均较高的定性评价方式。

二是对管理人员和行政人员的评价缺少实质性约束，在"德、能、勤、绩、廉"的主流评价过程中仍依靠主观评价，往往流于形式，结果区辩度不高，"居中趋势""宽大趋势"成为常态。

三是评价结果还不能完全客观独立，利益相关者、人情关系、"官本位"等非评价因素困扰仍然存在。特别是在评优评先环节，有背景身份、有人脉资源、有官位加持者要比其他候选人拥有更高成功率。

三、河北高校教师评价激励的优化

人才评价属于人才管理范畴,但对人的管理远远不止于评价。人才分类评价的初衷和归宿是最大化地人尽其才、才得其用、职得其人、人事相宜。对于教师来讲,评价激励的目的就是最大限度地挖掘教师的潜能,实现其个人价值和社会价值,促进河北省本科高校教育事业的高质量发展。

1. 遏制"五唯"惯性,加快建立多维立体式教育人才评价体系

改进结果评价。破"五唯",重在不能"唯"。教育人才的产出结果既包括论文、项目等"五唯"的水平,也包括培养学生的质量、继承和传播人类优秀文明的效果、服务社会发展的贡献等。我们应努力构造百花齐放、百舸争流、能激发各类人才活力的多维立体式人才评价体系(见图4-5)。

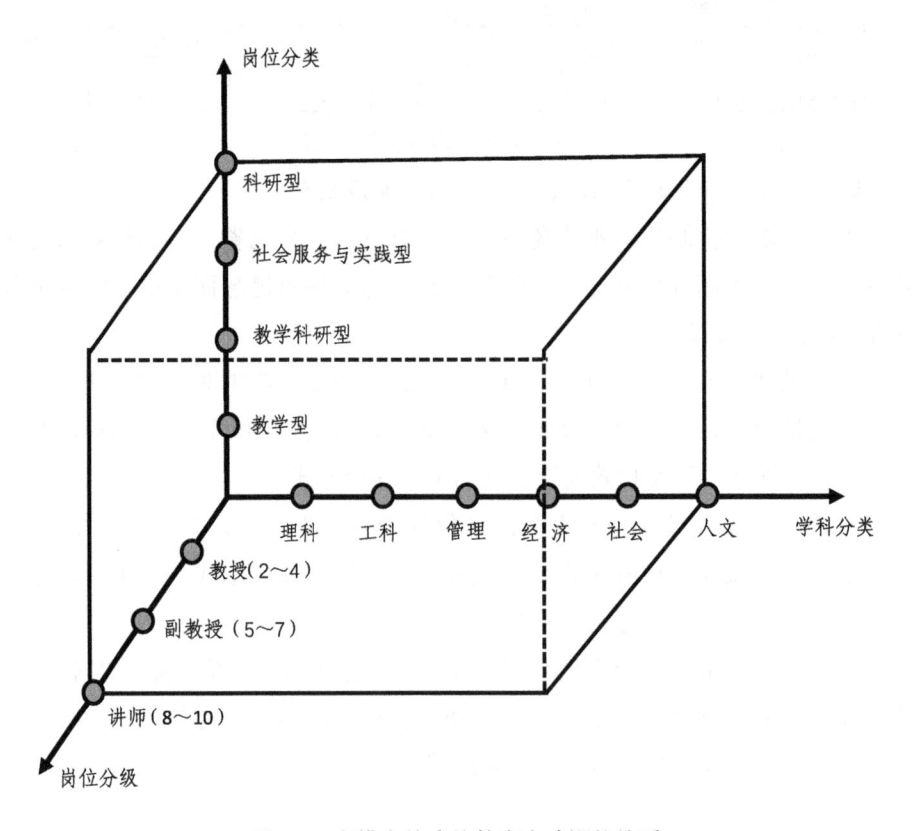

图4-5 多维立体式的教育人才评价体系

强化过程评价。特别是在教育教学领域，要识别和观察教师对育人和教书工作的投入度、敬业度，防止用冰冷的数字结果覆盖过程的温度；对于管理、教辅和辅导员岗位，除了静态的结果评价，还要考量服务对象的过程满意度。

探索增值评价。人才评价不仅要对人才进行静态的"估价"，还要通过评价使人才在动态发展过程中实现有效"增值"。

健全综合评价。评价内容中应包括现实能力、发展潜能以及实际绩效等各个方面，要突破用统一模式和尺度评价所有人才的局面。在评价时，不但要有考核性、选拔性的评价，而且还要有预测性、终结性评价。

2. 强化教育人才的发展性评价，促进培养与使用的良性互动与循环

评价的着眼点除了价值衡量，还要注重促进人才的成长，促进人才的创新活动，促进人才工作同经济社会需求相适应。

将发展性评价与奖惩性评价结合使用，在教师考核指标体系中增设教师专业发展指标，通过发展性评价帮助教育人才诊断问题。观察教师在这个学校、在其所属的岗位和环境所处的位置，存在的不足，由直接领导及时给予反馈和指导，激励教师有针对性地改进和提高，这也是人才评价的应有之义。在评价过程中，既要用相对统一的办法横向比较，激发竞争活力；又要在评价中注重个人的纵向比较，输入成长动力。要为教师创造学习进修的条件和机会，并通过考核制度督促教师补充知识、增长技能、更新观念，促进对教育人才使用与开发的良性循环。

3. 稀释"官本位"影响，切实丰富并启用多元化评价主体

构建政府、教育机构、社会三者新型关系，建立"管办评"既相对分离又有机统一的体制机制。根据评价结果的不同用途、评价内容的不同学科领域、评价事项的不同性质，选择信度最高的评价主体，力求更高的评价效度。学校可以采用教师自评、学生评价、同行评价、督导评价等多种方式评价人才，并确定合理权重。同时，积极引进企业评价、社会评价、第三方评价等评价主体。切实发挥校级学术委员会及教学委员会的作用，保持专业自治、自决的独立性，不受行政因素干扰。评价方式要采取定性与定量相结合，对个人的评价与对科研、教学团队整体评价相结合。

建立申诉通道，伴随评价使用权的下沉，管理部门要转换角色，行使监督职能。对评价专家要在事前进行必要的培训，并加强对评价专家的实际表现、学术判断能力、公信力的相应评价，建立评价专家的信誉机制。

4. 尊重人才成长规律，使人才评价机制与教师职业生涯发展相契合

解决教师后职业生涯绩效考核事实失效问题，变年长教师的"被动边缘化"为"主动参与化"，发挥经验优势帮带新人，在院系、学科内部形成良性的传承接力关系而非竞争关系。根据不同年龄段教师的身心特点、历史基础、发展诉求，在教学、科研、社会服务和文化传承创新方面承担不同的任务，评价的方式和标准亦应不同。鼓励年龄在50岁以上受聘高级职务的部分教师，把主要精力投入教育教学和组织、指导学科建设的工作中。

对于30～50岁的创造高峰期，要通过绩效考核标准的拔高、职称评审条件的高要求来传递组织对青年教师的创造预期。同时要提供支持性的组织环境，助其实现梦想，使青年教师能在较高的起点上规划自己的职业生涯，在高水准上探索并尽快形成自己的职业锚。

5. 调和教育人才价值观，形成科学治理与文化引领双轮驱动的人才评价机制

持续改善、优化定量的人才分类评价方案，进一步提高人才管理的科学化程度，但也要防止个人与组织过度博弈形成"悬河效应"。基于任何制度都有滞后性，要通过师德教化、价值观培育等文化管理手段、定性的人才分类评价方式弥补定量评价的不足。

在严格执行定量评价的基础上，对教育人才提出更高期望，引导教育人才对探索科学真理保有热情和好奇，对满足社会需求保有使命和担当，对教育教学保有责任和热爱，对公共服务保有主动和奉献。同时，启动对这些无形因素的定性评价手段，比如关键事件法、座谈法、访谈法、随机调查法等，并进一步将组织中的周边绩效用来衡量师德，将无形因素有形化。

第五章　职称改革与河北高校教师晋升激励

教师职称制度是国家的一项重要制度，是实施教师晋升激励、促进教师专业成长、加强教师队伍建设的重要手段，是高校实现内涵式发展的重要"发动机"和"指挥棒"。本章拟对新中国成立以来高校教师职称制度历史演变进行系统梳理，厘清职称制度改革的价值诉求，从发展的视角分析河北高校教师职称制度改革成效和存在的主要问题，结合教师队伍建设中的晋升激励，进一步提出职称改革的方向和路径。

第一节　职称制度的历史演变

阅读李晓曼、许实年、熊细滚的《高校教师职称制度的历史演变与改革路径》，文少保、蒋观丽的《高校教师职称评审制度变革的历史制度主义分析》，徐苏兰、段鑫星的《中国高校教师职称晋升制度变迁的轨迹及逻辑——基于历史制度主义的视角》等文献资料，可以对我国职称制度改革有一个大体了解。从整体上来看，新中国成立后，我国职称制度改革经历了三个阶段：国家控制的行政任命阶段，市场主导的职务聘任阶段和高校自主的岗位聘用阶段。在不同的时期实施不同的职称改革制度，有其内在的制度逻辑。从根本上来说，就是实现由政府任命的静态过程转向自主评聘为主的动态变迁，旨在提高高校办学自主权，建立起激励与约束相结合的高校人事治理机制。

一、国家控制的行政任命阶段

新中国成立初期,百废待兴,为实现恢复生产、发展经济的根本任务,我国效仿苏联建立了高度集权的国家管理体制。在高等教育管理方面,高校教师职称管理基本沿用国民政府时期高校教师职务管理模式,1950年8月,教育部颁布的《高等学校暂行规程》明确规定,大学及专门学院的教师,分为教授、副教授、讲师、助教四级,均由校(院)长聘任,报请中央教育部备案。大学教师仍然沿用新中国成立前的职务等级,保持知识分子原有的工作和物质待遇不变。

1952年6月至9月,国家进行了大规模院校调整,把民国时期效仿英国、美国构建的高校体系改造成苏联模式的高校体系。院校调整后,私立大学、教会大学退出了我国高等教育体系,大学教师被纳入国家计划经济体制内。随着社会主义改造基本完成和社会主义建设事业的全面展开,人们愈来愈感到新中国建设人才的匮乏,感到知识分子的重要性。1954年,高等教育部陆续开始办理教师的晋升手续,对晋升条件、审批手续等作出具体规定。这一时期职称制度的特点是:没有形成系统的职称制度,技术职务和工资等级紧密联系,由行政领导或党委任命。

由于国内、国际形势日益严峻,政府根据"调整、巩固、充实、提高"的方针,进一步加强对高校的管理,建立并完善与高等教育管理体制相适应的教师职称评审制度。1955年3月,杨秀峰在学校教育工作座谈会上作报告,提议实行学衔授予制度,建立用以标志学术、技术水平的称号制度,后改称为"教师升级办法"。[①] 1956年6月,国务院颁布《高等学校教师学衔条例》,明确提出将"学衔"作为"学术水平、工作能力和工作成就所授予的学术职务称号",其授予和晋升以学术、技术水平为主要依据,与教师工资、生活及政治待遇挂钩,无人数限制。[②] 该制度于1956年下半年开始在国内31所高校

---

① 杨秀峰在学校教育工作座谈会上的报告(1955年3月17日)[M]// 何东昌. 中华人民共和国重要教育文献(1949—1975),海口:海南出版社,1998:435.
② 李子江. 我国高校教师职务管理制度的历史沿革与展望 [J]. 大学教育科学,2010(4):84-87.

试点，于1957年1月撤回修改，后因"反右倾"运动和"三年严重困难"而搁置。

1960年，在历经10余年的探索之后，我国基本建立了与高等教育管理体制相适应的教师职称评审制度。同年3月，国务院印发《关于高等学校教师职务名称及其确定与提升办法的暂行规定》，随后教育部印发了《关于执行〈国务院关于高等学校教师职务名称及其确定与提升办法的暂行规定〉的实施办法》。在文件中，对我国高校教师职称的名称进行了教授、副教授、讲师、助教四个等级的划分，明确高等院校教师职务名称的确定和提升，应以思想政治条件、学术水平与业务工作能力为主要依据的同时，对资历和教龄也必须加以照顾。暂行条例关于教师职务确定和提升的规定是：确定为助教的，须经校务委员会批准；确定获提升为讲师的，除学校批准外，还要报省级教育管理部门备案；确定获提升为副教授的，学校通过后，报省级教育管理部门批准；教授职称，学校通过后，须报省级教育管理部门核定后转教育部审批。高校教师职务名称只有在教师调离高校系统时才会随之取消，或受到行政处分时才可以降低或撤销。这是我国第一部较为系统规定高校教师职务任命制度实施运行的文件。该文件的出台，标志着我国高校教师职务任命制度的正式确立。

1966—1976年，高等教育的管理权、领导权下放到地方政府。地方政府的无力管理导致高等教育发展基本处于停滞状态，职称评审工作也未能幸免，教师职称评审制度终被取消。

1977年，我国教育领域发生了两件大事：恢复高考和恢复高校教师职称制度。邓小平提出："决定恢复科研人员的职称……大专院校也应恢复教授、讲师、助教等职称"[①]。根据邓小平同志关于高校职称工作的精神，1978年，教育部向国务院提交了《关于高等学校恢复和提升教师职务问题的请示报告》，其主要内容是要恢复1960年高校教师职称的政策。1978年3月，国务院批转教育部《关于高等学校恢复和提升职务问题的请示报告》，文件规定："确定与提升为教授、副教授、讲师、助教时，由'校务委员会'审查和批准，目

---

① 邓小平. 教育战线的拨乱反正问题 [M]// 何东昌. 中华人民共和国重要教育文献（1976—1990）. 海口：海南出版社，1998：1578.

前学校的组织形式已经发生了变化，应改为由校（院）党委审批。高等院校教师提升职务的批准权限，按照过去的规定。教授的提升，由教育部批准，现改为由省、市、自治区批准，报教育部备案。提升教授、副教授的表格式样由教育部统一印制。提升讲师、助教的批准权限，均按原规定执行。"在此期间，按照上述文件精神，全国高校在随后的五年内连续进行教师提职工作，省级教育行政部门成为高校教师职称工作的主要组织者和推动者。

这一时期职称制度的突出特点是：职称不能与工资完全挂钩，没有职数限制，专家参与评审。也正是由于这一时期职称制度的特点，使评审跃进式倾向明显，高职称教师人数急剧增长，在实践中暴露出了许多问题。1983年，中共中央办公厅和国务院办公厅联合下发了《关于整顿职称评定工作的通知》，宣布自当年9月1日起暂停职称评定工作。

二、市场主导的职务聘任阶段

"文革"结束后，中央政府决定恢复高等教育管理的集权模式，同时高校教师职称评审制度也基本沿用20世纪60年代的职务任命制度。1978年随着党的十一届三中全会的召开，以邓小平为代表的领导集体及时针对矛盾的主要方面，分析我国经济体制改革新形势，总结过去职称评审工作的经验和教训，进一步推进教师职称评审制度的改革。为有效解决教师职称问题，1983年，国务院成立中央职称改革工作领导小组，围绕"专业技术职务聘任制度"的改革进行调研、讨论和实施。

1985年中共中央发布《关于教育体制改革的决定》，提出在加强宏观管理的同时，实施权力下放，扩大学校的办学自主权。1986年2月，国务院发布《关于实行专业技术职务聘任制度的规定》的通知，提出除"三线、边远地区和不具备聘任条件的事业单位可以实行任命制"外，"事业单位的专业技术职务一般实行聘任制"，该通知特别强调专业技术职务的聘任或任命均非终身，实行任期制，受聘人员需要接受定期考核。国务院发布《高等学校教师职务试行条例》《〈高等学校教师职务试行条例〉实施意见》及《高等学校教师职务评审组织章程》三份文件，规定高校教师职务是一种工作岗位设置，仍为四级,"设助教、讲师、副教授、教授;各级职务实行聘任制或任命制,并有明确的职责、任职条件和任期"。作为教师职务的"助教、讲师、副教授、教授"开始从一种身份转向一种工作岗位的任职资格,不同于作为学衔的荣誉终身属性。该文件明确规定了高校教师的岗位职责任务、具体任职条件、专业技术资格评审以及聘任等相关事项,推行教师职务聘任制。与此前不同的是,高校教师专业技术职务的聘任或任命均非终身,实行任期制,受聘人员需要接受定期考核。同时,要求扩大高校办学自主权和有序下放高校教师职称评审权。

从1992年党的十四大开始,我国大力推进高等教育内部管理体制深化改革,政府作为行政部门处于整体规划的位置,学校作为办学的主体主要致力于自主招生、自主设置专业、自主任聘老师、编制课程等与办学相关的事务。1993年、1995年分别通过的《教师法》《教育法》,则以法律形式规定了教师资格考试、认定等条件。至此,高校教师聘任制度正式迈出了实质性步伐。

这一时期的教师职称评审制度主要表现出以下特征:政府主张改革高校管理体制,淡化行政手段,扩大高校办学自主权,有序下放高校教师职称评审权。高校教师专业技术职务的聘任或任命均非终身,实行任期制,受聘人员需要接受定期考核。

三、高校自主的岗位聘用阶段

1999年,我国高等教育史上发生了一件具有划时代意义的大事:高校扩招。这标志着我国高等教育由"精英化教育"向"大众化教育"转变,伴随着高校扩招的推行,高校教师职称改革也取得突破性进展。1999年起,我国相继颁布《关于深化高等学校人事分配制度改革的若干意见》《关于加快推进事业单位人事制度改革的意见》《关于深化高等学校人事制度改革的实施意见》等文件,提出要下放管理权限,积极推进高校人事和分配制度改革,在具体的实施中,以转换用人机制和搞活用人制度为核心,削弱传统的对职务的"身份管理",转向"岗位管理",要求按需设岗、评聘结合,全面推行聘用制,这对于激活用人机制、激发教师工作活力发挥了重要作用。由此,我国在宏观管理体制方面形成了中央和省两级管理、以省为主管理的新体制。[①]由此，高校教师职称评审制度改革环境焕然一新。

2007年，人事部、教育部印发的《关于高等学校岗位设置管理的指导意见》，专业技术岗位设置了13个等级，将岗位的对应等级进行明确规定，并要求各地政府核定高校各级各类岗位比例和职数，要求实现评聘结合，不得超额聘任，探索建立专业技术职务评聘与岗位聘用相结合的用人制度。这一文件标志着教师职称评审改革重点由政府转向高校自身，教师岗位聘用制开始在高校试行，各高校逐步建立和完善专业技术职务评聘与岗位聘用相结合的用人制度。

2010年颁布的《国家中长期教育改革和发展规划纲要（2010—2020年）》中提到，选择部分地区和学校开展现代大学制度重大改革试点，全面实行聘任制度和岗位管理制度；实行新进人员公开招聘制度；探索协议工资制等灵活多样的分配办法。2011年8月，中共中央办公厅、国务院办公厅印发《关于进一步深化事业单位人事制度改革的意见》的通知，提出在事业单位全面实施岗位管理制度，事业单位专业技术人员、管理人员、工勤技能人员都要实行岗位管理。国家确定事业单位通用的岗位类别和等级，事业单位按照有关规定自主确定岗位，自主聘用人员，实现按需设岗、竞聘上岗、按岗聘用、合同管理。加大事业单位岗位设置实施工作力度，加强分类指导，尽快实现岗位管理制度全面入轨。探索不同类型事业单位岗位结构比例和最高等级的调整办法，不断优化岗位结构，形成动态管理机制。同时提出：加快推进职称制度改革，统筹专业技术职务聘任制度和职业资格制度，以品德、能力和业绩为导向，健全专业技术人才评价机制；进一步完善评价标准，创新评价方式，严格评价程序，实现事业单位专业技术人员职称评审与岗位聘用的有机结合。

总之，这一阶段高校职称改革带有明显的政府主动放权色彩，政府主要对高校教师评审进行宏观管理，高校从微观层面进行自主评聘，打破教师职务终身制，为教师赋权增能，促进人才流动，是典型的"高校自主型教师岗

[①] 改革开放30年中国教育改革与发展课题组. 教育大国的崛起——见证改革开放30年[M]. 北京：教育科学出版社，2008：94.

位聘用制"。

四、职称制度的深化改革阶段

2016年3月,中共中央印发《关于深化人才发展体制机制改革的意见》,提出人才是经济社会发展的第一资源。人才发展体制机制改革是全面深化改革的重要组成部分,是党的建设制度改革的重要内容。协调推进"四个全面"战略布局,贯彻落实创新、协调、绿色、开放、共享的发展理念,实现"两个一百年"奋斗目标,必须深化人才发展体制机制改革,加快建设人才强国,最大限度激发人才创新创造创业活力,把各方面的优秀人才集聚到党和国家事业中来。同时强调,深化职称制度改革,提高评审科学化水平。研究制定深化职称制度改革的意见。突出用人主体在职称评审中的主导作用,合理界定和下放职称评审权限,推动高校、科研院所和国有企业自主评审。对职称外语和计算机应用能力考试不作统一要求。探索高层次人才、急需紧缺人才职称直聘办法。畅通非公有制经济组织和社会组织人才申报参加职称评审渠道。

按照党中央关于深化人才发展体制机制改革的部署,2016年12月,中共中央办公厅、国务院办公厅印发了《关于深化职称制度改革的意见》。

在制度体系方面:一是完善职称系列,继续沿用工程、卫生、农业、经济、会计、统计、翻译、新闻出版广电、艺术、教师、科学研究等领域的职称系列,取消个别不适应经济社会发展的职称系列,整合职业属性相近的职称系列,保持现有职称系列总体稳定。二是健全层级设置。各职称系列均设置初级、中级、高级职称,其中高级职称分为正高级和副高级,初级职称分为助理级和员级,可根据需要仅设置助理级。目前未设置正高级职称的职称系列均设置到正高级,以拓展专业技术人才职业发展空间。三是促进职称制度与职业资格制度有效衔接。以职业分类为基础,统筹研究规划职称制度和职业资格制度框架,避免交叉设置,减少重复评价,降低社会用人成本。

在评价标准方面:一是坚持德才兼备、以德为先,坚持把品德放在专业技术人才评价的首位,重点考察专业技术人才的职业道德。二是科学分类评价专业技术人才能力素质。以职业属性和岗位需求为基础，分系列修订职称评价标准，实行国家标准、地区标准和单位标准相结合，注重考察专业技术人才的专业性、技术性、实践性、创造性，突出对创新能力的评价。三是突出评价专业技术人才的业绩水平和实际贡献。注重考核专业技术人才履行岗位职责的工作绩效、创新成果，增加技术创新、专利、成果转化、技术推广、标准制定、决策咨询、公共服务等评价指标的权重，将科研成果取得的经济效益和社会效益作为职称评审的重要内容。取得重大基础研究和前沿技术突破、解决重大工程技术难题、在经济社会各项事业发展中作出重大贡献的专业技术人才，可直接申报评审高级职称。对引进的海外高层次人才和急需紧缺人才，放宽资历、年限等条件限制，建立职称评审绿色通道。对长期在艰苦边远地区和基层一线工作的专业技术人才，侧重考察其实际工作业绩，适当放宽学历和任职年限要求。

在评价机制方面：一是丰富职称评价方式，建立以同行专家评审为基础的业内评价机制，注重引入市场评价和社会评价。二是拓展职称评价人员范围。进一步打破户籍、地域、身份、档案、人事关系等制约，创造便利条件，畅通非公有制经济组织、社会组织、自由职业专业技术人才职称申报渠道。三是推进职称评审社会化。对专业性强、社会通用范围广、标准化程度高的职称系列，以及不具备评审能力的单位，依托具备较强服务能力和水平的专业化人才服务机构、行业协会学会等社会组织，组建社会化评审机构进行职称评审。

四是加强职称评审监督。完善各级职称评审委员会核准备案管理制度，明确界定评审委员会评审的专业和人员范围，从严控制面向全国的职称评审委员会。完善评审专家遴选机制，加强评审专家库建设，积极吸纳高校、科研机构、行业协会学会、企业专家，实行动态管理。健全职称评审委员会工作程序和评审规则，严肃评审纪律，明确评审委员会工作人员和评审专家责任，强化评审考核，建立倒查追责机制。建立职称评审公开制度，实行政策公开、标准公开、程序公开、结果公开。

在管理服务方式方面：一是下放职称评审权限，进一步推进简政放权、放管结合、优化服务。二是健全公共服务体系。按照全覆盖、可及性、均等化的要求，打破地域、所有制、身份等限制，建立权利平等、条件平等、机会平等的职称评价服务平台，简化职称申报手续和审核环节。三是坚持党管人才原则，切实加强党委和政府对职称工作的统一领导。

2018年1月，中共中央、国务院印发《关于全面深化新时代教师队伍建设改革的意见》，提出推动高等院校教师职称制度改革，将评审权直接下放至高等院校，由高等院校自主组织职称评审、自主评价、按岗聘任。条件不具备、尚不能独立组织评审的高等院校，可采取联合评审的方式。推行高等院校教师职务聘任制改革，加强聘期考核，准聘与长聘相结合，做到能上能下、能进能出。教育、人力资源社会保障等部门要加强职称评聘事中事后监管。深入推进高等院校教师考核评价制度改革，突出教育教学业绩和师德考核，将教授为本科生上课作为基本制度。

1986年以来，为加强和规范职称评审工作，原人事部先后印发了《关于重新组建专业技术职务评审委员会有关事项的通知》《专业技术资格评定试行办法》等一系列政策文件，在建立职称评审组织、规范评审程序、确保评审质量等方面发挥了重要作用。但是，各类文件规定比较分散，缺乏系统性，效力层次不高，有些政策规定已经不能适应新时代职称评审工作需要。

按照《关于深化职称制度改革的意见》中要加强职称评审管理法治建设、完善职称政策法规体系的有关要求，2019年7月，《职称评审管理暂行规定》（以下简称《规定》）颁布实施。《规定》包括总则、职称评审委员会、申报审核、组织评审、评审服务、监督管理、法律责任和附则等八章，共44条。主要内容为：

一是明确了职称评审的主体。《规定》明确，各地区、各部门以及用人单位等开展职称评审，均应当组建职称评审委员会。职称评审委员会分为高级、中级、初级三个类别，申请组建职称评审委员会应符合相应条件要求。有条件的地区、部门和用人单位，可以组建职称评审委员会专家库。国家对职称评审委员会实行核准备案管理制度，以确保职称评审质量。

二是规范了职称评审的基本程序。职称评审主要包括申报、审核、评审、公示、确认等基本程序。（1）申报、审核。申报人应满足申报条件要求，按照规定提交申报材料；申报人所在工作单位先对申报材料进行核实，在单位内部进行公示后，逐级报职称评审委员会组建单位审核。（2）评议组或评审专家评议，对申报人提出评议意见，作为评审会议表决的参考。（3）评审。评审委员会组建单位组织召开评审会议，采取少数服从多数的原则进行投票表决。（4）评审结果公示。职称评审委员会组建单位应当对评审结果进行不少于5个工作日的公示，接受社会监督。（5）评审结果确认、备案。经公示无异议的评审通过人员，由人力资源社会保障行政部门或者职称评审委员会组建单位确认；具有职称评审权的用人单位，其评审通过人员应当向职称评审委员会核准部门备案。

三是优化了职称评审服务。《规定》明确，要建立职称评价服务平台，加强职称评审信息化建设，推广在线评审，探索实行职称评审电子证书，进一步提高职称评审公共服务水平。

四是强化了事中事后监管。按照"放管服"改革要求，进一步减少政府部门对职称评审的微观管理，主要通过事中事后的抽查、巡查，以及对有关问题线索的倒查、复查，来确保职称评审的公平公正。《规定》在充分发挥用人单位主体作用的同时，明确规定了申报人及工作单位、职称评审委员会及组建单位、评审专家、工作人员等主体违反规定应当承担的法律责任。

《规定》是贯彻落实中央关于深化职称制度改革部署的重要内容，是加强职称评审管理、完善职称政策法规体系的重要举措。作为职称工作的第一部法律性文件，由过去分散的政策上升为统一规定，由一般性政策文件上升为部门规章。《规定》的出台，将对从源头上规范职称评审程序，依法加强职称评审管理，切实保证职称评审质量起到重要作用。

2020年10月，中共中央、国务院印发《深化新时代教育评价改革总体方案》，改革教师评价，坚持把师德师风作为第一标准。坚决克服重科研轻教学、重教书轻育人等现象，把师德表现作为教师资格定期注册、业绩考核、职称评聘、评优奖励首要要求，强化教师思想政治素质考察，推动师德师风建设常态化、长效化。健全教师荣誉制度，发挥典型示范引领作用。突出教育教学实绩。把认真履行教育教学职责作为评价教师的基本要求，引导教师上好每一节课、关爱每一个学生。规范高校教师聘用和职称评聘条件设置，不得将国（境）外学习经历作为限制性条件。把参与教研活动，编写教材、案例，指导学生毕业设计、就业、创新创业、社会实践、社团活动、竞赛展演等计入工作量。落实教授上课制度，高校应明确教授承担本（专）科生教学最低课时要求，确保教学质量，对未达到要求的给予年度或聘期考核不合格处理。强化一线学生工作，各级各类学校要明确领导干部和教师参与学生工作的具体要求。高校领导班子成员年度述职要把上思政课、联系学生情况作为重要内容。完善学校党政管理干部选拔任用机制，原则上应有思政课教师、辅导员或班主任等学生工作经历。高校青年教师晋升高一级职称，须至少有一年担任辅导员、班主任等学生工作经历。改进高校教师科研评价，突出质量导向，重点评价学术贡献、社会贡献以及支撑人才培养情况，不得将论文数、项目数、课题经费等科研量化指标与绩效工资分配、奖励挂钩。根据不同学科、不同岗位特点，坚持分类评价，推行代表性成果评价，探索长周期评价，完善同行专家评议机制，注重个人评价与团队评价相结合。探索国防科技等特殊领域教师科研专门评价办法。对取得重大理论创新成果、前沿技术突破、解决重大工程技术难题、在经济社会事业发展中作出重大贡献的人才，申报高级职称时论文可不作限制性要求。推进人才称号回归学术性、荣誉性。切实精简人才"帽子"，优化整合涉教育领域各类人才计划。不得把人才称号作为承担科研项目、职称评聘、评优评奖、学位点申报的限制性条件，有关申报书不得设置填写人才称号栏目。依据实际贡献合理确定人才薪酬，不得将人才称号与物质利益简单挂钩。

为深入贯彻落实中共中央、国务院印发的《关于全面深化新时代教师队伍建设改革的意见》和《深化新时代教育评价改革总体方案》，按照中共中央办公厅、国务院办公厅《关于深化职称制度改革的意见》的要求，进一步完善教师评价机制，激励广大高校教师教书育人，落实立德树人根本任务，推进高等教育内涵式发展，加快教育现代化，2020年12月，人力资源社会保障部、教育部印发实施《关于深化高等学校教师职称制度改革的指导意见》。

在制度体系方面，一是提出保持高校教师现有岗位类型总体不变，一般设有教学为主型、教学科研型等岗位类型，适应新时代教师队伍发展的需要，高校可根据自身发展实际，设置新的岗位类型。二是高校教师职称一般设置初级、中级、高级，其中高级分设副高级和正高级。初级、中级、副高级、正高级职称名称一般依次是助教、讲师、副教授、教授。有条件的高校可探索实行教师职务聘任改革，设置助理教授等职务。

在评价标准方面，一是严把思想政治和师德师风考核。贯彻习近平新时代中国特色社会主义思想，坚持社会主义办学方向，以理想信念教育为核心，以社会主义核心价值观为引领，把好思想政治关，将师德表现作为教师职称评审的首要条件。完善思想政治与师德师风考核办法，健全评价标准、体系及考核方案，提高考核评价的科学性和实效性。二是突出教育教学能力和业绩。高校应把认真履行教育教学职责作为评价教师的基本要求。加强教学质量评价，把课堂教学质量作为主要标准，严格教学工作量，强化教学考核要求，提高教学业绩和教学研究在评审中的比重。突出教书育人实绩，注重对履责绩效、创新成果、人才培养实际贡献的评价。三是克服唯论文、唯"帽子"、唯学历、唯奖项、唯项目等倾向。规范学术论文指标的使用，论文发表数量和引用情况、期刊影响因子等仅作为评价参考，不以 SCI（科学引文索引）、SSCI（社会科学引文索引）等论文相关指标作为前置条件和判断的直接依据。核心是评价研究本身的创新水平和科学价值。高校结合实际建立各学科高水平期刊目录和高水平学术会议目录。对国内和国外的期刊、高水平学术会议发表论文、报告要同等对待，鼓励更多成果在具有重要影响力的国内期刊和高水平学术会议发表。不得简单规定获得科研项目的数量和经费规模等条件。不得将出国（出境）学习经历作为限制性条件。不得将人才称号作为职称评定的限制性条件，职称申报材料不得设置填写人才称号栏目，取消入选人才计划与职称评定直接挂钩的做法。四是推行代表性成果评价。结合学科特点，探索项目报告、技术报告、学术会议报告、教学成果、著作、论文、标准规范、创作作品等多种成果形式，将高水平成果作为代表性成果。注重代表性成果的质量、贡献、影响，突出评价成果质量、原创价值和对社会发展的实际贡献以及支撑人才培养情况。注重质量评价，防止简单量化、重数量轻质量，建立并实施有利于教师潜心教学、研究和创新的评价制度。

在评价机制方面，一是分类分层评价。结合学校特点和办学类型，针对不同类型、不同层次教师，按照教学为主型、教学科研型等岗位类型，以及哲学社会科学、自然科学、工程科技等不同学科领域，基础研究、应用研究等不同研究类型，通用专业、特殊专业等不同专业门类，建立科学合理的分类分层评价标准。职业院校要强化技术技能要求，加强"双师型"教师队伍建设。二是创新评价方式。鼓励采取个人述职、面试答辩、同行评议、实践操作、业绩展示等多种灵活评价方式，完善同行专家评议机制，健全完善外部专家评审制度，探索引入第三方机构进行独立评价。给内、外部评审专家预留充足时间进行评鉴，引导评审专家负责任地提供客观公正的专业评议意见，提高职称评价的科学性、专业性、针对性。注重个人评价与团队评价相结合，考察团队合作及社会效益，尊重和认可团队所有参与者的实际贡献。探索国防科技、公共安全等特殊领域人才评价办法。三是建立重点人才绿色通道。引导教师主动服务国家重大战略需求，注重工作实绩，其工作成果不简单以发表论文、获得奖项等进行比较评价。对取得重大基础研究和前沿技术突破、解决重大工程技术难题、在经济社会事业发展中作出重大贡献的教师以及招聘引进的高层次人才和急需紧缺人才等，在严把质量和程序的前提下，可制定较为灵活的评价标准，申报高级职称时论文可不作限制性要求，畅通人才发展通道。四是完善信用和惩戒机制。建立申报教师、评审专家及相关人员诚信承诺和诚信信息共享机制。申报教师职称评审中存在弄虚作假、学术不端的，按国家和学校相关规定处理。因弄虚作假、学术不端等通过评审聘任的教师，撤销其评审聘任结果。引导建立学术共同体自律文化，建立完善评审专家的诚信记录、利益冲突回避、履职尽责评价、动态调整、责任追究等制度，严格规范专家评审行为。对违反评审纪律的评审专家、党政领导和其他责任人员，按照有关规定处理。五是健全聘期考核机制。科学合理设置考核评价周期，聘期考核与年度考核、日常考核相互结合，并适当延长基础研究人才、青年人才等考核周期，把考核结果作为调整岗位、工资以及续订聘用合同的依据，完善退出机制，实现人员能上能下、能进能出。

  在评审主体方面，一是下放职称评审权。高校教师职称评审权直接下放至高校，自主组织评审、按岗聘用，主体责任由高校承担。高校要加强对院系的指导和监管，院系要将符合条件的教师向上一级评审组织推荐。条件不具备、尚不能独立组织评审的高等院校，可采取联合评审、委托评审的方式。

高校自主制定教师职称评审办法、操作方案等评审文件，按相关规定进行备案。职称评审办法应包括教师评价标准、评审程序、评审委员会人员构成规则、议事规则、回避制度等内容。高校制定的教师评价标准不低于国家规定的基本标准，可结合实际明确破格条件。高校聘用研究人员等到教师岗位的，可结合实际制定职称评价具体办法。二是加强监管服务。按照高校教师职称评审监管办法，加强对高校教师职称评审工作的监管，开展业务指导，搭建平台，优化服务，为高校教师职称评审提供支持。定期按一定比例开展抽查，根据抽查情况、群众反映或舆情反映较强烈的问题，有针对性地进行专项巡查，并将抽查、巡查情况通报公开。对因评审工作把关不严、程序不规范，造成投诉较多、争议较大的高校，责令限期整改。对整改无明显改善或逾期不予整改的高校，暂停其自主评审工作直至收回评审权，并进行责任追究。加强职称评审信息化建设，探索推广在线申报和评审，简化申报信息和材料报送等相关手续。

在思想政治工作评审方面，一是规范思想政治理论课教师评审体系。思想政治理论课教师职称评审被纳入单列计划、单设标准、单独评审体系，高级岗位比例不低于学校平均水平。建立符合思想政治理论课教师职业特点和岗位要求的评价标准，注重考查教学工作业绩和育人实效，将在中央和地方主要媒体上发表的理论文章等纳入思想政治理论课教师职称成果评价范围。二是强化教师思想政治工作要求。将学生思想政治教育工作作为教师的基本职责，把教师课程思政建设情况和育人效果作为评价的重要内容。晋升高一级职称的青年教师，须有至少一年担任辅导员、班主任等学生工作经历，或有支教、扶贫、参加孔子学院及国际组织援外交流等工作经历，并考核合格。

在评审与聘用方面，一是高校根据国家有关规定自主设置岗位，结合岗位空缺情况开展教师职称评审，并将通过评审的教师聘用到相应岗位，实现教师职称评审与岗位聘用有效衔接。二是对此次改革前本高校评审通过、已经取得高校教师职称但未被聘用到相应岗位的人员，有关地方和高校要结合实际研究具体办法，妥善做好这部分人员择优聘用等相关工作。

党的十九大后，中共中央、国务院相继颁布《关于深化职称制度改革的意见》(2017)、《关于深化项目评审、人才评价、机构评估改革的意见》

(2018)、《关于全面深化新时代教师队伍建设改革的意见》(2018)、《深化新时代教育评价改革总体方案》(2020)、《关于深化高等学校教师职称制度改革的指导意见》(2020),明确提出新时代高校教师职称改革的方向,即破除高校教师职称评审的"五唯",落实自主评审,高校教师职称评审权直接下放到高校,科学设立人才评价指标。随着国务院"简政放权"改革的推进,高校职称评审自主权进一步加大,山东大学、北京大学等对职称改革进行了有益探索,诸如"有限聘期""末位淘汰""非升即走""教授会评议"等举措为社会各界所热议。

第二节 职称制度演变的内在逻辑

新中国成立后,我国的职称评审制度历经 70 余年,经历了多个阶段,每个阶段都适应了当时的经济社会发展水平,表现为一种"适应性"的变迁逻辑。通过查阅刘尧的《高等学校教师职称制度变革透视——从〈高校教师职称评审监管暂行办法〉谈起》,文少保、蒋观丽的《高校教师职称评审制度变革的历史制度主义分析》和李晓曼、许实年、熊细滚的《高校教师职称制度的历史演变与改革路径》等文献资料,可以初步了解高校职称制度演变的内在逻辑。在整个高校教师职称评审制度的改革与发展过程中,有两条关系线贯穿始终,一条是学校与政府的关系,另一条是教师职称评聘关系。学校与政府的关系经历了集权到分权的多次反复,总的来说,就是学校本位还是政府本位的问题。教师职称评聘关系经历了按职务任命—职务聘任—岗位聘任的走向。教师职务任命制适应于计划经济时代,教师职务聘任制、教师岗位聘任制是为了满足市场经济的需要应运而生的,分别以职务聘任和岗位聘用为基础,其内在逻辑是逐步由政府任命的静态过程转向由市场调节为主的动态变迁。当然,高校教师职称改革的动态过程,都是通过政府主导的形式来实现的,属于制度变迁过程中的集权治理惯性,但无可否认的是,政府主导下的高校教师职称制度改革,使高校治理的政治性逐渐消退、学术性逐渐增强。

一、职称制度的变革逻辑

我国高校教师职称评审制度变迁受制于政治因素、经济因素、文化因素的影响：政治上体现国家的意志，经济上体现国家指令的计划经济，文化上体现国家主义、集体主义的意识形态。这些制度的初始选择将在历史发展中长期影响制度的变迁。

第一，政治因素。高等教育管理体制的中央集权。国家理论是诺斯的制度变迁理论的基石，因为是国家界定产权结构，国家理论是根本性的。长期以来，受"苏联模式"的影响，我国高等教育管理体制采取的是中央集权模式。高等教育管理权归属政府，所有的高等院校由政府资助和管理。改革开放时期，为发挥职称评审的激励和约束功能，激发教师队伍的学术创新活力和动力，政府由微观管理转向宏观调控。然而，尽管政府将权力下放给中国高等教育带来了一些新变化，但国家对大学管理的主导地位并没有改变。同时，公办高校的"正式编制"人事制度，导致教师职称评审的实质为"身份评审"，反映的是职称终身化的特征，职称晋升的高校教师缺乏继续努力的动力和压力，教师职称评审的激励和约束功能被弱化。而岗位聘用制时期，高校"行政化倾向"导致的权力依附使教师职称评审仍受政治因素的制约。

第二，经济因素。政府以行政手段配置教育资源。教师职称评审还与一国的经济发展水平相关。在缺乏经济自由的情况下，人们甚至没有选择合约方式的权利。新中国成立初期，我国主要实施以国家指令计划调控经济生活的计划经济，经济运行方式的计划调控直接体现国家的意志。在我国教师职称评审中，一方面，高校的权力相对较小，由政府单一主体直接把控，这些与计划调控的经济体制紧密相关；另一方面，政府以行政手段配置教育资源直接制约了高校教师职称的评审，社会市场参与的机会很少。改革开放以来，经济持续高速发展，国家百业待兴，迫切需要大量人才参与国家建设，高校教师群体顺势直接或间接参与到了其中，促进了我国高校教师聘任制度的相应调整和完善。岗位聘用制时期，政府进一步下放办学权，由高校自主进行教师职称评审，但是如此一来又加深了高校对教师聘任资格的认定成本以及高校内部自治疲软的矛盾，政府无法做到真正的权力下放。

第三，文化因素。大学自主办学的文化传统缺失。从文化中衍生的非正规规则在制度的渐进式演进中起重要作用。政治条件下形成的规章、制度、规则及合约形成正规规则，具有即时性的特点；文化中衍生的非正规的规则具有固守性的特点。正所谓"江山易改，本性难移"，非正规规则可能不会立即对改正的正规规则的变迁作出迅速的反应，反而还会与正规规则产生"对立"，这将导致正规规则陷入渐进性变迁之中。政府介入教师职称评审实施，造成了部分评审制度僵化、教师不思进取的弊端。从改革开放至今，主要为国家主义与大学自治、学术自由并存时期。这一阶段，政府认识到大学本质属性在于学术性，高校也获得了更多办学自主权，可以在确保公平的前提下，激发教师队伍的学术创新活力和动力。因为国家主义的文化基础已经被最初选定，与此相伴随形的非正规规则也已悄然建立，这些非正规规则的有效性可能会降低信息、监督和实施成本。但是有一些非正规规则比如"学而优则仕""行政权力本位""长官意识""人情关系"等，无一不在违背大学办学精神。毕竟正如蔡元培先生所说："大学为纯粹研究学问之机关，不可视为养成资格之所，亦不可视为贩卖知识之所。"

二、职称制度的变革宗旨

如何认可教师的成就以及如何激励教师的发展，应该是高校教师职称制度的变革宗旨。职称对高校教师而言，不仅代表自身的水平被认可，也是个人的一种荣誉称号，还影响着薪酬待遇以及职业发展。我国不断改革和完善高校教师职称制度，改善了教师的生活待遇，激发了教师的工作积极性，提高了教师队伍的整体水平。

第一，职称代表教师的水平。职称是高校教师学术水平和教学能力的等级符号，是高校教师的一种任职资格而不是职务。一般来讲，职称是从事教学与科研的高校教师达到一定工作年限、取得一定工作业绩后，经过评审授予的任职资格，是高校教师学术水平、教学水平的显性标志。随着我国高等教育事业的发展，曾经出现过对教师的学术和教学水平评价与岗位聘任分离的情况（即"评聘分离"），职称的概念也因此发生了一些变化，聘任的岗位称为专业技术职务（即职务），而教师的学术和教学水平则以专业技术职务的任职资格来标识（即职称）。也就是说，职称代表着一个教师的学术和教学水平以及工作成就，是其专业素质被社会普遍接受、认可的表现。对高校教师来说，职称也是其获取工资福利、职位升迁与聘任专业技术职务的基本依据。

第二，职称包含教师的责任。新中国成立以来，我国大学教师主要分成教授、副教授、讲师、助教四级。其中，助教的主要职责是协助教学；讲师的主要职责是独立开设一门或一门以上课程；副教授的主要职责是在开课的基础上，对本学科有充分了解，主持研究项目并把最新的研究成果转化为教学资源；教授的主要职责是带领所研究和教学的学科发展，是高校里的学科带头人。

第三，职称激发教师的活力。高校教师职称制度是高校评聘教师职称的依据、程序以及权力主体等的总和。职称不仅是每个高校教师业务水平、工作能力的显性标志，也是事关高校师资队伍建设的一项重要内容。作为高校人力资源管理的核心内容与关键环节，职称制度改革对教师个人职业发展和学校教师队伍建设，乃至高等教育发展都具有很大影响。具体来说，职称制度对于调动高校教师立德树人的积极性，激发其科学研究的创造力，促进学术创新、科技进步和生产力发展等都具有重要的作用。职称制度改革事关高校教师评价与资源分配，也影响到高校的风清气正乃至健康发展。因此，新中国的高校教师职称制度改革脚步从未停歇，中国特色社会主义建设进入新时代，亟待与时俱进地探索能激发教师积极性的职称制度。

三、职称制度的变革取向

从我国高校教师职称评审制度变革来看，分类管理是高校教师职称制度的变革取向。由于过去的评审主体行政化、评审标准统一化、教师职称身份化等不合理、不科学的评聘机制已经导致一些教师学风不端与学术腐败，甚至教师遴选的"逆向淘汰"现象时有发生。因此，评审主体从政府转移到高校、评审标准从统一转变为多元的职称分类管理应运而生。

第一，职称评审主体演变。新中国的高校教师职称制度经历了任命、评定、聘任的演变过程。1949年至20世纪60年代中期，教师职称由组织部门进行考核和任命，提升副教授需要高教部审批。1978年，提升副教授改由省级政府批准。1986年，我国开始实行教师职务聘任制（评聘结合）[①]，部分高校获得了教授、副教授评审权。1991年，我国进行教师任职资格评审和职务聘任分开试点（即"评聘分离"）。1994年，职称概念因国家引入专业技术人员职业资格证书制度而有所变化，自此职称制度变革已包含专业技术职务、专业技术职称（资格）、执业资格等广义的职称概念，狭义的职称概念则是专指专业技术职称（资格）[②]。2000年，我国按照"按需设岗、公开招聘、严格考核、平等竞争、择优聘用、合同管理"的原则，全面推行高校教师职务聘任制。

第二，教师职务分类设岗。2007年之后，高校逐步由身份管理向岗位管理转变，实行职务聘任与岗位聘任相结合的制度。教育部提出，各高校可以根据教师在科研和教学等多方面所承担的主要职责对教师岗位进行分类管理的探索，在教师岗位中设置教学科研型岗位、科研为主型岗位和教学为主型岗位等。教师职称的分类评审充分发挥了教师工作的积极性和创造性。党的十八大以来，随着政府进一步简政放权、扩大教师职称评审权，新时代高校实施的自主评聘职称制度已经成为各级政府深入推动教师职称制度改革的重要举措。

第三，教师分类管理改革。中共中央办公厅2012年颁布的《关于深化科技体制改革加快国家创新体系建设的意见》提出，要"规范和完善专业技术职务聘任和岗位聘用制度，扩大用人单位自主权"。2015年，《关于深化科技体制改革实施方案》再次强调，要"推进公益类科研院所分类改革，落实科研事业单位在编制管理、人员聘用、职称评定、绩效工资分配等方面的自主权"。同时，国家还鼓励高校和科研院所强化科研活动分类考核，进行自主设立科研岗位试点，推进科研人员聘用制度改革。高校教师职务聘任制的实施对提高教师队伍的整体素质、调动广大教师的积极性发挥了积极作用。现在，高校已经初步形成了一套包括基层单位推荐、学校评审、公示、审批等各个

---

① 刘尧. 高校职称评审制度改革的背后 [J]. 民主与科学, 2015 (6): 36-40.
② 李建钟. 论职称制度改革 [J]. 中国人力资源开发, 2010 (11): 72-76.

环节在内的规范化评审推荐程序。

四、职称制度的变革内容

从《中华人民共和国高等教育法》的规定来看,"高等学校应当面向社会,依法自主办学,实行民主管理"。也就是说,职称评审权属于高校办学自主权的范畴。为进一步落实《中华人民共和国高等教育法》,把教师职称评审权下放到高校,有利于高校设计符合本校实际的职称评聘机制,促进不同类型教师的多样化发展。

第一,职称评审权逐步下放。高校教师职称评审权经历了一个逐渐由上向下转移的过程,先是中央政府向省级政府转移教授、副教授的审批权,而后是政府向高校转移教授、副教授的评审权。事实上,高校教师职称评审权一直在不断下放中。比如,20世纪90年代后期,上海就开始下放这一权力,不过在人数总额上有所控制;北京高校的副教授职称也由市里评审下放到了学校评审。《国家中长期教育改革与发展纲要(2010—2020年)》就提出要发挥高校在教师职称评审方面的作用。新时代随着政府简政放权,所有高校均已获得教授、副教授的评审权。政府下放到高校的教师职称评审权,对于教师职称制度带来了诸多变革,从标准制定、程序再造、组织评审到结果确定都由高校实施与掌控,对高校教师管理工作提出了新的挑战。①

第二,职称管理趋于评聘结合。高校教师职称制度无论是前期的只评不聘、评聘结合、评聘分开,还是近期的岗位聘任、自主评聘,评审在逐渐被聘任取而代之。过去的职称制度让许多教师过于关注评职称,因为一旦评上职称就会按职称享受相应的待遇,职称成了教师的一种身份。许多教师为获得此身份,不得不按有关职称评审的条件,脱离岗位要求去进行准备。高校自主评聘职称则是以聘任合同的形式,把任职条件、岗位设置、招聘过程、任用管理、争议处理等环节与双方的权利、责任、义务组合而形成的评聘制度,避免了以往"评聘分离"导致职称拥有者超过岗位所需数量的情况。高

---

① 刘金松. 高校教师职称评审权下放逻辑、变革与瓶颈 [J]. 中国高教研究,2017(7):81-86.

校自主评聘职称之后,职称评聘的前置条件则是岗位需要,学校首先要核定所需岗位数量与结构比例,然后在不降低评审标准的情况下,实现教师职称评聘的有机结合。

第三,职称评聘的标准多元化。高校教师职称评审标准从注重品德到注重德才兼备,再到以科研水平与教学水平为要,最终演变成以论文、著作、项目和获奖数等为重。过去这种统一的标准便于政府进行职称评审管理,并在一定程度上也维护了职称评审的过程公平。然而,随着高校类型的多样化,统一的评审标准逐渐难以适应不同类型高校教师的差异性,实质性的职称评审公平很难保证。近年来,我国实行的高校教师职称分类评聘制度,对于不同类型教师的科研水平与教学水平有不同要求,从相对统一的标准转变为具有高校特色的多元化标准。自主评聘职称之后,在高校有权依据自身类型与定位以及教师队伍状况制定适切性评审标准的同时,也带来了评审标准的科学性存疑和监督困难等潜在问题。

五、职称制度的变革核心

从政府进行审批走向实施监管的演变来看,评聘权责一直处于高校教师职称制度变革的核心位置。党的十八大以来,中共中央把转变政府职能作为全面深化改革的关键。党的十九大又明确提出,要深化简政放权,转变政府职能,创新监管方式。下放教师职称评审权至高校并加强监管,是高等教育领域推进"放管服"改革的根本要求。

第一,职称评审放管结合。2017年以来,国务院持续推进"放管服"改革,先后取消政府对副教授、教授评审权的审批,把教师职称评审权下放到了高校,由高校自己组织职称评审、自主评价、按岗聘用。政府下放评审权只是手段不是目的,促进高校在政府宏观指导和法律法规框架下进行自主办学才是目的。《高校教师职称评审监管暂行办法》的出台,一方面使高校获得了职称评审权,另一方面使政府加强了必要的监管,切实保证了"放而不乱、管而不死"。政府在放权的同时完善了相关制度,进一步助推职称评审的公平正义。《高校教师职称评审监管暂行办法》还明确提出了"放管结合"的有效保障机制，即以高校自律作用机制促进评审的起点公平，以评审标准的合理化促进评审的机会公平，以强化各方的监督机制促进评审的过程公平，以制度化的申诉机制保证评审的结果公平。

第二，职称评审权责统一。习近平总书记多次强调，权力就是责任，责任就要担当。权力和责任是一个整体的两个面，有权无责会造成权力的滥用，造成不切合实际和不负责任的瞎指挥；有责无权或缺乏充分的权力，又失去了实现目的的主要手段，必然导致工作效率低下或难以负起应有的责任。责权统一才是能干事、干实事的有效法宝。政府下放教师职称评审权到高校，除了凸显高校作为教师职称评审主体的权责统一外，还体现了教师个体价值、学校价值和社会价值导向的统一，以及高校自主办学和坚持社会主义办学方向的统一。高校要根据政府有关规定制订本校的岗位设置方案和管理办法，要根据学校发展定位、发展水平、发展特色等自主制定职称评审标准、评审办法、评审程序等评审文件，并在设定的岗位结构比例内自主组织教师职称评审并按岗聘用。

第三，职称评审权力监管。对于高校教师职称评审，政府走过了从审批到监管的变革之道。随着政府教育行政部门的职能转变，高校与政府之间的权力边界也逐渐明晰，双方的权利义务得到了较好的区分。虽然说教师职称评审权属于高校自主权范畴，但并不是说高校的自主权行使可以不受政府的任何制约。自主权一旦出现被高校滥用的现象，政府作为监管者有权且有责任采取必要的行政手段给予纠正和惩处。

六、职称制度的变革归宿

习近平总书记曾经强调，要发挥好人才评价"指挥棒"的作用，为人才发挥作用、施展才华提供更加广阔的天地，让作出贡献的人才有成就感、获得感，因此，职称制度变革的最终归宿应该是高校自主评聘。

第一，自主评聘要与时俱进。作为高校自主权的教师职称评审权回归高校，不仅有利于强化高校作为学术共同体的凝聚力，也有助于高校根据自身实际情况选人用人，对完善高校内部治理体系与提升治理能力都有很重要的作用。另外，长期以来，终身制的高校教师职称是与福利待遇紧密挂钩的，学校难以对已经获得职称者尤其是教授的聘后实施有效管理。自主评聘职称之后，学校就有权力革除教师职称终身制带来的弊端，加强对教师聘后的动态管理，切实执行教师职务聘任制。这无疑对促进教师与时俱进地更新教学理念、锤炼教学能力、提高教学水平，以及增强科研意识、加大科研力度、提升学术水平等都具有激励效应。高校在教师聘后管理方面，也可以不断地探索适当的教师退出机制，提升教师队伍的整体水平。

第二，自主评聘要促进发展。高校教师职称评审涉及个体、高校和社会三个方面。将高校教师评价的"指挥棒"由政府归还给高校的同时，强调高校在进行教师职称评审过程中要坚持师德师风"一票否决"等有关政策，坚持正确的政治方向、价值取向、学术导向等，确保在贯彻落实党的教育方针与社会主义办学方向的原则立场下做好教师职称评审工作。高校自主评价教师，有利于破除"唯学历""唯资历""唯论文"等制度性藩篱，进而促进教师的发展向着"自由而全面"的目标迈进，引导广大教师以德立学、以学施教，充分体现人才的个体价值和理想追求。在此基础上，高校还应该自觉地检视自己对社会、对知识、对自身的使命与担当，营造让教师聚精会神地追求个体价值、探寻真理的环境，进而促进高校、学术与社会的健康发展。

第三，自主评聘要不降标准。职称评审权下放到高校后，会不会出现"刷职称"问题？这的确是有可能的。虽然政府要求高校严把质量评审关，但不同高校的评审标准多元化后，很容易会出现这个问题，这也会牵扯到高校之间职称是否互相承认的问题。因此，如何确保自主评聘后各高校设定的职称数量合理、评选条件科学，无疑是对高校职称评审权有效落地生根的考验。由于自主评聘职称采用的是相对评价方法，职称评审有变成赤裸裸的名额竞争而忽视评价教师学术与教学水平的风险。对此，高校自主评聘职称要制定基本标准并以制度的形式固定下来，以避免因职称指标的多少或因申报者的权力高低而随意更改标准的情况发生。这样既可以保证被评聘的教授、副教授保持基本的学术与教学水平，又可以为青年教师职业发展树立较好的参照标准。

第三节　河北高校教师晋升激励的优化

对河北高校职称管理相关政策进行梳理，结合实际分析探讨河北高校职称改革成效与存在的主要问题，提出高校教师晋升激励优化的具体举措。

一、河北高校职称管理相关政策

（一）中共河北省委、河北省人民政府《关于深化人才发展体制机制改革的实施意见》

2016年7月，中共河北省委、河北省人民政府《关于深化人才发展体制机制改革的实施意见》印发实施，指出要制定深化职称制度改革的实施意见，合理界定和下放职称评审权限。省属骨干本科院校和科研单位、有条件的省委管理领导人员企业可自主评审主系列正高级及以下职称，有硕士授权的普通本科院校可自主评审主系列副高级及以下职称，评审结果报省职改办备案。紧缺急需和贡献突出的优秀人才，可实行高级职称直评直聘制度。

（二）河北省职改办《关于下放职称申报评审权限加强事中事后监管的通知》

2015年，河北省在13所省属骨干本科院校、6所有硕士学位授予权的本科院校、省委党校、3所省级科研单位、5个省委管理领导人员企业开展主系列职称自主评审。为贯彻落实国家简政放权、放管结合要求和省委《关于深化人才发展体制机制改革的实施意见》精神，2016年7月，河北省职改办印发《关于下放职称申报评审权限加强事中事后监管的通知》，在省属高校、科研院所、国有大型企业自主开展职称评审基础上，探索推动医院、民营企业等单位自主开展职称评审，逐步将高级职称评审权限下放到符合条件的市或社会组织。对于开展自主评审的单位，政府不再审批评审结果，改为事后备案管理。

在下放申报评审权限方面，一是下放职称申报评审资格审查权限。高级职称申报资格审查，由省职改办下放到省直部门、各市职改办负责；中级职称申报资格审查，由各市下放到市直部门、县（市、区）职改办负责；定州市、辛集市职改办组织本地高、中级职称申报资格的审查；自主评审单位组织本单位主系列（专业）高、中级职称申报资格的审查。其他部门不再重复组织申报资格审查。二是下放职称评审权限。省属骨干本科院校，开展主系列（高等院校教师系列）教授及以下任职资格自主评审；有硕士授权的普通本科院校，开展主系列（高等院校教师系列）副教授及以下任职资格自主评审；省级科研单位，开展主系列（研究系列）研究员及以下任职资格自主评审；有条件的省委管理领导人员企业，开展主系列（工程系列）主专业正高级工程师及以下任职资格自主评审。

在申报推荐数量控制方面，坚持按岗申报推荐原则，合理控制全省申报推荐总量和用人单位申报推荐数量。对高、中级岗位空缺较多的单位，合理控制申报推荐数量，有计划地每年根据工作需要申报推荐，逐步控制到岗位设置比例限额内。对现有任职资格人数达到或超过相应岗位设置数20%的单位，原则上不再组织申报推荐。因专业技术人员密集且申报人员业绩突出确需申报推荐的，仅限于本单位主系列，经单位申请，同级人社职改部门批准后可组织申报推荐，但比例要严格控制在相应级别岗位设置数的30%以内。对待聘人员数量超出相应岗位数量的30%，已连续2年没有申报推荐的单位，由单位提出申请，经同级人社职改部门批准可适当增加主系列的申报推荐数量，重点解决工作业绩突出、任职时间长、年龄偏大的专业技术人员。

河北省职改办印发《关于下放职称申报评审权限加强事中事后监管的通知》充分发挥用人主体在职称评审中的主导作用，科学界定并合理下放职称评审权限。2016年、2017年先后对省属骨干本科院校、有硕士授权的普通本科院校、省级科研单位、省委管理领导人员企业和民营企业下放了职称评审权限，由这些单位开展主系列职称自主评审。随着改革的深入发展，为充分发挥用人主体在职称评审中的主导作用，进一步扩大自主评审范围，2018年起，将高校教师职称评审权直接下放至省内113所普通高校和4所成人高校，由高校自主组织高校教师系列正高以下职称评审，条件暂不具备、尚不能独立组织评审的高等院校，可采取联合评审的方式。

(三)河北省人社厅《河北省推进科研人员职称分类评价实施细则（试行）》

为贯彻落实河北省委、省政府《关于深化人才发展体制机制改革的实施意见》精神，进一步创新人才培养选拔方式，分类推进人才评价机制改革，为作出突出贡献的科研人员建立职称评聘"绿色通道"，2016年12月，河北省人社厅印发《河北省推进科研人员职称分类评价实施细则（试行）》，充分发挥人才评价导向激励作用，创新人才评价机制，为科研人员畅通职业发展通道。

《河北省推进科研人员职称分类评价实施细则（试行）》规定，畅通高层次、急需紧缺、特殊贡献人才晋升职称的绿色通道，采取一事一议，一人一策的方式，不拘一格选拔人才，对特殊人才采取特殊方式进行评价，为特殊人才评审相应职称，可按照特设岗位予以聘用。该细则适用于从事自然科学研究，并在基础研究、应用研究、成果转化等方面作出突出业绩的专业技术人员。对这些人员，不受学历、专业技术职务任职年限、任职资格限制，可通过绿色通道，直接申报评审副高级、正高级职称。符合规定条件的人员，由单位或专家推荐，各市或省直主管部门审核，报省职改办确认后，随时组织专家进行评审，可按照特设岗位予以聘用。

(四)中共河北省委办公厅、河北省人民政府办公厅《关于深化职称制度改革的实施意见》

深入贯彻习近平总书记系列重要讲话精神，特别是关于人才工作的重要论述，紧紧围绕省第九次党代会提出的实施"人才兴冀工程"战略部署，着眼于破除束缚人才发展的体制机制障碍，坚持党管人才原则，遵循人才成长规律，把握职业特点；坚持以用为本、服务发展和问题导向，充分发挥人才评价"指挥棒"作用，根据中共中央办公厅、国务院办公厅印发的《关于深化职称制度改革的意见》（中办发〔2016〕77号）有关精神，2017年5月，中共河北省委办公厅、河北省人民政府办公厅《关于深化职称制度改革的实施意见》印发实施，在职称分类评价标准、创新评价机制、改进服务方式、促进职称评审与人才培养使用紧密结合等方面进行了明确规定。

在评审标准方面,一是突出评价专业技术人才职业道德。坚持德才兼备、以德为先,把品德作为专业技术人才评价的首要内容,重点考察职业道德。用人单位通过个人述职、考核测评、民意调查等方式全面考察专业技术人才的职业操守和从业行为。完善职称申报评审诚信档案和失信黑名单制度,健全诚信承诺和失信惩戒机制,实行学术造假"一票否决"制,倡导科学精神,强化社会责任,坚守道德底线。二是突出评价专业技术人才能力素质。按照国家确定的职称系列,以及各系列层级均设置到正高级的要求,根据河北省不同职业、不同岗位、不同层次人才特点和职责,坚持干什么评什么,重能力、重水平、重实践,合理设置和使用职称评审中的论文、科研成果等评价指标,实行差别化评价。长期在县(市、区)及其以下企事业单位工作的专业技术人才,以及实践性强、操作性强、研究属性不明显的职称系列(专业),对论文和科研成果不作为必备条件,主要评价其爱岗敬业、履职尽责、工作能力、工作业绩、工作年限等,探索以专利成果、项目报告、工作总结、工程方案、设计文件、教案、病历等视同论文、科研成果要求。对学术性、原创性、研究属性较强的职称系列(专业),试行代表作制度,注重论文、科研成果、作品的质量,淡化数量要求。对职称外语、计算机应用能力考试不作统一要求,确需评价外语、计算机应用能力水平的,由用人单位和主管部门自主确定。三是突出评价专业技术人才业绩贡献。围绕建设创新型河北目标,以服务发展为导向,重业绩、重贡献、重创新,增加技术创新、专利发明、成果转化、技术推广、标准制定等评价指标的权重,将科研成果取得的经济效益和社会效益作为评价重要内容,完善河北省人才分类评价标准。用人单位在省标准基础上制定本单位具体量化标准。对自然科学人才,从事基础研究的,重点评价其解决重大科学问题能力和成果的原创性、科学价值、学术水平和影响等;从事应用研究和技术开发的,重点评价其技术创新与集成能力、取得自主知识产权和重大技术突破及对河北省产业发展的实际贡献等。对哲学社会科学人才,从事理论研究的,重点评价其在推动理论创新、传承文明、学科建设等方面的业绩贡献;从事应用对策研究的,重点评价其解决河北省经济社会发展重大现实问题、为党和政府决策提供服务支撑等方面的业绩贡献。对教育教学人才，坚持立德树人，把教好书、育好人作为教师评价的核心内容，重点评价其教育教学水平和培养学生实绩。对医疗卫生人才，把会看病、看好病作为评价的主要内容，重点评价其临床实践能力。对工程技术人才，重点评价其提高工程质量、推动技术创新、解决技术难题、制定行业标准等方面的业绩贡献。对农业技术人才，重点评价其服务"三农"、促进农业增效农民增收农村增绿等方面的业绩贡献。对财经人才，重点评价其服务经济社会发展、行业引领作用、创造价值能力和创造经济效益实绩。对文化艺术人才，重点评价其在弘扬社会主义核心价值观，挖掘和推广燕赵文化艺术等方面的业绩贡献。对长期在艰苦边远地区和基层一线工作的专业技术人才，侧重评价其实际工作业绩，适当放宽学历和任职年限要求。

在评审机制上，主要是丰富职称评审方式。完善以同行专家评价为基础的业内评价机制，注重引入市场评价和社会评价。对基础研究人才评价以同行学术评价为主，对应用研究和技术开发人才突出市场和社会评价，对哲学社会科学研究人才重在同行认可和社会效益。可选择采用考试、评审、考评结合、考核认定、个人述职、面试答辩（说课）、实践操作、业绩展示等评价方式，对人才进行综合评价，提高职称评审的针对性和科学性。探索利用大数据、云计算等信息技术手段，为多维度评价人才提供依据。实行量化评审，把专业水平、工作业绩、实践经历、考核结果、面试答辩（说课）等作为职称量化计分的重要内容。晋升高级职称实行全员面试答辩（说课），其权重一般不低于量化计分的30%。逐步扩大考评结合的职称系列（专业）范围。完善基层专业技术人才职称"定向评审、定向使用"制度，试行单独分组、单独评审。按照国家规定的职称和职业资格对应关系，专业技术人才取得职业资格即可认定其具备相应系列和层级的职称，并可作为申报高一级职称的条件。

在职称评审与人才培养使用上，强调促进职称评审与人才培养使用相结合。一是推进职称评审与专业技术人才继续教育制度相衔接，加快专业技术人才知识更新，专业技术人才要主动接受本专业的业务培训、合作交流、国际会议等多种形式的非学历继续教育，按规定将继续教育情况作为专业技术人才考核评价、岗位聘用的重要依据；结合"万名专家服务基层行动计划"，依托科技特派员、万名医师支援农村卫生、城市教师支援农村教育等项目，引导专业技术人才到基层锻炼，逐步将基层工作经历作为职称评聘的条件。二是促进职称制度与岗位聘用有效衔接。坚持评以适用、以用促评，实现职称评审制度与各类专业技术人才聘用、考核、晋升等用人制度相衔接。事业单位要在岗位结构比例内开展职称评审。有空岗的事业单位，要严格落实聘用政策，及时开展岗位聘用并按所聘岗位兑现相关待遇，做到人岗相适、能上能下。企业和通用性强、广泛分布在各社会组织的职称系列以及新兴职业，可采用评聘分开的方式。根据行业发展需求，优化事业单位岗位设置。完善基层专业技术人才职称评聘政策，适当提高基层单位岗位结构比例，逐步推行县（市、区）域内教育、卫生、农业等专业技术岗位统筹使用，并向乡（镇、街道）、农村（社区）倾斜。围绕雄安新区建设、京津冀协同发展、冬奥会筹办、世界一流大学和一流学科建设、大气环境治理等重点工作，健全高层次人才职称聘用政策，适当提高专业技术岗位结构比例，激励高层次人才创新创业。规范"双肩挑"专业技术人才职称申报和聘用管理，落实高级职称人员延长退休相关政策。

（五）河北省人社厅、河北省教育厅《关于深化高等学校教师职称制度改革的实施方案》

中共中央、国务院印发的《关于全面深化新时代教师队伍建设改革的意见》《深化新时代教育评价改革总体方案》和人力资源社会保障部、教育部出台的《关于深化高等学校教师职称制度改革的指导意见》等文件对深化高校教师职称制度改革、创新职称评价机制、建设高素质专业化创新型教师队伍作出部署。根据上级文件有关精神，2021年6月，河北省人社厅、河北省教育厅《关于深化高等学校教师职称制度改革的实施方案》（以下简称《实施方案》）发布实施，从评价标准、评价机制、规范自主评审、优化思想政治工作评审、推行评聘结合等五方面对河北省职称工作进行了明确规定，与以往政策相比具有以下几个特点：

一是把品德放在首位。坚持以师德为先、以教学为要、以育人为本，不断提升师德师风要求,《实施方案》明确提出将师德表现作为教师职称评聘的首要条件。落实《新时代高校教师职业行为十项准则》和河北省关于师德师风建设的有关要求,坚持师德考核档案制度、师德考核负面清单制度、师德承诺制度,健全失信惩戒机制,引导广大教师以德立身、以德立学、以德施教。

二是突出教书育人实绩。《实施方案》提出把认真履行教育教学职责作为评价教师的基本要求,激励广大高校教师教书育人。一是加强教学质量评价,把课堂教学质量作为主要标准,多维度考评教学规范、教学运行、课堂教学效果、教学改革与研究、教学获奖、教学资源建设等教学工作实绩。二严格管理教学工作量,把承担一定量的本(专)科教学工作作为教师职称评聘的必要条件。三是落实教授为本(专)科生上课制度,明确承担本(专)科生教学最低课时要求。

三是强化业绩贡献。《实施方案》根据教师岗位类型增加原始创新、技术攻关、发明专利、成果转化、技术推广、标准制定、决策咨询、公共服务等评价指标的权重,将科研成果转移转化取得的经济效益和社会效益作为职称评聘的重要内容。鼓励原始创新和聚焦国家和省重大需求,引导教师主动服务创新驱动发展战略和地方经济社会发展需要。

四是克服"五唯"倾向。《实施方案》明确提出要克服"唯论文、唯帽子、唯学历、唯奖项、唯项目"等弊病,引导广大高校教师将主要精神力集中到教书育人的本职工作上来。第一,规范学术论文指标的使用,论文发表数量和引用情况、期刊影响因子等仅作为评价参考,不以SCI(科学引文索引)、SSCI(社会科学引文索引)等论文相关指标作为前置条件和判断的直接依据,核心是评价研究本身的创新水平和科学价值。第二,对国内和国外的期刊、高水平学术会议发表论文、报告要同等对待,鼓励更多成果在具有重要影响力的国内期刊和高水平学术会议发表。第三,不得简单规定获得科研项目的数量和经费规模等条件。第四,不得将出国(出境)学习经历作为限制性条件。第五,正确认识和规范使用人才称号,不得将人才称号作为职称评聘的限制性条件,职称申报材料不得设置填写人才称号栏目,不得将入选人才计划与职称评聘直接挂钩。

五是分类分层评价。《实施方案》针对不同类型、不同层次教师,按照教学为主型、教学科研并重型、科研为主型、社会服务为主型等岗位类型,提出各有侧重的评价标准,确保职称评价科学客观公正。各高校要针对哲学社会科学、自然科学、工程科技等不同学科领域,基础研究、应用研究等不同研究类型,通用专业、特殊专业等不同专业门类,制定不低于省定条件且科学合理的分类分层评价标准。职业院校要强化技术技能要求,加强"双师型"教师队伍建设。

二、河北高校职称改革成效与存在的主要问题

(一)职称改革成效

按照中央和河北省关于人才评价改革的部署要求,河北省人社厅积极探索实践职称制度改革新思路、新举措、新方法,充分发挥职称评价"风向标""指挥棒"作用,有效激发各类人才创新创业活力,努力实现职称制度改革与河北省经济社会发展同频共振,专业技术人才成就感、获得感持续增强。河北职称改革成效主要有以下几个方面。

一是畅通职称申报渠道。进一步打破户籍、地域、所有制、身份、档案、人事关系和体制内外等限制,凡在河北工作的专业技术人才,全部纳入职称申报评审范围,都可以在河北晋升职称。

二是提高评价科学化水平。坚持干什么评什么,对专技人才实行分类评价,根据不同行业领域、不同职称级别、不同单位性质和人才发展特点,修订完善27个系列63个专业职称评价标准,逐步扭转片面强调学历、资历、论文、奖项的倾向,强化重品德、重能力、重业绩、重贡献的评价导向,鼓励各级各类人才脱颖而出。

三是进一步向用人主体放权,为人才松绑。把职称评价和简政放权有机结合起来,开展职称自主评审,更好发挥高校、医院、科研机构、企业等用人单位的主体作用。在教育领域,全面下放高等院校职称自主评审权,全省113所普通高校、4所成人高校实现自主评审全覆盖;在卫生领域,对全省17

所三甲医院实行医院自主评审；在科研领域，结合河北省科技体制改革，向3家省级科研单位下放职称自主评审权；在工程领域，向6家国有大型企业、4家大型民营企业下放职称自主评审权。职称评审权下放后，进一步激发了用人主体和专技人才创新创业的积极性。

四是进一步引导人才向基层一线和艰苦边远地区流动。深入实施基层专业技术人才职称评审改革，对乡村中小学教师、乡镇卫生院和社区卫生服务机构医护人员实行职称"定向评审、定向使用"，即在哪里评在哪里有效在哪里使用，在申报时不受岗位结构比例限制，评审时单独设立评审组，单独设立通过率。鼓励人才扎根基层、服务基层，促进人才资源优化配置。

五是坚持特殊人才有特殊政策，避免一把尺子衡量。对业绩贡献特别突出的科研人才，不受学历、资历、地域、身份、单位性质和岗位结构比例限制，采取一事一议、一人一策、特事特办的方式申报专业技术职称，并按照特设岗位予以聘用。对为国家和河北省重大战略实施作出突出贡献的高技能人才开辟职称评审"绿色通道"，可以"一步到位"申报评审高级工程师职称，着力打通高技能人才和工程技术人才职业发展通道。

（二）职称改革存在的主要问题

结合李晓曼、许实年、熊细滚的论文《高校教师职称制度的历史演变与改革路径》，对职称改革存在的问题进行了系统梳理，总结如下：

1. 教师职称制度发展受传统模式影响

在事物发展历程中，往往会产生一定的规律、范式和惯性，它们逐渐形成一种固定思维和机制，会对后续事件的发生产生潜移默化的影响。高校教师职称制度的发展就受到这种现象的影响。基于此，其人事管理的制度体系逐渐又延伸出诸多管理制度和机制，教育部门是其制度体系的实施者。这样，行政权力就在高校管理中占据主体地位。由于受到行政管理的影响，其人事调控对高校的办学资源以及管理机制等各方面都会产生干预。1986年，我国教师职称制度进行了改革，推行聘任制为高校管理和发展提供了机会。其间高校积极改革促进自主权增加，如教师的自主评聘机制的建立等，但这仅仅是少数高校的表现，大部分高校的职称制度仍然受到政府部门的过多介入。

由于传统统一职称模式中高校教师的评聘成本较低，且统一评聘还具备高效率特点，此模式产生的"惯性"持续影响着高校教育管理工作。受到"双轨制"影响，往往事业单位"职称"的改变会附带有薪资和福利等的变化。由于高校学术权力较为薄弱，其政府部门主导型的教师职称制度变革存在较大难度。

2. 教师职称制度发展受行政权力影响

教师职称制度受我国传统权利结构作用的影响。我国在高等教育的发展中呈现出"政府强、高校弱""高校强、教授弱"的地位层次特征。基于此，高校教师的职称制度不论是聘任还是评价环节都受到行政制度的约束与影响，而呈现出教师工资、津贴的等级和职称紧密关联的情况，高校在师资的管理工作中更加注重行政效率和管理绩效。在教育事业迅速发展的背景下，高校规模持续增加、学科不断分化，不同的群体出于对利益的追求相互博弈，此环境下产生的教师职称制度也受到影响。而教师职务聘任机制的改革过程，由于教师缺乏自主权，且高校属于行政组织体系的范畴，导致高校行政化机制还较为明显，教师职称制度改革中的权利结构主导还是行政权力。面对此种情况，教师在教师职称制度的改革与发展中缺乏参与度，且受到权利不均衡的影响，教师作为相关制度创新的主体也缺乏积极性。

3. 代表作评价机制尚未有效形成

高校职称评审部分评价方式坠入"量化的陷阱"。数字会说话，数字有时也失语，近几年，各本科高校对教师业绩的量化评价较充分，一定程度上避免了主观性、片面性。但所有评价要素都用量化指标去衡量，也是教条和僵化的。比如，存在诸多短期行为，部分教师迷失在数字与分数中，成果数量高于质量，造成学术资源的非理性争夺与浪费。在教学质量测评中，学生评教的公允性难以保证，常常异化为师生间的"人际游戏"，数字反映出来的课堂教学效果时有失真。对于那些很难量化的内容，需要进行必要的定性分析和评价。

4. "五唯"意识未得到有效遏制

在职称评审中，论文、项目、经费及获奖仍是教师角逐的"硬通货"。从对高校教师的调查中了解到，调查对象所在学校的职称评审中，各环节最看重的指标居前五位的依次是高水平论文、高级别科研项目、教育教学业绩与成果、获奖等级数量及专利及引进科研经费数量，并且超半数被调查教师认为该评价标准是合理的。可见，破"五唯"意识尚未深入人心，教育人才本身的观念惯性依然很大；对高校管理者来讲，更为有效、更为有利于人才辈出的人才甄别评价机制亟待出新。

5. 岗位聘任"能上不能下"

2010年印发实施的《河北省事业单位专业技术岗位聘用管理办法（试行）》规定，专业技术岗位执行聘期制，聘用期满按照规定程序重新竞聘和聘用。然而，我国高等教育总体仍处于"大政府、小市场"的运行状态，政府计划管理机制仍然发挥主导性作用，使得长期处于政府主导下的高校，缺乏内生的主动变革动力。河北高校总体上"能上能下"的用人机制尚未真正建立，"职称一到手，工资跟着走，评过就要聘，能上不能下"意识固化，很多人员把评聘高级职称作为毕生追求和事业发展的终极目标，导致高级岗位聘用只能"论资排辈"，一定程度造成了部分高校教师的"躺平"心理。

三、河北高校教师晋升激励的优化

1. 以社会制度优化为教师职称制度改革奠定基础

在高校教师的职称制度发展历程中，教师职称的变迁和政治、文化、经济等社会因素有着密切关联，社会的变化和转型对职称制度发展、变革有着很大的影响，因此在高校教师职称制度改革中需要以社会制度优化为其奠定良好基础。随着教育的发展，高校的学术活动越来越受到市场需求、社会压力等环境的影响，且教师科研和教学活动受社会宏观制度的影响也逐渐增强。因此，在高校教师职称制度的改革中，要注重对社会制度的优化。政府部门和社会群体都要对教师职称制度改革创造良好的条件，不断对相关配套政策和机制进行完善，持续优化人才培养、师资流动、失业保障、社会保险等制度，为高校教师建立灵活的流动机制，从而实现教师队伍优化发展，并实现学术发展活力的激发。

2. 以合理分权体现教师职称制度发展与改革中的高校地位

在高校教师职称制度的改革中，主要涉及的权利相关者有政府部门、高校和教师，他们之间具有的权利大小、权利划分等，对教师聘任制的改革与实施有着直接影响。目前，我国逐渐由政治治理向分权模式转变，借助此背景和发展契机，政府部门在教师职称制度改革中要做好权力的减轻，转变其制度供给者、制定者的角色，更好发挥制度实施的指导和监督作用。此过程中，政府部门应以监督者身份为大学发展提供指导，而高校则是学术制度的改革与创新核心主体，要改变政府部门在高校学术和管理制度方面的"一言堂"和"包揽"局面。与此同时，以合理分权革新教师职称评聘的制度时，要致力于"政府部门监督、高校自主管理、教师积极参与"的模式建立，倡导和重视高校从自身定位、发展目标出发对新管理模式的探索，让职称制度真正成为"促进学术发展、培养优秀教师"的科学制度，对高校的学术发展和持续进步与完善提供良好条件，这样也能够改善教师职称制度相关权力不均衡的情况，为教师职称制度更好发展提供保障。

3. 围绕学术关注学术自身发展规律

高校和其他单位有着很大的区别，更加注重学术探究，主要的目的也是为国家和社会提供高学术素养的人才。基于此，教师职称制度也要遵循此目标进行设计和改革，才能够更好地实现其教育目的和教育使命。在高校教育工作开展以及教师发展过程中，以教师职称制度对教师教育开展评价，为了更好地实现教师主体的多元化、科学化和系统化评价，就需要对单一学术评价的体系进行变革。面对现阶段高校分级、分层发展的大环境，在教师职称制度的改革和实施中，就需要结合高校教育目标和定位，围绕学术自由、学术发展的重心，明确学术评价的标准和要求，突出基层的学术组织影响和作用，构建透明化和民主化的教师评审机制与体系，促使广大教师能够积极参与其中，以学术研究、教师发展作为导向，以平等、自由作为理念，从而实现教师职称制度改革的有效落实。

4. 完善评价标准形成质量导向

高校的本质在于教书育人，教师是高校的主体力量，高校教师职称制度是高校评聘教师职称的依据、程序以及权力主体等的总和。高校教师职称评审标准从最初的"德才兼备"演变为以论文、著作、项目和获奖数等为重。这样的学术评价制度，无疑是职称评价的"异化"。诚然，高校具有浓厚的学术功能，但在高校发展的多元化逻辑下，单一的学术评价体系已难以承载教师的社会功能和历史使命。因此，如何对高校教师进行综合性评价，已成为实现高校内涵式发展的导向。首先，高校要结合学科特点，科学设置评价标准，优化评价方法，坚决防止"一张卷子考所有人"，充分调动广大教师的积极性，激发高校教师创新创造活力。其次，畅通高层次人才晋升渠道，对取得重大基础研究和前沿技术突破、解决重大科学或技术难题、在教育事业发展中作出突出贡献的人才，开辟绿色通道，推行职称直评直聘，努力把最优秀的人才用最合适的方式评价出来。最后，推进职称制度与职业资格、职业技能等级制度有效衔接，落实高校高技能人才与专业技术人才职业发展贯通政策，搭建专业技术人才和高技能人才成长"立交桥"。

5. 创新评价机制，优化评审方法

高校教师职称评审不是一次简单的流水线工作，而是一项复杂的系统工程。创新是高校教师职称改革的内生动力，近年来，我国大力推进国家治理能力和治理体系现代化，积极开展"放管服"改革，在高校职称改革层面先后取消政府对副教授、教授评审权的审批，实现评审权下放，旨在促进高校治理现代化，此为高校职称改革的创新之举。当然，在确保起点公平、机会公平、过程公平和结果公平的高校职称改革实践中，创新不只是应然。一是要实施分类分层评价，要根据高校的不同办学特点和办学类型、教师发展的不同类型以及不同专业学科的特点，制定分类分层评价标准。譬如对于思想政治理论课教师，要突出思政课教师与专业课教师的不同评价标准，实施单列计划、单设标准、单独评审体系，把思政课教师的学生评价、育人成果、社会服务、中央及地方媒体的理论研究成果发表等作为重要评价指标。此外，对于理论学术型高校与职能应用型高校，应使用不同标准。如职能应用型高校应侧重于技术技能要求，强化教师在职业技能、技术创新、技能要求等方面的评价，以建设"双师型"师资队伍。二是要完善"同行评议"制度，从提高职称评价的科学性、专业性、针对性出发，构建校本化考核评价标准，引导同行专家对科研成果的学理、学术价值、社会与伦理价值等进行综合评价，提高同行评议的针对性和评价效度，同时，政府主管部门强化对职称评审的过程监督、构建职称评审内部申诉制度，实行学术失范"一票否决"制，推动同行评议的公正、公开、公平，捍卫学术尊严与权威。三是建立人才绿色通道。高校教师职称评聘要坚持原则性和灵活性，对于取得重大基础研究和前沿技术突破、解决重大工程技术难题、服务经济社会发展重大贡献的教师，要"不拘一格降人才"，采取灵活性的评价标准，放宽年限要求、成果量化要求等，实施破格评聘，畅通人才发展通道。

6.进一步推进岗位聘用管理

河北高校要认真落实《河北省事业单位专业技术岗位聘用管理办法（试行）》有关要求，对高校教师岗位聘用施行聘期管理，引导广大教师根据自身能力水平，自主选择最能实现个人价值的岗位参加竞聘，充分激发高校教师的积极性和创造力。对达不到岗位要求、考核不合格人员严格执行高职低聘，着力解决"一评定终身""能上不能下"的局面，构建起"能上能下"、有利于优秀人才脱颖而出的用人机制。

第六章　人才队伍建设与河北高校教师成长激励

习近平总书记深刻指出："综合国力竞争说到底是人才竞争。人才是衡量一个国家综合国力的重要指标。国家发展靠人才，民族振兴靠人才。"当前，全球范围内新一轮科技革命和产业变革蓬勃兴起，世界各国都在抢抓机遇，国际人才争夺日趋白热化。吸引人才、留住人才、用好人才最好的环境是良好的体制机制。只有深入实施新时代人才强国战略，坚持人才引领发展的战略地位，坚持深化人才发展体制机制改革，破除人才引进、培养、使用、评价、流动、激励等方面的体制机制障碍，实行更加积极、更加开放、更加有效的人才政策，形成具有吸引力和国际竞争力的人才制度体系，才能聚天下英才而用之，让各类人才的创造活力竞相迸发、聪明才智充分涌流。本章拟对党的十八大以来人才队伍建设政策进行梳理总结，探寻发现人才队伍建设政策发展变化的内在逻辑，从发展的视角分析河北高校人才队伍建设制度改革成效和存在的主要问题，结合教师队伍建设中的成长激励，进一步提出人才队伍建设改革的方向和路径。

第一节　新时代人才队伍建设政策回眸

党的十八大以来，面对错综复杂的国际局势和艰巨繁重的改革发展稳定任务，习近平总书记以马克思主义政治家、思想家、战略家的深刻洞察力、敏锐判断力和战略定力，把人才工作摆在治国理政大局的关键位置，亲自关怀、亲自谋划、亲自部署、亲自推动，作出一系列重要论述和指示批示，为新时代人才工作指明了前进航向，注入了强劲动力。

一、人才队伍建设顶层设计

2021年9月27日，新华社记者对党的十八大以来我国人才事业创新发展进行总结概述，结合其他文献，概括如下：

（一）新思想领航定向

办好中国的事情，关键在党，关键在人，关键在人才。

党的十八大提出加快确立人才优先发展战略布局，造就规模宏大、素质优良的人才队伍。

党的十八届三中全会聚焦全面深化改革，专门提出"建立集聚人才体制机制"的改革任务。

党的十八届四中全会围绕全面依法治国，将人才发展纳入法治建设轨道。

党的十九大强调努力形成人人渴望成才、人人努力成才、人人皆可成才、人人尽展其才的良好局面，让各类人才的创造活力竞相迸发、聪明才智充分涌流。

2018年召开的全国组织工作会议，明确将"着力集聚爱国奉献的各方面优秀人才"纳入新时代党的组织路线。

党的十九届四中全会将"坚持德才兼备、选贤任能，聚天下英才而用之，培养造就更多更优秀人才"作为国家制度和国家治理体系的显著优势之一。

党的十九届五中全会审议通过"十四五"规划和2035年远景目标建议，明确将建成"人才强国"确立为2035年远景目标。

"我们比历史上任何时期都更接近实现中华民族伟大复兴的宏伟目标，我们也比历史上任何时期都更加渴求人才。""人才资源作为经济社会发展第一资源的特征和作用更加明显，人才竞争已经成为综合国力竞争的核心。"2013年10月，在欧美同学会成立100周年庆祝大会上，习近平总书记对时代发展大势作出科学判断，深刻阐明了人才工作与实现中华民族伟大复兴中国梦之间的内在联系，深刻阐明了人才资源、人才竞争在综合国力竞争中的关键作用。

从 2012 年在广东考察工作时指出，"哪个国家拥有人才上的优势，哪个国家最后就会拥有实力上的优势"，到 2014 年明确批示，"择天下英才而用之，关键是要坚持党管人才原则，遵循社会主义市场经济规律和人才成长规律"；从 2014 年与北京师范大学师生代表座谈，到 2016 年出席全国高校思想政治工作会议，再到 2021 年赴清华大学考察，习近平总书记对党管人才作出专门强调，对教育和人才始终念兹在兹，反复强调党和国家事业发展对高等教育的需要，对科学知识和优秀人才的需要，比以往任何时候都更为迫切。

（二）新目标振奋人心

在 2018 年全国组织工作会议上，习近平总书记明确指出，要加快实施人才强国战略，确立人才引领发展的战略地位，努力建设一支矢志爱国奉献、勇于创新创造的优秀人才队伍。

"中国要强盛、要复兴，就一定要大力发展科学技术，努力成为世界主要科学中心和创新高地。我们比历史上任何时期都更接近中华民族伟大复兴的目标，我们比历史上任何时期都更需要建设世界科技强国！" 2018 年 5 月，在中国科学院第十九次院士大会、中国工程院第十四次院士大会上，习近平总书记为科技工作和人才工作锚定了新目标。

时隔三年，在 2021 年两院院士大会、中国科协第十次全国代表大会上，习近平总书记强调，激发各类人才创新活力，建设全球人才高地。

（三）新任务直面挑战

新一轮科技革命和产业变革正在加速演进，科技和人才成为国际战略博弈主战场。

"我国经济社会发展和民生改善比过去任何时候都更加需要科学技术解决方案，都更加需要增强创新这个第一动力。" 2020 年 9 月，在科学家座谈会上，习近平总书记把对科学技术和创新的重要性提到了一个新的高度。

2021年，习近平总书记向我国广大科技工作者发出号召："要以与时俱进的精神、革故鼎新的勇气、坚忍不拔的定力，面向世界科技前沿、面向经济主战场、面向国家重大需求、面向人民生命健康，把握大势、抢占先机，直面问题、迎难而上，肩负起时代赋予的重任，努力实现高水平科技自立自强！"

从中共十八届中央政治局第九次集体学习，到2018年北京大学师生座谈会，再到深圳经济特区建立40周年庆祝大会……习近平总书记反复强调培养造就具有国际水平的战略科技人才、科技领军人才、卓越工程师、青年科技人才和高水平创新团队的重要性。

（四）新要求精准指导

2014年5月，在上海主持召开外国专家座谈会时，习近平总书记深刻指出，我们比历史上任何时期都更需要广开进贤之路、广纳天下英才。要实行更加开放的人才政策，不唯地域引进人才，不求所有开发人才，不拘一格用好人才。

2016年4月，在网络安全和信息化工作座谈会上，习近平总书记强调，要"改革人才引进各项配套制度，构建具有全球竞争力的人才制度体系"，不断提高"全球配置人才资源能力"。

2018年4月，在庆祝海南建省办经济特区30周年大会上，习近平总书记指出，"吸引人才、留住人才、用好人才，最好的环境是良好体制机制"，要"坚持五湖四海广揽人才，在深化人才发展体制机制改革上有突破，实行更加积极、更加开放、更加有效的人才政策"。

2021年9月，在中央人才工作会议上，习近平总书记强调，"要坚持党管人才，坚持面向世界科技前沿、面向经济主战场、面向国家重大需求、面向人民生命健康，深入实施新时代人才强国战略，全方位培养、引进、用好人才，加快建设世界重要人才中心和创新高地，为2035年基本实现社会主义现代化提供人才支撑，为2050年全面建成社会主义现代化强国打好人才基础"。

二、人才队伍建设政策梳理

(一)《中共中央关于全面深化改革若干重大问题的决定》

为贯彻落实党的十八大关于全面深化改革的战略部署，2013年11月，十八届三中全会审议通过《中共中央关于全面深化改革若干重大问题的决定》，明确提出：全面深化改革，"要建立集聚人才体制机制，择天下英才而用之。打破体制壁垒，扫除身份障碍，让人人都有成长成才、脱颖而出的通道，让各类人才都有施展才华的广阔天地。完善党政机关、企事业单位、社会各方面人才顺畅流动的制度体系。健全人才向基层流动、向艰苦地区和岗位流动、在一线创业的激励机制。加快形成具有国际竞争力的人才制度优势，完善人才评价机制，增强人才政策开放度，广泛吸引境外优秀人才回国或来华创业发展"。

中国人事科学研究院原院长吴江在接受《中国人才》记者采访时表示：《中共中央关于全面深化改革若干重大问题的决定》最大的亮点在于，提出人才工作在全面深化改革中的新定位，不是就人才谈人才，而是提出"全面深化改革，需要有力的组织保证和人才支撑。"人才支撑改革的各项任务，这个作为全面深化改革事业的决定性因素被提出来了，从这样一个新的定位去把握下一步人才工作的新思想、新思路、新方法至关重要。如何充分调动和发挥人才的积极性、创造性，确保改革事业的科学发展，如何在深化各项改革过程中集聚和培养大批优秀人才使之成为改革事业的中流砥柱，这已经成为各级党委政府以及人才工作者必须面对的重大而又紧迫的研究课题。改革呼唤人才，人才支撑改革。改革能否成功取决于我们有没有这样一批推动和适应改革的优秀人才。深化各项改革的过程，也是我们加快确立人才优先发展战略布局，造就规模宏大、素质优良的人才队伍，由人才大国迈向人才强国的过程。同样，对各行各业的人才来说，能否在全面深化改革的大熔炉中锻炼自己成长成才，勇于担当改革浪潮的"弄潮儿"，十分关键。如果我们认识不到改革与人才的内在联系和良性互动关系，人才工作就会陷入被动局面。

全面深化改革既为人才体制机制改革提供了重要机遇，又对其提出了更高要求。人才体制机制改革需要服从全面深化改革的总体要求,更要在全面深化改革过程中抓住机遇、乘势而上。过去在实践中,我们有些方面的人才制度改革单兵突进,各自为战,难以取得预想的效果,如海外人才引进需要市场配置机制发挥作用,职称制度改革需要社会组织、行业协会健全发展,人才自由流动需要事业单位分类改革和社会保障制度改革,人才激励机制需要收入分配制度深化改革,等等。如果在未来的全面深化改革过程中去推动人才制度改革,能事半功倍。要抓住这个千载难逢的机会和重要机遇期,不失时机地推动人才体制机制改革,建立集聚人才的体制机制,才能取得更大的成效。同时,要充分认识到,人才体制机制改革是全面深化改革的重要组成部分,要坚决按照《中共中央关于全面深化改革若干重大问题的决定》的总目标、总原则来总体把握、有序推进。一是要把完善和发展中国特色社会主义人才制度作为改革的大方向,不能有任何偏离,要从理论和实践的结合上,努力推进人才治理体制科学化和人才集聚能力现代化。二是要更加注重人才制度改革的系统性、整体性、协同性,以形成充满人才活力、具有国际竞争力的人才制度优势。三是要抓住人才体制机制改革的重点难点问题攻坚克难,敢进"深水区",能啃"硬骨头",勇于担当,科学推进。

集聚人才体制机制,其内涵是建立一个既能充分发挥市场配置人才资源的决定性作用,又能切实加强党和政府宏观管理人才的职能作用,使两者既能有机结合又能相互制约的新型人才治理体制和良性互动机制。具体讲有四个明显的规律性特征:

首先,时势集聚人才。集聚人才体制是战略导向型的人才体制。习近平总书记在庆祝欧美同学会成立100周年大会重要讲话中深刻指出:"当代中国,我们比历史上任何时期都更接近实现中华民族伟大复兴的宏伟目标,我们也比历史上任何时期都更加渴求人才。"集聚人才体制就是一个实现中国梦的人才体制。借用核裂变的概念来说,集聚是为了达到一个从量到质的裂变,就是要让人才集聚实现一个临界质量,创造一个人才峰值,在短时间内实现峰值效应。集聚人才就是集聚强国之能量、集聚民族复兴之能量、集聚建成小康社会之能量。

其次,开放集聚人才。集聚人才体制是一个包容开放型的人才体制。一个用人单位、一个地区乃至一个国家，自身的人才资源都是有限的，无论是从数量、质量还是结构上，都会出现不够用、不适用和不会用的问题。所以人才管理体制必须从组织内部管理型转变为面向社会开放型的人才集聚体制。我们过去是在体制范围内寻找、发现人才，现在是在全社会 13 亿人口，以致全球 70 亿人口范围内寻找、发现人才。必须面向全世界开放，要打破一切体制壁垒和身份障碍，要广开进贤之路、广纳天下英才，唯才是举，择天下英才而用之。

竞争集聚人才。集聚人才体制是一个动态竞争型的人才体制。市场机制是一个依据供求规律、竞争规律和价格规律的资源配置机制。人才在竞争中使用，就要"动"得起来，充满活力。人才在竞争中双向选择，哪里有需要、哪里能发挥作用、哪里效率高就往哪里流。这样的体制机制需要打通人才流动通道，使人才"能进能出、能上能下、非胜即走、优胜劣汰"。动态竞争型的人才体制机制的本质要求就是优胜劣汰，最大限度激发人才活力。我国是人才大国，但当前并不是真正意义上的人才强国。从世界范围来看，各国的人力资源数量的多寡与经济产出的多寡既没有因果关系，也没有相关关系，恰恰是人在社会中的"状态"而不是存量更能反映一个国家经济社会发展的可能力度与智力支持。这种"状态"就是"活力"。

环境集聚人才。集聚人才体制是环境激励型的人才体制。过去讲"重赏之下，必有勇夫"，便是说环境激励人才辈出。"招贤纳士"的前提是发现和尊重人才的价值。习近平总书记指出："环境好，则人才聚、事业兴；环境不好，则人才散、事业衰。"这一人才环境决定论的思想，深刻揭示出集聚人才的基本规律。我们的改革就是要以"形成人人皆可成才的良好环境"为宗旨，给人才多种形式的激励措施。从根本上说，对人才的尊重是最好的社会环境，形成四个尊重的制度和文化，要从人才的激励分配制度和荣誉表彰制度改革入手。目前，人才环境有多方面问题，最为突出的是人才管理机制上仍然有很多"大锅饭"。物质激励不足，精神激励更不够。比如，作为国家荣誉制度的院士制度，已经暴露出"终身制""大锅饭"的弊端，社会反应较大。一般来说，人才激励的对象分三种类型：一是盖棺定论型，指已经作出很多贡献的功成名就人才。目前，主要的激励资源给了这些人，但他们更多的是需要精神上的鼓励。二是中途加油型，指的是中年骨干人才，他们需要"加油"、维护、更新知识，需要在经费支持、工资待遇、精神表彰这些方面得到更多的物质和精神激励。三是潜力挖掘型。也就是青年人才，他们需要前期的支持，需要切实解决后顾之忧，他们需要项目、经费、安定的生活、潜心搞科研的环境，这类人才又往往不是我们制度关注的重点，可是他们才是国家的未来，需要特别的措施给予激励关怀。

党的十八届三中全会明确了人才队伍建设定位，吹响了人才队伍建设号角，为后期一系列事关人才队伍建设的体制机制改革指明了方向。

（二）《深化党的建设制度改革实施方案》

党的十八届三中全会提出，全面深化改革的总目标是完善和发展中国特色社会主义制度，推进国家治理体系和治理能力现代化。同时提出，"全面深化改革，需要有力的组织保证和人才支撑"，将人才队伍建设与组织建设共同列入加强和改善党对全面深化改革领导的重要范畴。

深化党的建设制度改革是提升国家治理能力的重要一环，按照十八届三中全会对党的建设制度改革的部署要求，2014年8月，中央政治局审议通过了《深化党的建设制度改革实施方案》，主要包括深化党的组织制度、干部人事制度、基层组织建设制度和人才发展体制机制改革四个方面内容。在深化人才发展体制机制改革方面，明确提出要着眼于形成激发人才创造活力、具有国际竞争力的人才制度优势，营造识才、爱才、敬才、用才的良好氛围，择天下英才而用之，把各方面优秀人才集聚到党和国家事业中来。主要从健全党管人才领导体制、创新集聚人才体制机制、完善人才流动配置、评价激励、服务保障机制等方面，提出了具体改革任务。根据中央部署，中央组织部等10个部门成立工作领导小组，深入开展调研，广泛听取各方面意见，组织有关方面反复研究论证。

（三）《关于深化人才发展体制机制改革的意见》

2016年2月，《关于深化人才发展体制机制改革的意见》印发实施，这是党中央印发的第一个人才发展体制机制改革综合性文件，以"放权、松绑"

为核心,突出"精准、分类"要求,提出一系列务实管用的改革举措。

《关于深化人才发展体制机制改革的意见》提出,人才是经济社会发展的第一资源。人才发展体制机制改革是全面深化改革的重要组成部分,是党的建设制度改革的重要内容。协调推进"四个全面"战略布局,贯彻落实创新、协调、绿色、开放、共享的发展理念,实现"两个一百年"奋斗目标,必须深化人才发展体制机制改革,加快建设人才强国,最大限度激发人才创新创造创业活力,把各方面优秀人才集聚到党和国家事业中来。《关于深化人才发展体制机制改革的意见》要求,深入贯彻习近平总书记系列重要讲话精神,坚持聚天下英才而用之,牢固树立科学人才观,深入实施人才优先发展战略,遵循社会主义市场经济规律和人才成长规律,破除束缚人才发展的思想观念和体制机制障碍,解放和增强人才活力,构建科学规范、开放包容、运行高效的人才发展治理体系,形成具有国际竞争力的人才制度优势。

《关于深化人才发展体制机制改革的意见》强调,深化人才发展体制机制改革,要坚持党管人才,充分发挥党的思想政治优势、组织优势和密切联系群众优势,进一步加强和改进党对人才工作的领导,健全党管人才领导体制和工作格局,创新党管人才方式方法,为深化人才发展体制机制改革提供坚强的政治和组织保证;要服务发展大局,围绕经济社会发展需求,聚焦国家重大战略,科学谋划改革思路和政策措施,促进人才规模、质量和结构与经济社会发展相适应、相协调,实现人才发展与经济建设、政治建设、文化建设、社会建设、生态文明建设深度融合。要突出市场导向,充分发挥市场在人才资源配置中的决定性作用和更好发挥政府作用,加快转变政府人才管理职能,保障和落实用人主体自主权,提高人才横向和纵向流动性,健全人才评价、流动、激励机制,最大限度激发和释放人才创新创造创业活力,使人才各尽其能、各展其长、各得其所,让人才价值得到充分尊重和实现。要体现分类施策,根据不同领域、行业特点,坚持从实际出发,具体问题具体分析,增强改革针对性、精准性。纠正人才管理中存在的行政化、"官本位"倾向,防止简单套用党政领导干部管理办法管理科研教学机构学术领导人员和专业人才。要扩大人才开放,树立全球视野和战略眼光,充分开发利用国内国际人才资源,主动参与国际人才竞争,完善更加开放、更加灵活的人才培养、吸引和使用机制，不唯地域引进人才，不求所有开发人才，不拘一格用好人才，确保人才引得进、留得住、流得动、用得好。

在具体工作举措上，第一方面，要推进人才管理体制改革，包括转变政府人才管理职能、保障和落实用人主体自主权、健全市场化和社会化的人才管理服务体系、加强人才管理法制建设四项内容。第二方面，要改进人才培养支持机制，包括创新人才教育培养模式、改进战略科学家和创新型科技人才培养支持方式、完善符合人才创新规律的科研经费管理办法、优化企业家成长环境、建立产教融合和校企合作的技术技能人才培养模式、促进青年优秀人才脱颖而出六项措施。第三方面，要创新人才评价机制，包括突出品德、能力和业绩评价，改进人才评价考核方式，改革职称制度和职业资格制度三项要求。第四方面，要健全人才顺畅流动机制，包括破除人才流动障碍、畅通党政机关、企事业单位、社会各方面人才流动渠道、促进人才向艰苦边远地区和基层一线流动等。第五方面，要强化人才创新创业激励机制，包括加强创新成果知识产权保护、加大对创新人才激励力度、鼓励和支持人才创新创业。第六方面，要构建具有国际竞争力的引才用才机制，包括完善海外人才引进方式、健全工作和服务平台、扩大人才对外交流。第七方面和第八方面分别是要建立人才优先发展保障机制和加强对人才工作的领导，具体包括促进人才发展与经济社会发展深度融合、建立多元投入机制和完善党管人才工作格局、实行人才工作目标责任考核和坚持对人才的团结教育引导服务等。

《关于深化人才发展体制机制改革的意见》着眼于破除束缚人才发展的思想观念和体制机制障碍，解放和增强人才活力，形成具有国际竞争力的人才制度优势，聚天下英才而用之，明确深化改革的指导思想、基本原则和主要目标，从管理体制、工作机制和组织领导等方面提出改革措施，是当前和今后一个时期全国人才工作的重要指导性文件。《关于深化人才发展体制机制改革的意见》的颁布实施，对于全面贯彻党的十八大和十八届三中、四中、五中全会精神，深入贯彻习近平总书记系列重要讲话精神，加快建设人才强国，最大限度激发人才创新创造创业活力，把各方面优秀人才集聚到党和国家事业中来，为实现"两个一百年"奋斗目标提供有力人才支撑，具有十分重要的战略意义和现实意义。

（四）《关于全面深化新时代教师队伍建设改革的意见》

2018年1月，中共中央、国务院《关于全面深化新时代教师队伍建设改革的意见》印发实施，这是新中国成立以来党中央出台的第一个专门面向教师队伍建设的里程碑式政策文件。

《关于全面深化新时代教师队伍建设改革的意见》指出，加强教师队伍建设，要坚持党管干部、党管人才，坚持依法治教、依法执教，坚持严格管理监督与激励关怀相结合，充分发挥党委（党组）的领导和把关作用，确保党牢牢掌握教师队伍建设的领导权，保证教师队伍建设正确的政治方向。要坚持教育优先发展战略，把教师工作置于教育事业发展的重点支持战略领域，优先谋划教师工作，优先保障教师工作投入，优先满足教师队伍建设需要。要把提高教师思想政治素质和职业道德水平摆在首要位置，把社会主义核心价值观贯穿教书育人全过程，突出全员全方位全过程师德养成，推动教师成为先进思想文化的传播者、党执政的坚定支持者、学生健康成长的指导者。要抓住关键环节，优化顶层设计，推动实践探索，破解发展瓶颈，把管理体制改革与机制创新作为突破口，把提高教师地位待遇作为真招实招，增强教师职业吸引力。要立足我国国情，借鉴国际经验，根据各级各类教师的不同特点和发展实际，考虑区域、城乡、校际差异，采取有针对性的政策举措，定向发力，重视专业发展，培养一批教师；加大资源供给，补充一批教师；创新体制机制，激活一批教师；优化队伍结构，调配一批教师。

《关于全面深化新时代教师队伍建设改革的意见》提出，全体教师要从加强教师党支部和党员队伍建设、提高思想政治素质、弘扬高尚师德等方面，着力提升思想政治素质，全面加强师德师风建设。针对高校教师，要全面提高高等院校教师质量，建设一支高素质创新型的教师队伍。包括着力提高教师专业能力，推进高等教育内涵式发展；搭建校级教师发展平台，组织研修活动，开展教学研究与指导，推进教学改革与创新；加强院系教研室等学习共同体建设，建立完善传帮带机制；全面开展高等院校教师教学能力提升培训，重点面向新入职教师和青年教师，为高等院校培养人才培育生力军；重视各级各类学校辅导员专业发展；结合"一带一路"建设和人文交流机制，有序推动国内外教师双向交流；支持孔子学院教师、援外教师成长发展；服务创新型国家和人才强国建设、世界一流大学和一流学科建设，实施好"万人计划""长江学者奖励"计划等重大人才项目，着力打造创新团队，培养引进一批具有国际影响力的学科领军人才和青年学术英才；加强高端智库建设，依托人文社会科学重点研究基地等，汇聚培养一大批哲学社会科学名家名师；高等院校高层次人才遴选和培育中要突出教书育人，让科学家同时成为教育家等内容。

在深化教师管理综合改革，切实理顺体制机制方面，《关于全面深化新时代教师队伍建设改革的意见》提出要深化高等院校教师人事制度改革，包括积极探索实行高等院校人员总量管理；严把高等院校教师选聘入口关，实行思想政治素质和业务能力双重考察；严格教师职业准入，将新入职教师岗前培训和教育实习作为认定教育教学能力、取得高等院校教师资格的必备条件；适应人才培养结构调整需要，优化高等院校教师结构，鼓励高等院校加大聘用具有其他学校学习工作和行业企业工作经历教师的力度；配合外国人永久居留制度改革，健全外籍教师资格认证、服务管理等制度；帮助高等院校青年教师解决住房等困难；等等。同时提出，要推动高等院校教师职称制度改革，将评审权直接下放至高等院校，由高等院校自主组织职称评审、自主评价、按岗聘任；条件不具备、尚不能独立组织评审的高等院校，可采取联合评审的方式；推行高等院校教师职务聘任制改革，加强聘期考核，准聘与长聘相结合，做到能上能下、能进能出；教育、人力资源社会保障等部门要加强职称评聘事中事后监管；深入推进高等院校教师考核评价制度改革，突出教育教学业绩和师德考核，将教授为本科生上课作为基本制度；坚持正确导向，规范高层次人才合理有序流动。

《关于全面深化新时代教师队伍建设改革的意见》同时提出，要推进高等院校教师薪酬制度改革。建立体现以增加知识价值为导向的收入分配机制，扩大高等院校收入分配自主权，高等院校在核定的绩效工资总量内自主确定收入分配办法；高等院校教师依法取得的科技成果转化奖励收入，不纳入本单位工资总额基数；完善适应高等院校教学岗位特点的内部激励机制，对专职从事教学的人员，适当提高基础性绩效工资在总绩效工资中的比重，加大对教学型名师的岗位激励力度。要提升教师社会地位，加大教师表彰力度；大力宣传教师中的"时代楷模"和"最美教师"；开展国家级教学名师、国家级教学成果奖评选表彰，重点奖励贡献突出的教学一线教师；做好特级教师评选，发挥引领作用；做好乡村学校从教 30 年教师荣誉证书颁发工作；各地要按照国家有关规定，因地制宜开展多种形式的教师表彰奖励活动，并落实相关优待政策；鼓励社会团体、企事业单位、民间组织对教师出资奖励，开展尊师活动，营造尊师重教良好社会风尚。要建设现代学校制度，体现以人为本，突出教师主体地位，落实教师知情权、参与权、表达权、监督权。建立健全教职工代表大会制度，保障教师参与学校决策的民主权利；推行中国特色大学章程，坚持和完善党委领导下的校长负责制，充分发挥教师在高等院校办学治校中的作用；维护教师职业尊严和合法权益，关心教师身心健康，克服教师职业倦怠，激发其工作热情。

党的十八大以来，以习近平同志为核心的党中央将教师队伍建设摆在突出位置，作出了一系列重大决策部署，各地区各部门和各级各类学校采取有力措施认真贯彻落实，教师队伍建设取得显著成就。广大教师牢记使命、不忘初衷、爱岗敬业、教书育人，改革创新、服务社会，作出了重要贡献。当前，我国社会主要矛盾已经转变为人民日益增长的美好生活需要和不平衡不充分的发展之间的矛盾。公平而有质量的教育，成为人民美好生活需要的基础前提，必须进一步加强教师队伍建设。中共中央、国务院《关于全面深化新时代教师队伍建设改革的意见》，着力破解瓶颈障碍，努力取得新时代教师队伍建设的新成效，不断满足人民日益增长的美好生活需要。中共中央、国务院《关于全面深化新时代教师队伍建设改革的意见》是以习近平同志为核心的党中央高瞻远瞩、审时度势，立足新时代作出的重大战略决策，将教育和教师工作提到了前所未有的政治高度，对于建设教育强国、决胜全面建成小康社会、夺取中国特色社会主义伟大胜利、实现中华民族伟大复兴的中国梦，具有十分重要的意义。

第二节　新时代人才队伍建设政策内在逻辑

党的十八大以来，习近平总书记提及人才频率之高，对人才事业思虑之远，对人才发展谋划之深，凸显了人才事业和人才工作在党和国家工作全局中分量之重。这些关于人才工作的重要论述，丰富了马克思主义人才理论宝库，写就了习近平新时代中国特色社会主义思想"人才篇"，指引人才强国建设步入快车道。结合相关文献资料，对党的十八大以来我国人才队伍建设政策的内在逻辑进行系统梳理，总结概括如下。

一、坚持党对人才工作的全面领导

2021年9月27日至28日，中央人才工作会议在京召开。这是时隔11年后，党中央召开的又一次人才工作会议，具有里程碑意义。

"做好人才工作必须坚持正确政治方向，不断加强和改进知识分子工作，鼓励人才深怀爱国之心、砥砺报国之志，主动担负起时代赋予的使命责任。"习近平总书记说。

加强党对人才工作的全面领导，是坚持正确方向、做好人才工作的根本保证。

十年来，党对人才事业的领导全面加强，以爱才的诚意、用才的胆识、聚才的良方，推动形成天下英才聚神州、万类霜天竞自由的人才发展环境。

1. 党管人才的领导体制和工作格局不断完善

2021年5月，党的历史上第一部关于组织工作的统领性、综合性基础主干法规《中国共产党组织工作条例》印发，设专章对党的人才工作作出规定，明确了党管人才的体制机制。

党委统一领导，组织部门牵头抓总，有关部门各司其职、密切配合，用人单位发挥主体作用、社会力量广泛参与的党管人才工作格局日益完善。各省区市党委、地市级党委均成立人才工作领导机构。

2. 对人才的政治引领、政治吸纳持续加强

中央办公厅印发《关于进一步加强党委联系服务专家工作的意见》，各级党委（党组）分层分类确定联系服务专家对象，在政治上充分信任、思想上主动引导、工作上创造条件、生活上关心照顾，实现"增人数"和"得人心"有机统一。

中央组织部会同有关部门和单位组织400余名专家深入革命老区、脱贫攻坚一线开展咨询服务活动，组织一万余名高层次专家参加国情研修，组织在京院士专家集中体检6000人次，切实增强人才的认同感和向心力。

3. 人心是最大的政治，共识是奋进的动力

党中央带头营造尊重劳动、尊重知识、尊重人才、尊重创造的良好氛围，把各方面优秀人才集聚到党和国家事业中来，引导广大人才自觉弘扬科学家精神，坚定不移听党话、跟党走，为国分忧、为国解难、为国尽责。

二、为经济社会发展提供强有力人才支撑

人才成就事业发展，事业发展造就人才。

党的十八大以来，人才工作紧紧嵌入国家经济社会发展全局，目标任务瞄准战略需求来确立，政策措施围绕战略实施来制定，工作成效根据战略成果来检验，国家重大战略部署到哪里，人才工作就跟进到哪里、服务到哪里。

一是对接京津冀协同创新发展。编制出台《京津冀人才一体化发展规划（2017—2030年）》，推动形成区域共同人才市场，推进干部人才双向挂职，围绕疏解北京非首都功能、雄安新区规划建设等重点工作，以人才一体化发展"先手棋"带动京津冀协同发展"大棋局"。

二是服务粤港澳大湾区建设。《粤港澳大湾区发展规划纲要》坚持人才优先发展，提出一系列务实举措："支持粤港澳高校合作办学，鼓励联合共建优势学科、实验室和研究中心""支持珠三角九市借鉴港澳吸引国际高端人才的经验和做法""加快建设粤港澳人才合作示范区"等。

三是保障海南自由贸易港建设。2019年中组部等7部门联合印发《关于支持海南开展人才发展体制机制创新的实施方案》。一连串政策利好纷纷落

地；高端紧缺人才的个人所得税实际税负超过15%的部分予以免征；允许境外理工农医类高水平大学在海南独立办学；开放执业资格考试，推进境外执业资格互认；等等。

四是服务脱贫攻坚和乡村振兴。党中央作出一系列重要部署，引导各类人才下沉，在广阔天地成长成才。2015年起，中组部牵头组织开展教育医疗人才"组团式"援藏援疆援青，极大地提升了当地的教育医疗卫生水平。2019年，中央办公厅印发《关于鼓励引导人才向艰苦边远地区和基层一线流动的意见》，在工资待遇、职称晋升、人才使用、创业扶持等方面提出了一揽子倾斜政策，让人才下得去、待得住、干得好。2021年2月，出台《关于加快推进乡村人才振兴的意见》，提出建立健全乡村人才培养、引进、管理、使用、流动、激励等一整套政策体系。

一批批面向艰苦边远地区、面向西部、面向基层一线的人才项目结出累累硕果。

党的十八大以来，累计选派2596名博士服务团成员到西部地区服务，培养2791名"西部之光"访问学者，组织54.6万名教师、医生、科技人员、社会工作者、文化工作者等各类人才奔赴边远贫困地区、边疆民族地区和革命老区服务。

实施"牵手计划"，推动东西部地区开展人才结对帮扶；扩大农村和贫困地区定向招生专项计划实施规模，重点高校录取农村和贫困地区学生累计达70万人；青海会同水利部在玉树等藏族自治州开展水利专业人才"订单式"培养……各类人才在服务西部建设、服务基层一线中锻炼成长，带动西部地区本土人才培养取得突破性进展，产生了"种下一棵树，成长一片林"的示范效应。

五是服务高质量发展和高水平科技自立自强。从战略高技术领域取得新跨越，到高端产业取得新突破；从民生科技领域取得显著成效，到国防科技创新取得重大成就……处处都闪耀着人才的身影，凝结着人才的智慧和汗水。在抗击新冠肺炎疫情过程中，广大人才攻坚克难、集智攻关，在治疗、疫苗研发、防控等多个重要领域发挥重要作用，为统筹推进疫情防控和经济社会发展提供了有力支撑、作出了重大贡献。

朝中心聚焦，为大局助力。从创新驱动发展到高水平科技自立自强，从长江经济带发展到"一带一路"建设，人才链、产业链、创新链深度融合，为我国经济社会发展提供了强大的人才支撑。

三、聚焦国家重大战略配置人才

"实现中华民族伟大复兴，人才越多越好，本事越大越好。"习近平总书记说。

当前，我国人才资源总量达到2.2亿人，比2012年增加了1亿人。一支规模宏大、素质优良、梯次合理、作用突出的人才队伍正在加速集结。

1. 围绕中心，服务大局，聚焦国家重大战略配置人才

印发《关于鼓励引导人才向艰苦边远地区和基层一线流动的意见》，组织开展教育医疗人才"组团式"援藏援疆援青，创新博士服务团、"西部之光"访问学者选派方式，扎实推进"三区"人才支持计划，以"牵手计划"等推动东西部地区开展人才结对帮扶……引导人才扎根基层贡献才智，让更多人才下得去、待得住、干得好。

朝中心聚焦，为大局助力。国家重大战略部署到哪里，人才工作就跟进到哪里、服务到哪里。

以人才一体化发展"先手棋"带动京津冀协同发展"大棋局"，为海南全面深化改革开放提供强有力人才支撑……围绕推进供给侧结构性改革、加快区域协调发展、"一带一路"建设等国家战略部署，促进人才供给与经济社会发展需求相适应。

2. 人才对外开放的大门越开越大

习近平总书记指出，一个国家对外开放，必须首先推进人的对外开放，特别是人才的对外开放。

党的十八大以来，按照党中央部署，各地各部门各单位把握人才全球化新趋势新特点，实施更加积极、更加开放、更加有效的人才政策，创新方式方法，完善工作举措，大力推动人才国际交流合作。

2013—2019年，我国出国留学人数从41.4万人增长到70.35万人，留学

回国人数从 35.35 万人增长到 58.03 万人。人才，已经成为我国与全球加速互动的重要纽带。

3. 人才"走出去"步伐加快

采取留学进修、访问学者、联合培养、项目合作等方式开展互惠共享的人才交流。国家公派出国留学项目累计派出 18 万余人，教育部、人力资源和社会保障部选派高校教师、博士后海外访学 1.7 万余人，科技部支持科技人员"走出去"110 余万人次、出国（境）培训超过 23 万人，对提高人才创新能力、增强人才竞争力发挥了重要作用。

4. 人才回国（来华）更加便利

2013 年，《中华人民共和国外国人入境出境管理条例》增设"人才签证"（R 签）类别，面向国家急需紧缺的外国高层次人才和专门人才发放。2017 年，全面实施外国人来华工作许可制度，实行外国人分类管理，建立健全统一、权威、高效的外国人才管理体制。截至目前，全国累计发放外国人工作许可超过 70 万份。2019 年，国家移民局在全国范围内推广 12 条移民与出入境便利政策，扩大外国人才申请永久居留、长期签证和居留许可的对象范围……一系列政策措施，发出了广聚天下英才的积极信号，受到普遍欢迎。

5. 工作有平台、生活有保障

针对海外回国（来华）人才反映的医疗、养老、住房、子女教育等问题，中央和各地各部门纷纷制定出台具体举措，着力营造具有国际竞争力和吸引力的环境条件。江苏建设"海智湾"国际人才街区，以"一站式"服务打造归国人才首站。上海、广东、湖南等地实施"人才投""人才贷"等专属金融服务，扶持海外人才创新创业。杭州出台"人才生态 37 条"，福州打造留学人员创业园……回国（来华）人才深深感到融入感和归属感的增加，后顾之忧的减少，干事创业劲头更足了。

"栽下梧桐树，引来金凤凰。"这些年来，"近者悦、远者来"的引才用才格局进一步形成，我国逐步从世界最大人才流出国转变为主要人才回流国，正在成为创新人才高度集聚、创新要素高度整合、创新活动高度活跃的全球人才高地。

四、着力培养造就各行各业高素质人才

一年之计，莫如树谷；十年之计，莫如树木；终身之计，莫如树人。

人才工作，基础在培养，难点也在培养。2021年4月，习近平总书记在清华大学考察时鲜明指出，"中国教育是能够培养出大师来的""我们要有这个自信"。这些年来，党中央坚持高端引领、整体推进，加快构建科学的人才培养体系，着力培养更多适应高质量发展、高水平自立自强的各类人才。

1. 教育的基础性、先导性、全局性地位和作用更加凸显

党的十八大以来，财政性教育经费支出占当年国内生产总值比例连续8年保持在4%以上，2019年国家财政性教育经费支出首次超过4万亿元。着眼促进人才供给和需求相适应，建立高校学科专业、类型、层次和区域布局动态调整机制。探索建立创新创业导向的人才培养机制，产学研用结合的协同育人模式日趋完善。

高校建设200多个基础学科拔尖学生培养基地，实施一流专业建设"双万计划"，清华大学"学堂班"等一批实验项目作出有益探索。2020年全国研究生毕业人数72.9万人，比2012年增加24.3万人，增幅达50%。

2. 重点领域人才培养工程渐成体系

2012年，启动国家高层次人才特殊支持计划，围绕建设创新型国家的战略部署，遴选自然科学、工程技术和哲学社会科学领域的杰出人才、领军人才和青年拔尖人才，实行特殊政策、特殊支持。9年来，共遴选支持6000余名人才，上百人成长为两院院士，数百名青年人才成长为"长江学者"等高层次人才。

"国家杰出青年科学基金""优秀青年科学基金""百人计划""博士后创新人才支持计划"……上下贯通、各具特色的人才培养支持计划体系不断完善，有力促进人才快速成长。

3. 各行业领域专门人才培养统筹推进

高技能人才振兴计划、企业经营管理人才素质提升工程、农业科研杰出人才培养计划等稳步实施，每年培养培训行业人才数以百万计。

实施以育人育才为中心的哲学社会科学整体发展战略，坚持将政治建设

放在人才遴选培养的首要位置,初步形成一支种类齐全、梯队衔接的哲学社会科学人才队伍,全国中级职称以上社科研究人员达到 51 万余名。

这些年来,人才投入优先保障,2020 年全社会研发经费达 2.44 万亿元,居世界第二。高水平人才队伍总量持续扩大,人才引领创新的作用不断显现。目前我国两院院士共 1600 余人,中央和部门人才计划、基金项目入选者数万人,享受国务院特殊津贴专家数十万人,各类专业技术人才数千万人。参加"嫦娥五号"任务的青年人才平均年龄为 32.5 岁,最年轻的系统指挥员是 1996 年出生的……

人才培养的丰硕成果,有力支撑着中华民族迎来从站起来、富起来到强起来的伟大飞跃,书写更加辉煌的篇章。

五、深化人才发展体制机制改革

1. 体制机制改革让"人才红利"加速释放

体制机制是影响人才集聚和作用发挥的根本性问题,深化体制机制改革是构筑人才制度优势、赢得国际竞争主动的战略之举。事业能否快速发展关键在人才,人才活力能否充分释放关键在体制机制。习近平总书记强调,要"打通人才流动、使用、发挥作用中的体制机制障碍""使各方面人才各得其所、尽展其长"。党的十八大以来,党中央以"放权、松绑"为核心,推动人才发展体制机制改革全面提速,中国特色人才制度体系的"四梁八柱"基本形成。

2016 年 2 月,党中央印发《关于深化人才发展体制机制改革的意见》,这是中央层面出台的我国第一个人才发展体制机制改革综合性文件。

2. 向改革要动力,用改革增活力

中共中央办公厅、国务院办公厅印发《关于深化项目评审、人才评价、机构评估改革的意见》,优化科研项目评审管理、改进科技人才评价方式、完善科研机构评估制度,树立正确的人才评价使用导向。

科技部等五部门联合开展清理"唯论文、唯职称、唯学历、唯奖项"专项行动,对各类科技评价活动进行全面清理和整改。

《关于分类推进人才评价机制改革的指导意见》《关于完善科技成果评价机制的指导意见》《关于深化实验技术人才职称制度改革的指导意见》……一份份改革文件着力破解人才工作体制机制障碍，中国特色人才制度优势进一步彰显。中央和国家相关部门配套出台政策140余项，各省区市出台改革政策700多项，体制机制改革呈现密集创新突破态势。

3. 改革人才管理体制，落实用人主体自主权

推动人才管理职能部门简政放权，消除对用人主体的过度干预。国务院连续7批取消职业资格许可和认定事项433项，累计取消70%以上。北京探索在新型研发机构实行无级别、无编制、无固定预算的新型管理体制。

4. 分类推进人才评价机制改革，更好发挥人才评价"指挥棒"作用

深化职称制度改革，不将论文作为评价应用型人才的限制性条件，不对外语和计算机应用能力考试搞"一刀切"。2018年10月，科技部、教育部等五部门联合开展清理"唯论文、唯职称、唯学历、唯奖项"专项行动，对各类科技评价活动进行全面清理和整改。中组部牵头开展人才计划优化整合，建立同层级人才计划申报互斥机制，防止和纠正对同一人才重复支持甚至各类人才"帽子"满天飞、人才评价简单与"帽子"挂钩、人才工作成效直接与"帽子"衔接等问题。

5. 改革人才激励机制，充分调动人才创新创业积极性

从改革收入分配政策入手，推广完善与工作业绩紧密联系、以增加知识价值为导向、以市场评价要素贡献并按贡献分配的激励机制。修订后的促进科技成果转化法就提高科技人员奖励比例作出规定。中科院深圳先进院推行"楼上创新楼下创业"，累计孵化企业1248家。

6. 改革科研经费使用管理，建立以信任为前提的人才使用机制

《关于改革完善中央财政科研经费管理的若干意见》的出台，剑指科研经费管理的痛点堵点问题，从下放预算调剂权限、提高间接费用比重、加大人才绩效激励力度等方面给出硬招实招，为科研人员松绑，赢得科研人员纷纷点赞。中国航天科技集团等单位推进放权改革，赋予领衔科技专家、创新领军人才更大的技术路线决策权、经费支配权、资源调动权。

向用人主体放权，为人才松绑，破除人才发展的桎梏，强大的人才引擎

为我国推进高质量发展提供了澎湃动力。

六、优化人才发展环境

环境好，则人才聚、事业兴。

党中央在重大纪念活动中都邀请各领域优秀人才代表参加观礼，作出重大决策之前都广泛征求专家学者的意见建议。习近平总书记连续多年出席党中央、国务院隆重举行的国家科学技术奖励大会，对罗阳、李保国、黄大年、南仁东等新时代优秀知识分子典型事迹作出重要指示批示，为疫情防控中作出突出贡献的钟南山、张伯礼、张定宇、陈薇颁授勋章奖章……一系列举措向全社会释放出大兴识才爱才敬才用才之风的强烈信号。

浙江推行"最多跑一次"改革，在各级政府行政服务中心设立人才服务专窗，一口受理、限时办结。重庆、四川推进人才对等互认，助力成渝地区双城经济圈建设。深圳在全国设立首个法定"人才日"，鲜明表达对人才的尊重与礼遇，传递出建设人才高地的信心决心……

榜样是"看得见的哲理"。

2017年12月，习近平总书记对西安交大老教授的来信作出重要指示，充分肯定交大"西迁人"的爱国奉献精神。

2018年6月，中组部、中宣部联合发文，在广大知识分子中深入开展"弘扬爱国奋斗精神、建功立业新时代"活动，广泛宣传先进典型，深刻诠释新时代爱国奋斗精神。一时间，黄旭华、袁隆平、屠呦呦等至诚报国、无私奉献的科学家，已然成为大众热捧的"明星"。

第三节 河北高校教师成长激励的优化

对河北高校人才队伍建设相关政策进行梳理，结合实际分析探讨河北高校人才队伍建设成效与存在的主要问题，提出高校教师成长激励优化的具体举措。

一、河北高校人才队伍建设相关政策

(一) 中共河北省委、河北省人民政府《关于深化人才发展体制机制改革的实施意见》

为深入贯彻落实中共中央印发的《关于深化人才发展体制机制改革的意见》，深入贯彻习近平总书记系列重要讲话精神，特别是关于人才工作的重要论述，协调推进"四个全面"战略布局，认真践行创新、协调、绿色、开放、共享发展理念，着力破除束缚人才发展的思想观念和体制机制障碍，向用人主体放权，为人才松绑，进一步激发人才活力，形成具有竞争力的人才制度优势，为建设经济强省、美丽河北提供强大人才支撑和智力支持。《关于深化人才发展体制机制改革的实施意见》共分九部分23条，包括改革的总体要求，人才管理体制，创新更具吸引力的人才引进机制，完善符合人才成长规律的培养机制，改进人才评价激励办法，构建合理顺畅的人才流动机制，建立京津冀人才一体化发展机制，健全服务人才发展保障机制，加强党对人才工作的领导等内容。

在推进人才管理体制方面总的思路是为用人单位放权，具体包括：

一是给用人主体足够的自主权。改进事业单位人事编制管理方式。对符合条件的公益二类事业单位，在财政保障政策不变的基础上，按规定推行"四自一特"管理办法，自主确定编制控制数、自主设置内设机构和所属院所、自主设定岗位结构比例和岗位聘用、自主选人用人，实行备案制管理；用人单位对优秀人才可特设岗位，实行协议工资等分配形式，不纳入绩效工资总量管理。科研院所可在核定机构编制限额内自主设置内设机构和下属单位，调剂使用编制，实行高层次人才周转编制制度。

二是实行科研项目负责人负责制。制定符合人才创新规律特点的科研项目管理和审计办法，赋予项目负责人更大的技术管理决策权，可由其自主确定研究方向和技术路线；赋予更大的选人用人权，可根据科研需要自主组建团队选聘人员；赋予更大的经费支配权，将科研项目直接费用中多数科目预算调剂权下放到承担单位，由其自主使用科研经费。

在推进人才机制改革方面主要是为专业技术人员"松绑",建立人才引进、培养使用、激励和服务保障的新机制,主要内容是:

一是人才引进力度将更大。

大力引进海内外高层次人才。积极引进院士,驻冀工作的省财政给予每人1 000万元科研经费补贴和200万元安家费;积极引进高层次领军人才,每人给予200万元至1 000万元科研经费补贴和100万元安家费。对海内外顶级高层次人才团队带技术、带成果、带项目到河北省创新创业和转化成果的,省财政给予500万元至2 000万元支持资金。对引进特殊人才和团队,可采取"一事一议"方式给予特殊支持。

加大柔性引才力度。以京津为重点,鼓励高校、科研院所、企业通过挂职兼职、技术咨询、周末工程师等方式,柔性汇聚国内外人才资源;建立区域资源共享的京津冀专家人才库、科技成果库、需求信息库,推进区域人才评价标准和资格证书互认制度;支持人才带科研成果在河北省转化落地,在冀工作不计时间长短,视业绩贡献可与省内人才在职称评定、表彰奖励、科研立项、子女教育、医疗保障等方面享受同等待遇。为河北省提供智力服务的高层次人才,省财政视贡献情况对用人主体给予10万元至50万元的引才补贴。

激发企业引才聚才动力。制定支持企业引进人才的政策措施。对企业整建制引进的创新团队,在平台建设、科研项目等方面优先支持,即时受理,不受指标限制;对企业从省外引进的高层次人才,依据成果产业化程度可给予企业奖励资助;企业用于招才引智的投入包括薪酬等支出实行税前扣除。企业从省外引进或自主培养的国家、省高层次人才,省财政给予企业30万元至50万元奖励资助。

二是人才培养模式将更新。

强化领军人才和团队培养力度。创新人才教育培养模式,集中力量打造一流大学、一流学科,形成与河北发展相契合的重点学科体系;完善产学研用相结合的育人机制,制定鼓励企业、科研院所与高等院校联合培养人才的支持措施,加快培育重点行业、重点领域、战略性新兴产业人才;深入实施各类高层次人才培养计划,制定分类培养支持人才成长的措施。对成功入选院士等国家高层次人才的，省财政给予最高1 000万元的支持资金。

壮大创新型企业家和"燕赵工匠"队伍。实施万名创新型企业家培养工程，研究制定国有企业职业经理人制度，创新民营企业家队伍培养方式，推进与国有企业双向挂职，开展创业导师帮带工作，实施"百万燕赵工匠培养支持计划"。

促进优秀青年人才脱颖而出。强化对青年人才普惠性支持，深化拓展青年拔尖人才支持计划。深化拓展"名校英才入冀"计划，吸引名校毕业生到河北省工作，省市财政5年内每人每月发放1 000元房租补助。

三是人才评价激励将更完善。

深化人才分类评价和职称制度改革。研究制定人才分类评价办法，制定深化职称制度改革的实施意见，合理界定和下放职称评审权限。省属骨干本科院校和科研单位、有条件的省委管理领导人员企业可自主评审主系列正高级及以下职称，有硕士授权的普通本科院校可自主评审主系列副高级及以下职称，评审结果报省职改办备案。紧缺急需和贡献突出的优秀人才，可实行高级职称直评直聘制度。

加大科研成果转化激励力度。赋予高校、科研院所科研成果使用、处置和收益管理自主权，除事关国防、国家安全、国家利益和重大社会公共利益外，行政部门不再审批或备案。高校、科研院所可以协议方式，进一步将成果使用权、处置权和收益权授予研发团队。

释放博士后和大学生创新创业潜能。支持博士后科研流动站、工作站和成果转化基地建设，鼓励自然科学研究和产品开发应用类博士后到河北省开展技术创新和成果转化。提高进站博士后工作补助，鼓励博士后到企业挂职，领取相应报酬。实施大学生创业引领计划，支持建立众创空间等创新创业载体。优秀创业项目由当地财政给予最高50万元资助经费。

四是人才服务保障内容更具体。

推行人才服务"绿卡"制度。全面推行河北人才服务"绿卡"，为人才在落户、子女入学、社保、医疗、住房、乘车等方面提供便利。组建人才服务专员队伍，协助解决人才个性化需求。将外籍人才养老、医疗等社会保险服务纳入"绿卡"服务范围。

五是鼓励机关事业单位人才离岗创业力度更大。

鼓励党政机关优秀人才按照组织批准、个人自愿、双向选择原则，离岗到企业兼职，支持企业发展，不在兼职企业领取任何报酬和投资入股，离岗期限3年，机关原待遇不变。允许党政机关优秀人才按规定辞职领办企业或自主创业，做好社保、职称评聘等接续工作。

允许高校、科研院所等事业单位科研人员离岗在冀创办企业或到企业开展科技成果转化，5年内保留人事关系，代缴社会保险和住房公积金，档案工资和专业技术职务正常晋升。期满重返原单位的，工龄连续计算。高校、科研院所人员到企业兼职，可按规定领取相应报酬或奖励。

（二）中共河北省委、河北省人民政府《关于全面深化新时代教师队伍建设改革的实施意见》

党的十八大以来，省委、省政府认真落实党中央关于加强教师队伍建设的一系列重大决策部署，将教师队伍建设摆在更加突出位置，全省教师队伍建设取得显著成就，教师队伍得到有效补充，师德建设切实加强，整体素质明显提高。为全面加强教师队伍建设，造就一支忠诚于党和人民的高素质专业化创新型教师队伍，2018年9月，根据中共中央、国务院《关于全面深化新时代教师队伍建设改革的意见》，中共河北省委、河北省人民政府印发《关于全面深化新时代教师队伍建设改革的实施意见》。

1. 教师队伍建设目标

《关于全面深化新时代教师队伍建设改革的实施意见》（以下简称《实施意见》）全面深化新时代教师队伍建设改革的目标是：努力培养造就一支忠诚于党和人民的高素质专业化创新型教师队伍，更好服务经济社会发展。具体分为两步走：

到2025年，事权人权财权相统一的教师管理体制普遍建立，教师队伍结构趋于合理，教师专业化水平明显提升，教师教育体系基本完善，教师待遇进一步提高，教师职业吸引力显著增强。全省教师队伍规模、结构、素质能力基本满足各级各类教育发展需要。

到2035年，教师管理体制机制科学高效，实现教师队伍治理体系和治理能力现代化。全省教师综合素质、专业化水平和创新能力大幅提升，培养造就数以万计骨干教师、数以千计燕赵名师和数以百计教育家型教师。尊师重教蔚然成风，广大教师在岗位上有幸福感、事业上有成就感、社会上有荣誉感，教师成为让人羡慕的职业。

2. 切实加强师德师风建设

为切实把师德师风建设抓实、抓好、抓出成效，《实施意见》从五个方面开展工作：

一是加强教师队伍党的建设。科学合理设置基层党组织，优化高等院校教师党支部设置，推进中小学校、中等职业学校党组织和党的工作全覆盖。健全把骨干教师培养成党员、把党员教师培养成教学管理骨干"双培养"机制。加强教师党支部书记培训。配齐建强高等院校思想政治工作队伍和党务工作队伍。

二是加强理想信念教育。扎实推进习近平新时代中国特色社会主义思想进教材、进课堂、进头脑工作。持续加强中华优秀传统文化和革命文化、社会主义先进文化以及乡土文化教育。引导广大教师坚定教育理想，坚定终身从事教育事业的信心和决心，切实担负起立德树人根本任务。

三是加强师德教育。将师德培训内容列入新任教师培训和在职教师继续教育必修课。全面落实教师职业行为规范。实行新教师入职宣誓、在职教师教师节重温誓词制度，设立退休教师荣休仪式。定期集中开展优秀教师典型宣传活动，组织创作影视作品和文学作品，发掘、树立、宣传师德正面典型。

四是强化师德考核。实行师德考核负面清单制度，建立师德考核档案和教师个人信用记录。把师德表现作为教师资格认定和定期注册、绩效考核、职称评聘、评优奖励的首要条件，实行师德表现"一票否决"。

五是加强师德监察监督。构建学校、学生、家长和社会共同参与的师德建设监督机制，健全诚信承诺和失信惩戒制度。开展师德师风专项治理，着力解决在职中小学教师有偿补课和高等院校教师学术不端等师德失范问题。

3. 加强高校高层次人才队伍建设

《实施意见》重点从提高人才待遇、扩大办学自主权、加大柔性引才和培养力度四方面下功夫。

一是高层次人才集中的高校可按规定申请提高绩效工资总量。高校可按规定探索实行年薪制、协议工资和项目工资等灵活多样的分配形式和分配办法。

二是扩大高校用人自主权。高校在单位人员编制总量或人员总量范围内，自主制订招聘条件和标准，自主确定招聘数量、时间和方式，自主公开招聘人才。职业院校从行业企业引进和招录高水平紧缺人才可适当降低学历要求，允许先入职后取得教师资格；自主招聘紧缺专业或高技能高水平兼职教师，不受人员学历、身份限制。

三是鼓励高校以京津冀协同发展和雄安新区建设为契机，发挥区位优势柔性引进京津高层次人才来河北省高等院校工作。支持河北省高等院校利用省部共建、本科高等院校联盟等平台，与京津高等院校在学科建设、人才培养、科学研究、社会服务等方面开展交流合作。

四是推出了一系列人才培养项目。进一步完善"燕赵学者"计划支持办法，启动实施高等院校"领军人才和高层次创新团队引进支持计划"和"卓越教师培养计划"，实施职业院校"燕赵大师、燕赵名匠"建设计划、"精英人才培养计划"和青年教师"青蓝工程"，尽快培养造就一批高层次高技能人才。

4. 构建科学的教师评价体系

《实施意见》提出应从以下几个方面构建教师评价体系：

一是实行教师人才分类评价机制改革。中小学教师提高师德考核内容比重，突出教育教学实绩导向，克服简单用升学率、学生考试成绩评价教师的倾向。职业院校双师型教师考核评价充分体现技术技能水平和专业教学能力。高校教师突出教育教学业绩和师德考核，将教授为本专科生上课作为基本教育教学制度。

二是推进教师职称制度改革。中小学方面主要是提高中级、高级教师岗位比例；将教师到乡村学校、薄弱学校任教一年以上的经历作为申报高级教师职称和特级教师的必要条件；职称评审向乡村教师、特教教师倾斜；实现职称评定与聘用相衔接。职业院校主要将专业课教师到企业实践情况作为申报高级职称的必备条件；对紧缺优秀人才推行职称直评直聘。高校方面主要是将主系列及实验技术系列职称评审权全部下放；探索建立"代表性成果"评价机制，对作出突出贡献的教师实施直评直聘；对专职辅导员实行职称单列计划、单设标准、单独评审。

5. 切实提高教师地位待遇

为吸引和稳定优秀人才从教,《实施意见》着力提高教师的政治地位、社会地位、职业地位和生活待遇。

一是提升教师政治地位。明确公办中小学教师作为国家公职人员特殊的法律地位,进一步突显教师职业的公共属性。

二是完善教师荣誉制度。因地制宜开展多种形式的教师表彰奖励活动,鼓励社会团体、企事业单位、民间组织对教师出资奖励。大力开展尊师重教活动,营造尊师重教良好社会风尚,着力提升教师的社会地位。

三是突出教师主体地位。建设现代学校制度,推行中国特色大学章程,完善学术(教学)委员会制度,全面落实教职工代表大会制度,保障教师参与学校决策的民主权利,维护教师职业尊严和合法权益,着力提升教师的职业地位。

四是提高教师生活待遇。健全中小学教师工资长效联动机制,要求中小学教师平均工资收入水平不低于或高于当地公务员的平均工资收入水平。在收入分配体现三个"倾斜":向班主任倾斜,提高班主任津贴标准;向乡村教师倾斜,严格落实乡村教师乡镇工作补贴,提高乡村教师生活补助标准;高校绩效工资分配向关键岗位、高层次人才、业务骨干和成绩突出的工作人员倾斜。维护民办学校教师权益,要求民办学校与教师依法签订劳动合同,合理确定教师薪酬,缴纳社会保险费和住房公积金,鼓励为教师办理补充养老保险,提高退休待遇。

(三)其他政策

2018年5月,中共河北省委办公厅、河北省人民政府办公厅出台了《关于加快推进教育人才评价机制改革的实施意见》《关于加快推进科技人才评价机制改革的实施意见》《关于加快推进医疗卫生人才评价机制改革的实施意见》等6个领域人才分类评价有关政策,人才分类评价得到全面落实。

2020年11月,河北省教育厅等七部门出台《关于加强和改进新时代师德师风建设的实施意见》,加强和改进师德师风建设,全面提升教师思想政治素质和职业道德水平。

2021年6月，河北省人社厅、河北省教育厅印发《关于深化高等学校教师职称制度改革的实施方案》，坚持以德为先、以人为本、问题导向、分类实施的原则，深化高校教师职称制度改革，分类分层，自主评价，充分调动河北省高校教师的积极性，激发高校教师创新创造活力。

二、河北高校人才队伍建设成效与存在的主要问题

（一）河北省人才队伍建设成效

近年来，特别是党的十九大以来，全省各级组织部门以习近平新时代中国特色社会主义思想为指导，落实党管人才原则，围绕推动"弘扬爱国奋斗精神，建功立业新时代"活动深入开展，紧扣人才强冀战略和工程推进实施要求，按照各类人才项目功能实施定位，持续深化"巨人计划"领军人才、青年拔尖人才、农村青年拔尖人才队伍抓手体系建设，努力为新时代全面建设经济强省、美丽河北提供更加有力有效的人才保障和智力支撑。[①]

1. "巨人计划"集聚高端人才助力高质量创新发展

人才是一个地方发展的竞争之本、转型之要、动力之源。长期以来，高层次创新型领军人才的匮乏，制约着河北省转型升级进程。集聚高端人才，助力高质量创新发展，河北省决定"十三五"时期继续实施"巨人计划"。

在河北省启动的"巨人计划"第三批选拔工作中，50家创新创业团队及其领军人才入选。相较于前两批，此次入选对象创新成果丰硕、经济效益显著、发展后劲强劲。

代表性强、覆盖面广。先进装备制造业、新一代信息产业、钢铁产业……50家创新创业团队及其领军人才代表了目前省内创新创业最为活跃的区域与群体，基本涵盖了河北省改造提升传统产业与培育壮大新兴产业发展重点领域。

层次水平高、引领性强。30家创新团队中，获得国家科技进步（技术发

---

① 吴韬. 奉献各方英才！河北省持续推进重点人才队伍建设 [EB/OL]. (2018-09-30) [2023-02-15]. https://hebei.hebnews.cn/2018/09/30/content_7050226.htm.

明、自然科学）奖 16 项、省部级一等奖 31 项；团队领军人才中，院士 3 名、国家重大引才项目专家 3 名、国家"万人计划"专家 5 名、省高端人才 2 名、省管优秀专家 8 名；20 家创业团队中近半数为省级行业协会副理事长级单位，在推动科技创新和产业发展上示范引领作用更强。

支撑加快转型升级贡献突出。30 家创新团队中，主持或参与制定国家标准 9 项，经鉴定达国内领先及以上水平的 71 项；20 家创业团队中，近半数企业产品填补国内空白或出口创汇，仅 2016 年就实现销售收入 38.8 亿元、利润 3.2 亿元、纳税 1.4 亿元。

鲜亮成绩单的背后，是省委以实施"巨人计划"为支点，以高层次创新创业人才开发撬动转型升级的坚定步伐。

扶持政策用起来。对评为"巨人"的创新创业团队及其领军人才，省财政给予 200 万元创新创业支持资金；对已评为"巨人"的企业或研发机构，财政资金、直接融资和银行贷款给予优先支持……一系列扶持激励配套政策措施继续延续。

鲜明导向树起来。坚持把"推出一个领军人才、带出一个创新创业团队、做强一个企业、形成一个品牌、催生一个产业"作为选拔定位，坚持成果效益与发展潜力并重，坚持直接助力转型升级……在综合评审中，省委组织部紧紧聚焦"十三五"时期改造传统产业和汇聚更多创新产业力量的实际需要，真正把在人才驱动创新发展中作出重要贡献的团队评选出来。

评选程序严起来。做好评审工作，"巨人计划"综合评委会人员构成基本涵盖了全部参评团队的专业领域，实行评委回避制，省纪委选派人员全过程监督。

多士成大业，群贤济弘绩。随着"巨人计划"自 2012 年开始实施并深入推进，目前已遴选出的 150 家创新创业团队及其领军人才，在推动科技创新和产业发展上发挥着重要示范引领作用，为河北省转型升级、绿色崛起提供了有力支撑。

2. 农村青年人才开发工程，培育优秀人才汇聚乡村振兴脱贫攻坚源头活水

写好乡村振兴大文章，打好脱贫攻坚战，人才是关键。聚焦"三农"工作重点急需人才支撑领域，近年来河北省以开展农村青年拔尖人才评选工作

为依托,深入实施农村青年人才开发工程,加快推进农村现代化建设进程。

积极鼓励,引导青年人才投身乡村兴业。大力推进各类大中专毕业生服务基层项目,分别加大大学生村官、"三支一扶"计划等项目实施力度,引导各类人员在工作或服务期满后长期扎根建设新农村;认真落实各项优先优惠政策,鼓励和支持高校毕业生到(回)村自主创业。

立体培育,多工程锻造农村青年人才队伍。整合各类教育资源,构建起以大中专院校、农技推广中心等为主体,以农业产业化培养示范基地等为补充的培养网络体系,扎实推动人才培养工作有序进行;加大基层干部素质教育工程、专项培育项目实施力度,重点培养农村发展致富带头人和留得住、用得上的农村科技人员。

分类管理,创新搭建优秀人才发挥作用平台。分级分类建立农村青年人才信息库,并实行动态管理;支持组织领导能力强、群众威信高、公道正派、有较强议事能力的优秀青年人才进入农村"两委"班子,推荐担任各级党代表、人大代表、政协委员,让他们积极参政议政。

千仓万箱,非一耕所得;干天之木,非旬日所长。多方政策支持下,一支日益壮大的农业农村人才队伍渐成气候,例如:

平泉市利达食用菌专业合作社理事长王红自2005年至今从事食用菌产业,摸索出"龙头企业+合作社+生产基地+农户"的经营模式,大大提升周边农户的食用菌管理水平……农村经营管理人才的专业化、年轻化,改变着当前农业生产经营松、散、小的传统形态,让小产业对接大市场,小生产聚成大产业,为乡村振兴添砖加瓦。

阜星科技现代农业园区总经理殷三强毕业后,以中国科学院、省农林科学院等单位为科技依托创建阜星科技现代农业园区,辐射带动阜城县各乡镇种植高粱6 000亩,帮助全县288个村增收增产……一批批懂农业、爱农村、爱农民的优秀青年人才正在由城市到乡村"逆行",扎根农村广阔天地,广辟产业富民门路,培育更多新时代的新型青年农民,让有文化、懂技术、会经营的新型青年农民成为乡村振兴的主体。

阳原县默然民安农业开发有限公司董事长张国强成立阳原县籍箕疃生猪养殖专业合作社,同时免费为周边群众提供苗木技术指导,目前已带动贫困人口 3 084 人脱贫致富……更多有理想、有抱负、有热情、有闯劲的"田秀才""土专家"以昂扬奋进的人生姿态奔赴田间地头，在脱贫攻坚战中诠释着青春的另一种可能。

"农村青年拔尖人才评选自 2012 年实施以来已遴选 3 批 329 名，省委、省政府将实施一系列配套扶持政策，为其创业兴业和健康成长保驾护航。"省委组织部相关负责人表示，河北省农村青年人才总量正持续增加，具有高中或中专以上文化程度的人才比重也在不断上升，农村青年人才的创业兴业能力、辐射带动能力将得到明显提高。

3. 青年拔尖人才支持计划，育才选才打造未来发展接续储备后劲

青年人才是人才队伍的源头，加强青年人才队伍建设是发掘人力资源潜力、增强社会发展后劲、推动改革发展的迫切需要。

随着河北省第三批青年拔尖人才选拔评选结束，129 名青年人才脱颖而出。至此，河北省已培育支持青年拔尖人才 369 名。

"实施青年拔尖人才支持计划是省委、省政府加强人才战略性开发，为河北省赢得和保持长远发展竞争优势，可持续做好重要人才储备作出的一项重要决策。"省委组织相关负责人表示。

队伍建设的关键在于人才选拔，如何优中选优？对此，省委组织部确立了鲜明的选拔原则。

（1）严把政治关口。坚持把德才兼备、以德为先的导向贯穿选拔评审全过程，注重对人选政治素质、品德操守、学术素养及诚信等方面核心要素进行评价。

（2）注重潜力优先。坚持把专业发展潜力作为评价青年人才的优先要素，在兼顾实绩贡献同时，关键看人选承担国家基金项目领先水平、成果奖项层次、发明专利数量等情况。

（3）聚焦高质量发展。围绕推进实现河北省高质量发展对创新创业人才的实际需求，突出产业人才直接引领作用，在促进加快转型升级的重点产业领域选拔汇聚一批新生创新创业力量。

（4）兼顾不同学科。着眼于培养未来不同学科领域高层次领军人才，把各学科带头人选拔出来，为打造河北省人才整体竞争实力接续储备后劲。

（二）河北高校人才队伍建设成效

1. 党对高校人才工作的领导全面加强

各高校坚持把党的政治建设摆在首位，筑牢党对人才工作全面领导的坚实根基。引导广大教师树立更高的价值追求，以立德树人为己任，深入推进课程思政，培根铸魂、启智润心，培养德智体美劳全面发展的时代新人。深入贯彻落实《中国共产党普通高等学校基层组织工作条例》，党对高校人才工作全面领导的组织体系、制度体系和工作机制进一步健全完善，高校人才党性修养得到全面加强。如省委教育工委通过开展新时代高校党建示范创建和质量创优工作，以点带面发挥引领带动作用，推动了全省高校党建质量全面创优全面提升。

2. 高校人才师德水平有效提升

2020年，省教育厅等七部门出台《关于加强和改进新时代师德师风建设的实施意见》，全面加强师德师风建设。师德要求已成为人才评价的前置条件，德高身正已成为教师的自律底线。各高校普遍成立党委教师工作部，加强师德师风建设，制定师德师风建设负面清单，执行师德失范"一票否决"制。不仅如此，部分学校还建立了师德师风正向积分制度，将教师提供公共服务、参加公益活动、辅导学生成长等纳入计分范畴[①]。各高校积极开展青年博士系列对接帮扶活动，通过与企业的对接帮扶，或让师生在三农一线接受教育，培养青年人才的责任与担当。

3. 人才队伍建设体系持续完善

近年来，河北省委、省政府高度重视高校人才队伍建设，先后出台了《关于全面深化新时代教师队伍建设改革的实施意见》《关于深化人才发展体制机制改革的实施意见》《关于深化科技改革创新推动高质量发展的意见》等系列文件。一方面，以项目引领支撑，通过燕赵学者、省高端人才、省创新团队领军人才培育计划、省自然科学基金创新研究群体项目等，引导和鼓励高校人才聚焦世界科技发展大势，投身关键核心技术领域攻关，坚持把重大科技任务与高层次人才培养紧密结合，通过高水平科研活动培育建设高校人才队伍。另一

[①] 韩利红. 河北省高校教育人才分类评价改革对策[J]. 河北大学学报（哲学社会科学版），2021（11）：82-88.

方面，高校用人自主权进一步扩大。高校根据事业发展、学科建设和队伍建设需要，按照有关规定，自主实施人才招聘、自主开展职称评审、自主组织岗位聘用，结果报有关部门审批或备案。各高校根据本校发展战略、不同学科需求，纷纷出台各具特色的人才分类引进、培育与评价办法，实行协议管理，充分体现了高校用人主体地位。

4. 人才制度改革不断向纵深推进

各高校以国家和河北省"放、管、服"为契机，积极推进人事制度改革，为人才的成长与发展优化制度环境。如在人才评价方面，2018年，河北省委办公厅、省政府办公厅出台了《关于加快推进教育人才评价机制改革的实施意见》《关于加快推进科技人才评价机制改革的实施意见》《关于加快推进医疗卫生人才评价机制改革的实施意见》等6个领域人才分类评价有关政策，人才分类评价得到全面落实。河北高校均按照有关文件要求对教育人才实施分类管理、分类评价，教育人才逐步从"全能选手"向"特色专长"转型。同时，各高校积极推行"代表作"制度，通过限制填报成果数量等措施，鼓励人才追求成果质量和原创性，避免了创新性不强、显示度不高成果的"凑数"现象，形成有效的过滤机制，成果质量得到有效提升。

（三）河北高校人才队伍建设存在的主要问题

1. 河北高校高层次人才数量不足

据不完全统计，河北省高校现有两院院士、长江学者、"杰青"、"优青"等国家级高层次人才不足200人，从整体上看，高校的高层次人才总量还不足以应对"教育强省"战略的人才需要。国家急需的科技领军人才严重不足；投身关键核心技术领域攻关、解决"卡脖子"问题、可将成熟的技术和工艺应用转化到实际工业生产中的应用型人才非常匮乏；基础研究人才、优秀青年人才的储备还存在不足；人才队伍结构也不够合理，在职称和年龄方面还没有形成合理的梯队。①

---

① 夏侯建兵，李舟洁，林蔚."双一流"背景下高校人才队伍建设的思考[J]. 泉州师范学院学报，2021（10）：59-63.

2. 高校人才学术平台相对薄弱

与社会经济发展水平相比，河北高校优势特色学科偏少，国家级创新平台数量不够，科研创新总体能力不强。在 42 所世界一流大学和 95 所世界一流学科建设高校中，河北仅有河北工业大学入选一流学科建设高校；在全国高校现有的 154 个国家重点实验室中，河北仅燕山大学建有 1 个；在全国高校现有的 96 个国家工程技术研究中心中，河北省仅在燕山大学和河北农业大学分别建有 1 个。高层次人才学术平台相对薄弱，引才、留才、育才支撑条件不足。

3. 人才发展环境亟须优化

一是有利于人才脱颖而出的人才评价体系尚需完善。尽管各高校均认真落实人才分类评价要求，但在坚决破除"五唯"倾向、完善同行专家评议机制、创新高层次人才评价办法等方面，在引导高校人才不"唯指标"，不急功近利，潜心学问，产出创新成果方面，尚未形成科学、完善的工作体系。二是经济待遇竞争力不足。在高层次人才引进上，尽管各高校从工资待遇、科研经费、住房补贴等方面均开出了不错的条件，但较发达地区相比，仍有不小的差距；在校内人才待遇上，虽然很多高校都推出了"年薪制""协议工资制"，但由于办学经费有限，处于相同水平的高层次人才，所享受的经济待遇明显低于引进人才，普遍面临"引来女婿、气走儿子"的困境。

4. 人事管理机制有待"破冰"

一是竞争择优的用人机制不尽完善。河北高校总体上"能上能下"的用人机制尚未真正建立。"职称一到手，工资跟着走，评过就要聘，能上不能下"意识固化，很多人员把评聘高级职称作为毕生追求和事业发展的终极目标，导致高级岗位聘用只能"论资排辈"，一定程度上削弱了人才尤其是青年人才干事创业的积极性。二是人事关系"能进不能出"现象尚未有效解决。2014 年 7 月，《事业单位人事管理条例》颁布实施，对事业单位公开招聘程序、合同订立、考核、续聘、解除与终止聘用等条款都进行了明确规定，解决了高校实施退出机制的合法性问题。然而，我国高等教育总体仍处于"大政府、小市场"的运行状态，政府计划管理机制仍然发挥主导性作用，使得长期处于政府主导下的高校，缺乏内生的主动变革动力，以及基于自身实际进行改革的系统思考和顶层设计，加上缺乏强有力的退出机制和根深蒂固的事业单位"铁饭碗"观念，解聘辞聘仍是聘用制实施的"最后一公里"难题，一定程度上造成了部分教职工的"躺平"心理。尽管河北省高校在人员退出机制上已开始进行大胆尝试，有关部门也给出了规范性操作流程，但高校、上级主管部门以及司法部门接到的申诉信访、仲裁调解及法律纠纷案件都随之增加，一定程度上增添了探索尝试的阻力。

三、河北高校教师成长激励的优化

当前，高等教育进入了内涵式发展新阶段，河北高校也面临着国内人才引进竞争激烈、海外人才引进挑战与机遇并存、师资队伍面临结构性调整、人才制度改革迈入攻坚期等新的机遇和挑战。加强高校人才工作，必须站位高、视野广、格局大。要对标对表习近平总书记赋予高等教育的新目标新定位新要求，树立"大人才观"，担当"大使命"，统筹资源、协同发展，做好引才、育才、用才、留才各项工作，建设人才高地，最大限度地挖掘人才的潜能，实现其价值和社会价值，促进河北教育事业的高质量发展。

（一）加强党对人才工作的全面领导

在中央人才工作会议上，习近平总书记将"坚持党对人才工作的全面领导"作为我国人才事业发展8个规律性认识的第一点，将"党的坚强领导和我国社会主义制度的政治优势"作为加快建设世界重要人才中心和创新高地4个有利条件之首。人才工作中，要旗帜鲜明地落实"党管人才"，增强人才服务意识和保障能力，引领人才坚定理想信念、增进政治认同，激励人才在新时代建功立业。

1. 明确人才工作主体责任

高校要把人才工作规划纳入学校事业发展规划的总体框架内和战略中，进一步健全党对高校人才工作全面领导的组织体系和工作机制，压实各级党组织人才工作主体责任。各高校要完善工作运行机制，配强人才工作力量，将人才政策落地、人才投入力度、人才队伍建设、人才项目推进、人才环境优化等列为高校各级领导班子考核、绩效目标管理考核的重要内容。要充分发挥基层党组织的政治功能,加强党对人才的政治引领和政治吸纳。

2. 强化人才思想政治引领

落实立德树人,把思想政治工作作为高校人才工作重要内容,健全高校人才理论学习制度,积极引导高校人才增强"四个意识"、坚定"四个自信"、做到"两个维护",营造风清气正的政治生态。大力倡导并营造潜心治学的良好氛围,完善教授和高层次人才为本科生授课制度,鼓励高层次人才带头开展课程思政。加强人才榜样选树宣传,引导高校人才尤其是高层次人才以成为时代"大先生"为目标,回应国家和人民对职业的高度信任和殷切期盼;引导高校人才以黄大年、李保国等模范典型为榜样,以德立身,以身作则,把研究学问作为毕生事业,把教书育人作为光荣职责,更好担当起学生健康成长指导者和引路人的责任。

(二)坚持人才队伍的内涵式发展

集聚人才第一资源,营造人才最优生态,是高校在人才竞争中争取主动的必然举措。要提高站位,强化思想认识、角色意识、目标认识,完善人才引育政策,把人才的引进、培育和成长作为推动人才发展实效性的重要研判依据,实现人才队伍全面、协调、可持续发展。以高质量人才队伍引领高质量发展,推动河北省高校人才工作水平提质增效。

1. 加大人才引进力度

高校要坚持全球视野,聚焦国家重大发展战略、国际学术前沿以及区域重大需求,进一步拓宽人才引进渠道,实施积极、开放的人才引进政策。[①] 加强人才精准引进,积极引进"两院"院士、"长江学者"、"杰青"、国家重点研发计划首席专家等高层次人才及其创新团队,着力缓解河北省高校快速发展中高层次人才严重不足的问题。加大柔性引才力度,发挥协同发展优势,鼓励高校之间、高校与科研机构之间协同创新、联合攻关、柔性引进,实现人才资源优势互补和有效利用。以京津为重点,建立京津高校优秀人才到省内高校多点执教制度。鼓励高校围绕河北省核心产业链和学校学科建设聘用

---

① 陈晓,陈声宏,余武斌.新时代高校人才工作高质量发展路径研究——以浙江高校为例[J].浙江工业大学学报(社会科学版),2022(6):195-200.

一批省内外企业家到高校担任兼职教师。对引进的具有一流国际水平、能够带动河北省产业重大发展的高层次人才团队及引进政策措施，实行"量身定制""一事一策"的方式，给予全力支持。

2. 提高人才培育精度

加大高校人才培育和支持力度。一方面，大力培育高校领军人才和创新团队。大力培养发现具有深厚科学素养、长期奋战在科研一线，视野开阔，前瞻性判断力、跨学科理解力、大兵团作战组织领导力强的战略科学家。打造一支坚持以实际需求为导向，紧紧围绕河北省产业转型升级、创新驱动发展战略，推动产学研深度融合，在国家级创新人才培养示范基地建设中培养造就的高校卓越工程队伍。另一方面，加强高校青年人才培养。做好"传、帮、带"，重点培养扶持一批青年拔尖人才。在各类科研平台建设中，支持高校青年人才牵头或参与重大科研项目、战略前沿研究、关键技术攻关，放手让青年人才挑大梁、当主角。积极创设和优化教师发展中心，搭建校级教师发展平台，构建教师发展支持体系，打通青年教师、人才、干部成长通道，建立健全教师、人才、干部"三位一体"融合发展机制。

3. 提升人才服务温度

高校要涵育识才爱才敬才用才的价值环境，增强服务意识和保障能力，切实提高内部治理水平，增强人才的认同感、归属感和成就感。一方面，要营造兼容并蓄的舒心环境，在把握政治方向的前提下，鼓励思想碰撞、学术争鸣，为高校人才交流思想、拓展学术思维创造条件。发挥高校人才在缔造、传承、实践大学精神中的重要作用，让高校人才成为引领大学精神的旗帜。支持高校人才参与或牵头重大科研任务，支持投身基础研究，鼓励创新、宽容失败，为人才开展研究留出足够的探索时间和试错空间，充分激发创新活力、释放创新潜能。[①] 另一方面，要营造助力成长的安心氛围，加强对人才的关怀和服务，在薪酬、职称、评聘、学术交流等方面加大支持力度，切实解决工作生活中的实际困难，彻底解除后顾之忧。提高行政运行效能，全面系统梳理业务流程，大力推行"马上办、网上办、一次办"服务，

---

① 华楠. 关于高校高层次人才队伍建设机制的探索与实践[J]. 北京教育（高教），2022（2）：92-94.

积极探索网上综合服务平台，把相对完整自主的时间还给教师，减轻高校人才不必要负担。

（三）深化人才发展体制机制改革

人才发展体制机制改革是人才工作高质量发展的核心抓手。要充分尊重人才的成长规律，树立问题意识，坚持问题导向；树立大局意识，坚持系统性思维。通过人才工作体制机制改革赋能，全面落实人才新政，推动河北省高校人才工作的全面创新和整体跃升。

1. 优化人才管理机制

围绕放权松绑，积极完善岗位管理、职称评聘、科研经费使用等有关政策。一方面，要深化高校职称制度改革。2018年，河北省下放教师职称评审权，由高校自主制定评审标准，自主开展推荐评审，实现了职称评审和聘用的有效衔接，有效促进了高校人才队伍建设。今后要进一步深化人才发展体制机制改革，着力解决"一评定终身""能上不能下"的局面，构建起能上能下、有利于优秀人才脱颖而出的用人机制。同时提高专业技术岗位结构高级岗位比例控制标准，推进职称制度与职业资格、职业技能等级制度有效衔接，落实高校高技能人才与专业技术人才职业发展贯通政策，搭建两类人才成长"立交桥"。另一方面，深化科研经费使用改革，赋予人才在科研团队组建、科研经费使用等方面更多自主权，保障高校人才专心开展科学研究。鼓励高校试行科研经费包干制，高层次人才及科研团队根据科研活动的实际需要自主决定学校配套科研经费使用，充分激发人才创新活力。

2. 改进人才评价机制

人才评价是高校人才队伍建设的重要组成部分，对于树立正确用人导向、激励引导人才职业发展、调动高校人才创新创造积极，具有十分重要的意义。第一，政府有关部门要做好统筹协调。人才评价是个系统工程，与专业建设、学科评估等教育事业发展紧密联系，与项目评审、机构评估等科技体制改革密不可分，政府有关部门要做好统筹协调，确保各方评价要求有机统一，使高校人才发展更好地服务于教育事业发展。第二，落实《深化新时代教育评价改革总体方案》要求，突出高校人才特点，加强对人才政治素质、师德师风、立德树人成效的评价考核。坚决破除"五唯"倾向,深入开展"唯帽子"问题专项治理,进一步纠正人才评价中唯论文、唯奖项、唯 SCI、唯影响因子等思想观念。第三,坚持破立并举,完善以创新价值、能力、贡献为导向,以代表作为核心的人才评价体系。鼓励和支持高校开展联合攻关,着力破解破除"五唯"后如何"立"的问题。支持高校开展联合攻关,对如何健全人才分类评价标准,如何创新人才分类评价方式,如何突出岗位履职评价,如何评价标志性成果的质量、贡献、影响,以及破除"SCI 至上"后如何建立各学科高水平期刊目录和高水平学术会议目录等进行深入研究,尽快形成科学合理、符合河北省实际的高校人才分类评价体系。

3. 完善人才激励机制

高校要深化人才激励机制改革,改革人才薪酬结构,通过以岗定薪、鼓励优劳优酬,构建起科学、完善的人才薪酬体系。一方面,要健全高校工资水平决定和正常增长机制。相对于发达地区,河北高校办学经费严重不足,人才待遇明显落后,因此要进一步完善校内人才队伍薪酬体系,提高基础学科和哲学社会科学学科人才收入水平保障力度。提高绩效工资总量控制标准,继续教育、对外培训不纳入绩效工资总量,鼓励高校通过"四技服务"、对外培训等增加办学经费,提高高层次人才收入水平。鼓励高校下放内设二级单位分配自主权,根据二级单位的发展目标、工作任务、年度考核、成果贡献等情况,将绩效工资总量切块到二级单位,对二级单位设置差额供养额度,鼓励各单位增加创收,在总量额度内自主分配。另一方面,要着力提高高层次人才待遇。省属高校各类人才是落实人才强冀政策、服务区域经济发展的生力军,良好的待遇有利于高层次人才心无旁骛,潜心治学。要落实省属高校高层次人才属地待遇,政府有关部门出台政策,在人才绿卡、住房、子女教育等方面打破部分地区省属高校高层次人才不能享受单位所在地人才政策困局。要积极推进高层次人才收入分配方式改革,切实解决好高层次人才安居、子女入学、配偶安置等实际问题,加强对高校高层次人才的工作生活保障。

功以才成,业由才广。谋划好高校人才工作,对于河北高等教育自身的发展具有重大意义,也关乎经济强省、美丽河北建设,关系河北全局和长远发展。对于河北高校而言，立足教育强省新阶段，必须主动参与、积极作为，明晰使命愿景，发挥创新平台和人才资源优势，以一流人才队伍引领河北高校内涵式发展，以高质量人才工作推动教育强省建设。

参 考 文 献

[1] 虞华君. 群体差异下高校教师激励因素与绩效研究 [M]. 北京：中国社会科学出版社，2019.

[2] 马克斯·韦伯. 学术与政治 [M]. 冯克利，译. 北京：生活·读书·新知三联书店，2005.

[3] 卡尔·雅斯贝尔斯. 大学之理念 [M]. 邱立波，译. 上海：上海人民出版社，2007.

[4] 彭丽华. 高校科研管理激励机制的构建及实施方略 [J]. 黑龙江高教研究，2004（11）：36-83.

[5] 陈长喜，卢秉. 高等学校教师激励机制研究 [J]. 黑龙江高教研究，2011（1）：79-81.

[6] 丁志同. 高校教师绩效提升的动力机制研究 [M]. 苏州：苏州大学出版社，2013.

[7] 命文钟. 现代激颇理论与应用 [M]. 大连：东北财经大学出版社，2014.

[8] 陈威燕，李强，王智. 高校教师工作绩效的影响因素研究 [J]. 技术经济与管理研究，2015（3）：9-13.

[9] 蔡永红，林崇德. 教师绩效评价的理论与实践 [J]. 教师教育研究，2005（1）：36-41.

[10] 丁桂莲. 高校教师的成就动机及其激励探讨 [J]. 科学管理研究，1997（8）：54-57.

[11] 丁卫民，汤易兵. 建立科学有效的科研人员激励机制 [J]. 科技管理研究，2004（4）：39-40.

[12] 范海鹰.论高校教师的需要特点及其激励 [J].西南民族大学学报（人文社科版），2004（10）：384-386.

[13] 庞海巧.高校教师职业特点及激励机制研究 [J].北京理工大学学报，2006（6）：108-111.

[14] 强明隆.高校教师薪酬激励模型设计 [J].中国人力资源开发，2011（7）：95-98.

[15] 俞文判.现代激励理论与应用 [M].大连：东北财经大学出版社，2014.

[16] 郝端端.A民办学校教师激励优化研究 [D].北京：北京交通大学，2021.

[17] 赵志鲲.大学教师激励问题研究 [D].南京：南京师范大学，2015.

[18] 尤利群.现代管理学 [M].杭州：浙江大学出版社，2003.

[19] 张德信.公共行政管理 [M].北京：中国人事出版社，2001.

[20] 张荆，赵卫华.高校教师收入分配与激励机制改革研究 [M].北京：社会科学文献出版社，2014.

[21] 张俊宗.现代大学制度 [M].北京：中国社会科学出版社，2004.

[22] 张乐天.教育政策法规的理论与实践 [M].上海：华东师范大学出版社，2009.

[23] 张维迎.学术自由、"官本位"及学术规范 [J]//汪季贤.读书.生活·读书·新知三联书店，2004（1）：89-96.

[24] 张维迎.大学的逻辑 [M].北京：北京大学出版社，2004.

[25] 张欣.高校教师分类激励机制研究 [M].北京：经济管理出版社，2010.

[26] 麻艳如.内部动力市场视角下的高校教师激励机制研究 [D].北京：首都经济贸易大学，2018.

[27] 唐珊珊.我国双一流高校教师激励困境的问题研究 [D].上海：华东师范大学，2021.

[28] 邢志杰.高校收入分配制度变革与教师工作业绩的关系研究—以岗位津贴制度的实施为案例 [D].北京：北京大学，2005.

[29] 吕航.激励与约束—对我国高校业绩津贴分配制度的实证研究 [D].南京：南京师范大学，2003.

[30] 陈晓，陈声宏，余武斌.新时代高校人才工作高质量发展路径研究——

以浙江高校为例[J].浙江工业大学学报（社会科学版），2022（6）：195-200.

[31] 柯森.高校人事制度改革：一种从高校学者角度所作的探讨[J].高教探索，1999（2）：6-12.

[32] 李萍.高校人事制度改革的哲学思考[J].中国高等教育，2005（9）：19-21.

[33] 郭丽君.大学教师聘任制一基于学术职业视野的研究[M].北京：经济管理出版社，2007.

[34] 李仰祝.双因素理论在高校教师激励管理中的应用研究[D].开封：河南大学，2012.

[35] 刘陶.基于场域理论的高校教师激励研究[D].长沙：中南大学，2010.

[36] 王蕊.基于系统动力学的黑龙江高校教师激励机制研究[D].哈尔滨：哈尔滨工程大学，2009.

[37] 周甜甜.我国高校教师激励型薪酬体系的设计研究[D].淮南：安徽理工大学，2011.

[38] 吕航.激励与约束一对我国高校业绩津贴分配制度的实证研究[D].南京：南京师范大学，2003.

[39] 高军.我国大学教师学术评价制度研究[D].南京：南京师范大学，2008.

[40] 罗青琴.福建高校体育教师激励机制的研究[D].福州：福建师范大学，2006.

[41] 王卓然.北京市财经类高校教师激励现状及问题研究[D].北京：首都经济贸易大学，2012.

[42] 吉科利.学术生态与高校学术文明构建——评《学术生态治理——研究型大学教师激励机制探索》[J].社会科学家，2020（10）：170.

[43] 张静.民办高校教师激励机制创新研究[J].黑龙江科学，2020（12）：116-117.

[44] 代薇.新时期高校青年教师激励机制研究[D].武汉：武汉大学，2004.

[45] 龚春梅.江西高校外籍教师激励方案研究[D].南昌：南昌大学，2010.

[46] 杜晓华.日本政府对私立高校教师激励政策之研究[D].成都：四川大学，

2008.

[47] 方明军.大学教师隐性激励论[D].武汉：华中科技大学，2008.

[48] 欧金荣,明庭庆,陈何芳.基于知识型员工特点的高校教师激励机制研究[J].教育与职业，2010（11）：50-51.

[49] 刘立志.高校教师队伍建设政策发展的理论研究[D].上海：华东师范大学，2003.

[50] 薛天祥.高等教育管理学[M].桂林：广西师范大学出版社，2001.

[51] 谭中和.中国工资收入分配改革与发展（1978—2018）[M].北京：社会科学文献出版社，2019.

[52] 赵东宛,谢文雄,李树泉.二十世纪九十年代前后我国两次工资制度改革历程回顾[J].中共党史研究，2016（9）：77-90.

[53] 曾湘泉,赵立军.我国高等学校工资制度的历史沿革[J].中国高等教育，2004（12）：5-11.

[54] 李倩.高等学校教师绩效薪酬的理论体系研究[D].沈阳：东北大学，2017.

[55] 龚映衫,刘冬梅,刘婉华,等.清华大学向旧的人事管理制度告别——清华大学实行岗位聘任和岗位津贴制纪实[J].中国高等教育，2000（2）：4-7.

[56] 胡方茜,盛亚东,等.浙江大学实施岗位聘任津贴制度的实践和效果[J].中国高教研究，2004（增刊）：59-63.

[57] 李红,夏春婷,陈光巨.积极探索创新 推进分配改革——北京师范大学分配制度改革的实践与效果[J].中国高教研究，2004（增刊）：74-78.

[58] 陈天宁,王雅正,等.对高校分配制度改革的探索与思考——西安交通大学实施岗位津贴制度的实践与效果[J].中国高教研究，2004（增刊）：67-71.

[59] 孙绪敏.高校青年人才绩效评价的困境与突破[J].黑龙江高教研究,2017(3):101-104.

[60] 韩利红.河北省高校教育人才分类评价改革对策[J].河北大学学报（哲学社会科学版），2021（11）：81-88.

[61] 张立,余赵.基于创新链的科技人才评价体系研究[J].科学管理研究，

2020（2）：139-142.

[62] 刘云，王雪静. 评价改革释放人才创新活力——党的十八大以来科技人才评价制度改革回眸 [J]. 中国人才，2022（10）：41-43.

[63] 刘晓燕. 人才评价改革大棋局 [J]. 中国人才，2018（10）：9-11.

[64] 李勇. 人才制度体系与创新绩效关系研究 [D]. 北京：中共中央党校，2019.

[65] 郑其绪. 我国人才评价事业的划时代进步——中央《关于分类推进人才评价机制改革意见》解读 [J]. 中国人才，2018（7）：54-52.

[66] 萧鸣政，张湘姝. 新时代人才评价机制建设与实施 [J]. 前线，2018（10）：64-67.

[67] 李晓曼，许实年，熊细滚. 高校教师职称制度的历史演变与改革路径 [J]. 河北师范大学学报（教育科学版），2022（5）：99-106.

[68] 文少保，蒋观丽. 高校教师职称评审制度变革的历史制度主义分析 [J]. 大学教育科学，2019（7）：91-98.

[69] 徐苏兰，段鑫星. 中国高校教师职称晋升制度变迁的轨迹及逻辑——基于历史制度主义的视角 [J]. 江苏高教，2020（3）：50-58.

[70] 李子江. 我国高校教师职务管理制度的历史沿革与展望 [J]. 大学教育科学，2010（4）：84-87.

[71] 顾明远. 世界教育大事典 [M]. 南京：江苏教育出版社，2000.

[72] 何东昌. 中华人民共和国重要教育文献（1949—1975）[M]. 海口：海南出版社，1998.

[73] 刘尧的. 高等学校教师职称制度变革透视——从《高校教师职称评审监管暂行办法》谈起 [J]. 高校教育管理，2018（4）：87-91.

[74] 刘尧. 高校职称评审制度改革的背后 [J]. 民主与科学，2015（6）：36-40.

[75] 李建钟. 论职称制度改革 [J]. 中国人力资源开发，2010（11）：72-76.

[76] 赵宇宏. 我国高校教师职称制度演进探究 [J]. 开封教育学院学报，2018（8）：138-139.

[77] 刘金松. 高校教师职称评审权下放逻辑、变革与瓶颈 [J]. 中国高教研究，2017（7）：81-86.

[78] 夏侯建兵，李舟洁，林蔚. "双一流"背景下高校人才队伍建设的思考 [J].

泉州师范学院学报，2021（10）：59-63.

[79] 陈晓，陈声宏，余武斌. 新时代高校人才工作高质量发展路径研究——以浙江高校为例 [J]. 浙江工业大学学报（社会科学版），2022（6）：195-200.

[80] 华楠. 关于高校高层次人才队伍建设机制的探索与实践 [J]. 北京教育（高教），2022（2）：92-94.

[81] 徐宁. "双一流"背景下高校高层次人才队伍建设研究——以H大学为例 [D]. 郑州：郑州大学，2020.

[82] 王彧之，赵林果. 高校青年教师工资激励机制创新分析 [J]. 黑龙江高教研究，2017（11）：101-103.

[83] 陈权，沈斌. 基于要素投入视角的高校教师激励机制研究 [J]. 科学管理与研究，2019，37（1）：82-85.

[84] 姚猛刚，王兆屹. 知识型员工整合激励理论 [J]. 科技管理研究，2010（30）：152-155.

[85] 杨德新. 促进高校教师自我激励的策略探析 [J]. 黑龙江高教研究，2015（4）：93-96.

[86] 欧金荣，明廷庆，陈何芳. 基于知识型员工特点的高校教师激励机制研究 [J]. 教育与职业，2010（32）：50-51.

[87] 华楠. 关于高校高层次人才队伍建设机制的探索与实践 [J]. 北京教育（高教），2022（2）：92-94.

附录：河北省相关政策摘录

附录1　河北省事业单位实施绩效工资意见（暂行）

（冀政办〔2010〕37号）

根据《河北省事业单位工作人员收入分配制度改革实施办法》（冀政〔2006〕88号）的有关规定，按照"分类指导，分步实施，因地制宜，稳慎推进"的要求，为规范事业单位收入分配秩序，完善分配激励机制，理顺收入分配关系，做好实施绩效工资工作，提出如下意见。

一、基本原则

（一）实施绩效工资与清理规范津贴补贴相结合，完善岗位绩效工资制度，严肃分配纪律，规范事业单位收入分配秩序。

（二）以提高公益服务水平为导向，建立健全绩效考核制度，合理确定事业绩效工资水平，按照规范的程序和要求，搞活事业单位内部分配。

（三）实行分级分类管理，强化地方和部门职责，促进形成不同地区、不同类别事业单位合理的收入分配关系。

（四）统筹事业单位与相关群体、事业单位在职人员与离退休人员的收入分配关系。

（五）与推动事业单位人事制度改革，全面推行岗位管理和聘用制相结合，不断完善绩效工资政策，确保平稳顺利实施。

二、实施范围和时间

除义务教育学校和公共卫生与基层医疗卫生以外的其他事业单位，按国家规定执行事业单位岗位绩效工资制度的单位正式工作人员，从2010年1月1日起实施绩效工资。义务教育学校实施绩效工资按《河北省人民政府办公厅关于转发省人力资源和社会保障厅省财政厅省教育厅义务教育学校绩效工资实施意见的通知》（冀政办〔2009〕44号）执行，公共卫生与基层医疗卫生事业单位按《河北省人民政府关于基层医药卫生体制综合改革试点的实施意见》（冀政〔2010〕49号）中的附件《河北省公共卫生与基层医疗卫生事业单位实施绩效工资的意见》执行。

三、清理核查津贴补贴

事业单位实施绩效工资与规范事业单位津贴补贴结合进行。全面清理核查事业单位现发放的各种津贴补贴和奖金，摸清收入来源、支出去向、账户情况和津贴补贴奖金的实际发放水平。在清理核查的基础上，规范津贴补贴，坚决取消资金来源不合法、不合规的项目。清理核查和规范津贴补贴工作，在各级政府的领导下，由同级纪检监察机关和人力资源社会保障、组织、财政、审计部门负责组织协调，事业单位主管部门具体实施。

四、绩效工资水平和总量的核定

（一）绩效工资总体水平由县级以上人力资源社会保障、财政部门综合考虑当地经济发展、财力状况、物价消费水平、所在地城镇单位在岗职工年平均工资水平、公务员规范后的津贴补贴水平等因素确定。其中财政性资金基本保证事业单位，由同级人力资源社会保障、财政部门共同确定；财政性资金定项或定额补助事业单位，由同级人力资源社会保障部门商财政部门确定；财政性资金零补助事业单位，由同级人力资源社会保障部门确定。财政性资金基本保证事业单位绩效工资水平确定后，财政性资金定项或定额补助和财政性资金零补助事业单位根据单位经济和社会效益状况，绩效工资平均水平可适当高一些，高出幅度为：财政性资金定项或定额补助事业单位一般可高于财政性资金基本保证事业单位10%—15%，财政性资金零补助事业单位最高不超过财政性资金基本保证事业单位30%。

（二）事业单位绩效工资总量由相当于单位工作人员上年度12月份基本工资的额度、规范后的津贴补贴和原工资构成中津贴比例按国家规定高出30%的部分（不含特殊岗位原工资构成比例提高部分）构成。

（三）各级人力资源社会保障、财政部门综合考虑事业单位类别、人员结构、岗位设置、事业发展、经费来源等因素，核定本级政府直属及各部门所属事业单位的绩效工资总量。其中，财政性资金基本保证事业单位，由同级人力资源社会保障、财政部门共同核定；财政性资金定项或定额补助事业单位，由同级人力资源社会保障部门商财政部门核定；财政性资金零补助事业单位，由同级人力资源社会保障部门核定。事业单位主管部门在核定的绩效工资总量范围内，核定所属各事业单位的奖励性绩效工资总量，并报同级人力资源社会保障、财政部门备案。

首次核定绩效工资总量时，要考虑清理核查后津贴补贴的实际情况，妥善处理各种矛盾。对绩效工资水平明显偏低、公益性较强的财政性资金基本保证事业单位，根据当地财力给予支持，逐步提高其绩效工资水平，有条件的地方也可以一步达到当地确定的绩效工资控制水平；对知识技术密集、高层次人才集中、国家战略发展需要重点支持的事业单位，在核定绩效工资总量时给予适当倾斜。

（四）事业单位绩效工资总量，原则上每年核定一次。核定后，除政策性调整工资、津贴补贴标准和机构、人员发生重大变化等特殊情况外，一般当年不作调整。确需调整的，财政性资金基本保证事业单位，由主管部门报同级人力资源社会保障、财政部门核准；财政性资金定项或定额补助事业单位，由主管部门报同级人力资源社会保障部门商财政部门核准；财政性资金零补助事业单位，由主管部门报同级人力资源社会保障部门核准。

（五）各级人力资源社会保障、财政部门负责调控本行政区域内所属事业单位绩效工资水平，要适应事业单位分类改革要求，结合本地实际情况，对不同类别事业单位探索实行不同的绩效工资总量管理办法,逐步将不同地区、不同行业的差距控制在合理的范围内。

五、绩效工资的分配

(一)绩效工资分为基础性绩效工资和奖励性绩效工资两部分。

1. 基础性绩效工资主要体现地区经济发展、物价水平、岗位职责等因素。在同一县级行政区域内,同级政府主管机关管理的不同类型事业单位中同职务(岗位等级)人员,基础性绩效工资一般执行相同的标准,具体标准分别由省、市、县(市、区)人力资源社会保障、财政部门制定,在绩效工资中所占比重原则上可相对大一些,一般按月发放。

2. 奖励性绩效工资主要体现工作量和实际贡献等因素,由单位在主管部门核定的奖励性绩效工资总量内,根据考核结果发放,可采取灵活多样的分配方式和办法。

(二)充分发挥绩效工资分配的激励导向作用。行业主管部门要结合本行业特点制定绩效考核办法,加强对事业单位内部考核的指导,引导事业单位不断提高公益服务水平。事业单位要完善内部考核制度,根据专业技术、管理、工勤等岗位的不同特点,实行分类考核。根据考核结果,在分配中坚持多劳多得,优绩优酬,重点向关键岗位、业务骨干和作出突出成绩的工作人员倾斜。同时,要妥善处理单位内部各类人员的绩效工资分配关系,防止差距过大。

(三)事业单位制定奖励性绩效工资考核分配办法要充分发扬民主,经单位职工代表大会或职工大会充分讨论、单位领导班子集体研究后,报事业单位主管部门批准,并在本单位公示。

(四)事业单位主要领导的奖励性绩效工资,在核定的绩效工资总量范围内,由主管部门根据对主要领导的考核结果统筹考虑确定。单位主要领导与本单位工作人员的奖励性绩效工资水平,要保持合理的关系,一般不超过本人基础性绩效工资。

六、相关政策

（一）绩效工资实施后，艰苦边远地区津贴和国务院或国务院授权的原人事部、财政部发文确定的特殊岗位津贴，不纳入绩效工资管理，仍继续按现行规定执行。

（二）省及以下政府确定的保留津贴、燃料补贴、职务津贴、误餐费、预发工资性补贴等和单位自行建立属于合规、合法的津贴补贴、奖金，一律纳入绩效工资管理，不再另行发放。

（三）事业单位原工资构成中津贴比例按国家规定高出30％的部分（不含特殊岗位原工资构成比例提高部分），纳入绩效工资管理，不再另行发放。

（四）实施绩效工资后，相应取消国家原规定的年终一次性奖金，纳入绩效工资管理，不再另行发放。

（五）《中共中央办公厅国务院办公厅转发〈中央纪委、中央组织部、监察部、财政部、人事部、审计署关于严肃纪律加强公务员工资管理的通知〉的通知》（厅字〔2005〕10号）下发前，事业单位发放的改革性补贴，除超过规定标准和范围发放的之外，暂时保留，不纳入绩效工资，另行规范。在规范办法出台前，一律不得出台新的改革性补贴项目、提高现有改革性补贴项目的标准和扩大发放范围。

（六）新参加工作的人员，见习期（初期、学徒期、熟练期）期间基础性绩效工资按本人见习期（初期、学徒期、熟练期）期满定级工资对应的岗位（职务）标准执行，奖励性绩效工资由单位确定。

其他新进入单位人员，按新聘任的岗位执行相应的基础性绩效工资标准，奖励性绩效工资由单位确定。

（七）在实施绩效工资的同时，发放事业单位离退休人员补贴。其中离休人员的补贴水平按中央纪委、中央组织部、监察部、财政部、人力资源和社会保障部、审计署《关于解决离休人员待遇有关问题的通知》（中纪发〔2008〕40号）精神执行；退休人员的补贴标准由县级以上人力资源社会保障、财政部门确定，在同一县级行政区域内，同级政府主管机关管理的不同类型事业单位中同职务（技术等级）退休人员，一般执行相同标准的"退休人员补贴"。财政性资金定项或定额和财政性资金零补助事业单位中，2006年7月1日后退休人员，原工资构成中津贴比例高出30%部分，纳入"退休人员补贴"，不再另行发放。绩效工资不作为计发离退休费的基数。

（八）绩效工资作为事业单位工资的组成部分，参加养老保险的事业单位应列入养老保险统筹项目，一并纳入缴费基数，相应的退休人员补贴由养老保险统筹基金开支。对因绩效工资纳入统筹后是否会出现社保基金收支不平衡问题，由各级各有关部门具体测算数额，并根据各地实际情况研究制定有关补偿机制。

（九）实施绩效工资后，事业单位不得在核定的绩效工资总量外自行发放任何津贴补贴或奖金，不得突破核定的绩效工资总量，不得违反规定的程序和办法进行分配。对违反政策规定的，坚决予以纠正，并进行严肃处理。

七、经费保障与财务管理

（一）事业单位实施绩效工资所需经费，按照单位经费形式和财政补助政策，由财政和事业单位分别负担。各级财政部门要结合单位性质、经费形式，合理确定财政补助政策，并确保应负担经费及时足额到位。由事业单位负担的经费，其经费来源渠道和支持办法应符合国家和省有关规定。

（二）规范事业单位财务管理和国有资产管理，各类政府非税收入一律按国家规定上缴同级财政，严格实行"收支两条线"管理，严禁利用非税收入和公用经费自行发放津贴津补贴。

（三）事业单位实施绩效工资经费应专款专用，按照《财政部关于印发〈行政事业单位工资和津贴补贴有关会计核算办法〉的通知》（财库〔2006〕48号）规定，加强会计核算管理。绩效工资应以银行卡的形式发放，原则上不得发放现金。单位工会经费、集体福利费和其他专项经费要严格按照现行财务会计制度规定的开支范围使用和核算。

八、组织实施

（一）事业单位实施绩效工资工作，在各级政府的领导下，由同级人力资源社会保障、财政部门组织实施。各设区市的实施办法报省人力资源和社会保障厅、省财政厅审核备案同意后实施。各县（市、区）的实施办法，报设区市人力资源社会保障、财政部门批准后实施。

（二）事业单位主管部门是绩效工资实施的责任主体，要加强工作指导，建立健全有效的监督检查工作机制，严格把握政策和程序，指导和督促事业单位严格执行绩效工资的有关政策。

（三）各级各部门要及时研究和妥善处理实施中出现的问题，确保绩效工资平稳实施。

（四）在国家尚未出台其他事业单位实施绩效工资具体办法前，我省暂按本意见实施。待国家出台具体办法后，按国家规定执行。

附录2 关于加快推进教育人才评价机制改革的实施意见

（冀办发〔2018〕31号）

为贯彻落实中共中央办公厅、国务院办公厅印发的《关于分类推进人才评价机制改革的指导意见》，结合我省实际，现就加快推进教育人才评价机制改革，提出如下实施意见。

一、基本原则

（一）坚持社会主义办学方向

始终坚持党的领导，全面贯彻党的教育方针，落实立德树人根本任务，培养社会主义合格建设者和可靠接班人。从教学单位的发展和办学特色出发，遵循教育规律，探索建立科学合理的教育人才评价体系。

（二）注重师德评价

遵循"师德为先、教学为要、研究为基、发展为本"的基本要求，把师德作为人才评价的首要内容，全面评价教育人才的思想政治素质、职业道德和业务能力，倡导以德立身、以德立学、以德施教、以德育德，争做"四有"好教师。

（三）突出教育教学业绩

坚持全面考核和突出重点相结合，将教育教学作为教育人才考核评价的核心内容，增加课堂教学评价权重，严格落实教授为本专科生上课制度。强化教学质量评价，多维度考评教学运行、课堂教学效果、教学改革与研究等教学工作实绩。

（四）实施分类评价指导

坚持分类指导和分层次评价相结合，根据不同类型学校和学校中不同岗位教育人才职责特点，以及教育人才所处职业生涯的不同阶段，分类型分层次设置评价内容和评价方式，建立健全教育人才有效评价机制，促进教育人才专业发展。

二、分类与标准

（五）人才分类

根据不同办学层次和类型，将教育人才按照本科院校、高等职业院校、中等职业学校（含技师学院、技工学校）、中小学（含幼儿园）4类进行分类评价。

本科院校教育人才分为：教学为主岗、科研为主岗、教学科研并重岗、辅导员岗、科技成果转化岗、管理教辅岗6类岗位人才；高等职业院校教育人才分为基础课教学为主岗、专业课教学为主岗、科研为主岗、辅导员岗、科技成果转化岗、管理教辅岗6类岗位人才；中等职业学校教育人才分为基础课教学为主岗、专业课教学为主岗、管理教辅岗3类岗位人才；中小学教育人才分为学校（园）管理岗、专任教师岗、教辅人员岗3类岗位人才。

（六）评价标准

1. 师德

坚持德才兼备、以德为先，把师德作为教育人才考核评价的首要内容，重点评价教育人才爱国守法的意识行为，不得有损害国家利益和不利于学生健康成长的言行；爱岗敬业，乐于奉献；关爱学生，严格要求，公正对待学生；教书育人，因材施教，促进学生全面发展；严谨治学，勇于探索，诚实守信；为人师表，以高尚师德、人格魅力和学识风范教育感染学生；勇担社会责任，为国家富强、民族振兴和人类进步服务；树立终身学习理念，潜心钻研业务，不断提高专业素养和教育教学水平等方面情况。

2. 专业能力

（1）本科院校教育人才

教学为主岗位，重点评价教育人才在课程建设、教学运行、教学评价、教学信息化、创新创业教育、教学改革与研究等方面的能力。

科研为主岗位，对从事基础研究的人才，重点评价其解决重大科学问题能力、创新能力、带动研究团队发展和提升学科水平的能力、学术贡献及影响力；对从事应用研究和技术开发的人才，重点评价其解决关键技术的能力、技术创新与集成能力、成果转化程度及经济社会效益，创新成果商品化、产业化和对产业转型升级带动能力；对从事软科学及人文社会科学研究的人才，重点评价其服务区域经济社会发展、咨政育人、文化传承创新方面的能力。

教学科研并重岗位，合理设定教学和科研两方面业务能力的评价权重，加强综合评价。对研究生导师要注重评价其科研水平、学术指导和团队建设能力，完善导师聘期和日常考核评价。

辅导员岗位，重点评价思想政治教育和价值引领、学生管理、实践育人、心理健康教育、校园公共危机管理、职业规划与就业创业指导等方面的能力。注重考察思想政治工作实绩和育人实效。

科技成果转化岗位，重点评价其科技成果转化、技术创新集成和技术推广应用，以及其在科技成果转化中创造的经济效益和社会效益等。

管理教辅岗位，管理岗位重点评价其谋划发展、决策执行、改革创新和学生思想政治教育等方面的能力；教辅岗位重点评价其专业知识水平、业务技能及保障服务能力。

（2）职业院校教育人才

基础课教学为主岗位，重点评价其在课程建设、教学运行、教学评价、教育信息化、创新创业教育、教学改革与研究等方面的能力。

专业课教学为主岗位，主要包括专业理论课教师、实践技能类教师和"双师型"教师3类，对于专业理论课教师，重点评价其专业理论知识水平、专业与课程建设、教育教学能力等；对于实践技能类教师，重点评价其生产一线实践经验、实践技能操作水平和学生技术技能培养效果等；对于"双师型"教师，既要评价其专业理论知识水平、专业与课程建设和教育教学能力，也要评价其生产一线实践经验、实践技能操作水平与学生技术技能培养效果，要注重吸纳行业、企业作为评价参与主体。

科研为主岗位，重点评价其课题项目、发表论文、学术著作、技术技能积累、核心或关键技术创新、技术知识应用和推广等方面的能力。

高等职业院校的辅导员岗、科技成果转化岗、管理教辅岗等3类岗位，可参照本科院校同岗位教育人才的评价标准进行评价。中等职业学校的管理教辅岗可参照普通中小学同类岗位教育人才评价标准进行评价。

（3）中小学（含幼儿园）教育人才

学校（园）管理人员，重点评价其进行学校（部门）战略规划，营造育人文化，打造学校（园）特色，引领学校（园）发展的能力；领导课程教学、引领教师专业成长的能力；优化内部管理和调适外部环境及与社区沟通方面的能力；建立完善促进学生全面发展的教育教学评价制度，科学运用评价手段的能力。

专任教师，重点评价其在教育教学实践中设计教学目标，制定教学计划，设计教育活动及班（团队）活动或保教实践活动的能力；采用多种方式实施教学，有效调控教学过程，激发学生学习兴趣，培养学生创新的能力；组织、管理班级，有针对性地组织开展德育活动的能力；运用多元评价手段进行教育教学评价的能力；与学生、同事、家长沟通交流，运用多种资源促进学生发展的能力；反思自我教育教学行为，规划个人专业发展的能力。

教辅人员，重点评价其教学设备、器材、玩教具、资源、文献、档案运维管理能力；教学资源的供给与开发能力；教学辅助准备、教学环境维护的能力；协助开展教学研究和课外活动或游戏活动的能力；针对教辅岗位的专业性和独特性，规划自身专业发展的能力。

3. 业绩贡献

（1）教育教学，所有教师都必须承担教育教学工作，重点评价其在课程资源建设方面取得的工作业绩；在规划教学活动、组织教学或实验方面取得的工作业绩；在完成承担的教学任务、知识传授、人才培养、文化传承方面取得的工作业绩；在教学规范、教学运行、课堂教学效果、教学改革与研究、教学成果获奖方面的工作业绩；在引导学生探究活动、实验研究、游戏活动、促进学生发展方面取得的工作业绩；在教学研究、反思提升、自我专业发展方面取得的工作业绩。对研究生导师要注重其培养学生提升研究能力和取得研究成果等方面业绩的考核评价；对实践技能类教师和"双师型"教师要注重实践技能与学生技能培养方面业绩的考核评价。严格把教授为本专科生上课作为基本制度予以落实并进行评价。严禁简单用学生升学率和考试成绩对中小学教师进行评价。强化教学质量和课堂教学纪律情况评价，把教学过程坚持党的基本路线、坚持正确的政治方向和育人导向、遵守法律法规和课堂教学纪律等作为基本教学业绩进行评价。

（2）科学研究，本科院校或职业院校科研为主岗位教师和教学科研并重岗位教师的科研工作，重点评价其在理论创新、技术突破和科学发现中取得的标志性科研成果；在传承文明、学科建设、专业发展方面的业绩贡献；在技术理论、核心技术和共性关键技术方面的业绩贡献；在创新及技术成果转化效益方面的业绩贡献；在服务区域经济社会发展、政府决策咨询方面的业绩贡献。中小学正高级教师的科研工作，重点评价其在教育教学改革创新研究方面的业绩贡献。要扭转重数量轻质量的科研评价倾向，改变在人才评价中过度依赖和不合理使用论文、专利、项目及经费等方面的量化评价指标的做法，实行代表性成果评价，鼓励潜心研究、长期积累，把研究成果质量、原创价值和对经济社会发展实际贡献作为主要评价要素。

（3）管理与教辅，对于管理人员，重点评价其在引领学校（园）发展方面取得的业绩；领导学校（园）课程、教学、评价健康发展方面取得的工作业绩；在优化内部管理和调适外部环境方面取得的工作业绩；在谋划发展、决策执行、开拓创新和学生思想政治教育方面取得的工作业绩。对于教辅人员，重点评价其在教学辅助资源建设与开发方面取得的工作业绩；在教学辅助设施维护、管理、运行方面取得的工作业绩；在教学辅助创新发展方面取得的工作业绩。

三、方式与方法

(七)完善师德考核评价

师德考核评价应充分尊重教师主体地位,坚持客观公正、公平公开原则,采取个人自评、学生测评、同事互评、单位考评等多种形式进行。师德考核由学校制定具体考核办法并直接组织,考核结果应通知本人,考核优秀的应当予以公示表扬,确定考核不合格的应当向教师说明理由,听取本人意见。推行师德考核负面清单制度,建立和完善教育人才师德考核档案。按照有关规定从严查处触犯教育部规定的师德红线的行为,建立健全教育人才评价诚信守诺、失信行为记录和惩戒制度。将师德表现作为教师招聘、资格注册、绩效考核、职务(职称)评审、岗位聘用、评优奖励等的首要内容,对师德考核评价不合格者实行"一票否决"。构建师德建设长效机制,将师德考核评价贯穿于教师招聘、培养培训与日常教育教学、科学研究、职务评聘和社会服务等全过程。

(八)坚持评价方式多元化

根据办学层次和类型,学校自主采用教师自评、学生评价、同行评价、督导评价等多种评价方式评价人才,并确定合理权重。同时,积极探索企业评价、社会评价、第三方评价等评价方式。

教师自评,以教书育人效果和教师专业发展为评价标准,采取统计工作量、业绩计分、述职汇报、个人鉴定等形式,对教育教学质量自我评价。

学生评价,以学生满意度为评价标准,科学设计学生评教指标体系,采取问卷调查、网络测评、抽样调查、召开座谈会等形式,对任课教师或导师进行评价。对导师聘期和日常考核评价要增设研究生评价环节,并加大评价权重。

同行评价,以同行专家的认可度为评价标准,采取听课评课、业绩展示、考试评审、考核认定、个人述职、面试答辩、代表性成果鉴定、学术活动交流、技术技能操作评定等灵活多样的方式进行评价。

督导评价,以教育教学过程与效果为评价标准,以学校、系部督导组为评价主体,完善督导评价体系,采取随堂听课、经验交流、定性评价与定量评价相结合等形式进行评价。

（九）创新科研团队评价方式

对科研团队要以解决重大科研问题为导向，根据基础理论创新、科学发现方面取得的标志性成果，以及在重大科技创新和成果转化方面取得的实际业绩实施整体性评价。对于科研团队成员，注重个人评价与团队评价相结合，个人业绩和科研团队建设业绩相结合，以其完成的实际贡献为评价重点，充分发挥团队负责人在团队内部考核评价中的作用。

（十）推进直评直聘

创新人才评价机制，进一步完善特殊教育人才的申报评价办法，对取得重大基础研究和前沿技术突破、解决重大科学或技术难题、在教育事业发展中作出突出贡献的教育人才，以及引进的海内外高层次人才和急需紧缺的优秀拔尖人才，开辟绿色通道，实行直评直聘的方式进行评价和使用。

四、管理与服务

（十一）落实教育人才学校评价自主权

尊重用人单位在考核评价中的主导作用，教育人才评价坚持以学校为主体。合理界定和下放人才评价权限，推动具备条件的高校自主开展评价聘用（任）工作。防止人才评价行政化、"官本位"倾向，充分发挥学术委员会和教学委员会的作用。各学校要把深化教育人才评价机制改革摆在学校改革发展的重要位置，加强引导，形成正确舆论导向和良好的改革氛围，做好前后制度交替的平稳衔接工作，细化制定学校相关教育人才分类办法和考核评价体系，建立健全科学的教育人才评价机制。

（十二）推进发展性人才评价机制改革

各学校要逐步建立完善教育人才考核评价指标体系，增设专业发展考评指标，将参加培训研修、专业实践情况作为考核评价的重要内容，借助考核评价促进教育人才能力提升和职业长远发展。探索教育教学过程评价，及时给予教育人才有针对性的改进建议。建立考核评价结果分级反馈机制，科学分析教育人才在考核评价中体现出来的优势与不足，相应制订教育人才培养培训计划，促进教育人才专业化水平持续提高。强化考核评价结果的运用，考核评价结果要作为教育人才职务评聘、岗位聘用、绩效分配、评优奖励等工作的重要依据。结合学科（专业）建设、项目申报、平台构建、人才和团队培育等实行资源配置动态调整，充分发挥教育人才考核评价结果的导向作用。

优化公平公正有序的评价环境。加强评价专家数据库建设，建立评审专家信誉责任制度，保障评价的科学性、公正性。健全完善规章制度，提高评价质量和公信力，各学校要根据各类型岗位人才特点，完善考核评价程序，人才考核评价办法应充分吸收教职工的意见建议，经教代会讨论，由党委会研究通过，并建立健全申报、审核、公示、反馈、申诉、巡查、举报、回溯等制度。各学校要加强教育人才管理信息系统建设，健全教育人才考核评价信息数据库，为考核评价提供基础，实现学校管理部门间的信息共享。各评价主体间应共享考核评价结果，避免不必要的重复评价。

附录3 关于深化职称制度改革的实施意见

（冀办发〔2017〕22号）

为贯彻落实中共中央办公厅、国务院办公厅印发的《关于深化职称制度改革的意见》（中办发〔2016〕77号）精神，结合我省实际，现就深化职称制度改革提出如下实施意见。

一、总体要求

深入学习贯彻习近平总书记系列重要讲话精神，特别是关于人才工作的重要论述，紧紧围绕省第九次党代会提出的实施"人才兴冀工程"战略部署，着眼于破除束缚人才发展的体制机制障碍，坚持党管人才原则，遵循人才成长规律，把握职业特点；坚持以用为本、服务发展和问题导向，充分发挥人才评价"指挥棒"作用，进一步完善职称分类评价标准，创新评价机制，改进服务方式，促进职称评审与人才培养使用紧密结合，力争通过3至5年时间，逐步建立评价科学、机制完善、放管适度、责任明确、服务便捷的职称制度，确保客观科学公正评价专业技术人才，为坚定走加快转型、绿色发展、跨越提升新路汇聚人才，为建设经济强省、美丽河北提供人才支撑。

二、完善职称评审标准

（一）突出评价专业技术人才职业道德。坚持德才兼备、以德为先，把品德作为专业技术人才评价的首要内容，重点考察职业道德。用人单位通过个人述职、考核测评、民意调查等方式全面考察专业技术人才的职业操守和从业行为。完善职称申报评审诚信档案和失信黑名单制度，健全诚信承诺和失信惩戒机制，实行学术造假"一票否决制"，倡导科学精神，强化社会责任，坚守道德底线。

（二）突出评价专业技术人才能力素质。按照国家确定的职称系列，以及各系列层级均设置到正高级的要求，根据我省不同职业、不同岗位、不同层次人才特点和职责，坚持干什么评什么，重能力、重水平、重实践，合理设置和使用职称评审中的论文、科研成果等评价指标，实行差别化评价。长期在县（市、区）及其以下企事业单位工作的专业技术人才，以及实践性强、操作性强、研究属性不明显的职称系列（专业），对论文和科研成果不作为必备条件，主要评价其爱岗敬业、履职尽责、工作能力、工作业绩、工作年限等，探索以专利成果、项目报告、工作总结、工程方案、设计文件、教案、病历等视同论文、科研成果要求。对学术性、原创性、研究属性较强的职称系列（专业），试行代表作制度，注重论文、科研成果、作品的质量，淡化数量要求。对职称外语、计算机应用能力考试不作统一要求，确需评价外语、计算机应用能力水平的，由用人单位和主管部门自主确定。

（三）突出评价专业技术人才业绩贡献。围绕建设创新型河北目标，以服务发展为导向，重业绩、重贡献、重创新，增加技术创新、专利发明、成果转化、技术推广、标准制定等评价指标的权重，将科研成果取得的经济效益和社会效益作为评价重要内容，完善我省人才分类评价标准。用人单位在省标准基础上制定本单位具体量化标准。对自然科学人才，从事基础研究的，重点评价其解决重大科学问题能力和成果的原创性、科学价值、学术水平和影响等；从事应用研究和技术开发的，重点评价其技术创新与集成能力、取得自主知识产权和重大技术突破及对我省产业发展的实际贡献等。对哲学社会科学人才，从事理论研究的，重点评价其在推动理论创新、传承文明、学科建设等方面的业绩贡献；从事应用对策研究的，重点评价其解决我省经济社会发展重大现实问题、为党和政府决策提供服务支撑等方面的业绩贡献。对教育教学人才，坚持立德树人，把教好书、育好人作为教师评价的核心内容，重点评价其教育教学水平和培养学生实绩。对医疗卫生人才，把会看病、看好病作为评价的主要内容，重点评价其临床实践能力。对工程技术人才，重点评价其提高工程质量、推动技术创新、解决技术难题、制定行业标准等方面的业绩贡献。对农业技术人才，重点评价其服务"三农"、促进农业增效农民增收农村增绿等方面的业绩贡献。对财经人才，重点评价其服务经济社会发展、行业引领作用、创造价值能力和创造经济效益实绩。对文化艺术人才，重点评价其在弘扬社会主义核心价值观，挖掘和推广燕赵文化艺术等方面的业绩贡献。对长期在艰苦边远地区和基层一线工作的专业技术人才，侧重评价其实际工作业绩，适当放宽学历和任职年限要求。

三、创新职称评审机制

（四）丰富职称评审方式。完善以同行专家评价为基础的业内评价机制，注重引入市场评价和社会评价。对基础研究人才评价以同行学术评价为主，对应用研究和技术开发人才突出市场和社会评价，对哲学社会科学研究人才重在同行认可和社会效益。可选择采用考试、评审、考评结合、考核认定、个人述职、面试答辩（说课）、实践操作、业绩展示等评价方式，对人才进行综合评价，提高职称评审的针对性和科学性。探索利用大数据、云计算等信息技术手段，为多维度评价人才提供依据。实行量化评审，把专业水平、工作业绩、实践经历、考核结果、面试答辩（说课）等作为职称量化计分的重要内容。晋升高级职称实行全员面试答辩（说课），其权重一般不低于量化计分的30%。逐步扩大考评结合的职称系列（专业）范围。完善基层专业技术人才职称"定向评审、定向使用"制度，试行单独分组、单独评审。按照国家规定的职称和职业资格对应关系，专业技术人才取得职业资格即可认定其具备相应系列和层级的职称，并可作为申报高一级职称的条件。

（五）畅通特殊人才晋升通道。对特殊人才采取特殊方式进行评价。推广我省科研人才通过绿色通道晋升职称的做法，畅通其他高层次、急需紧缺、特殊贡献人才晋升职称的绿色通道，采取一事一议，一人一策的方式，不拘一格选拔人才，为特殊人才评审相应职称，可按照特设岗位予以聘用。

（六）拓展职称评审人员范围。总结推广我省关于非公有制企业专业技术人才职称申报评审的有效做法，进一步打破户籍、地域、所有制、身份、档案、人事关系和体制内外等限制，凡在我省工作的专业技术人才，都纳入职称申报评审范围。畅通体制外专业技术人才职称申报渠道，适应非公有制经济组织、社会组织、自由职业、小微企业以及新兴业态职称评审需求。高等院校、科研院所等事业单位中经批准离岗创业或兼职的专业技术人才，离岗期间可在原单位按规定正常申报职称，其创业或兼职期间工作业绩作为职称评审的依据。公务员不得参加专业技术人才职称评审。

（七）推进京津冀职称工作协同发展。建立京津冀职称工作协调机制，促进评审条件、程序、方法和评委共用互通，推进京津冀评委专家库和专业技术人才库建设，逐步实现京津冀人才资源共享。服务京津冀协同创新共同体建设，研究制定相应的人才评价机制。落实京津冀职称互认协议，逐步扩大跨区域职称互认。

四、促进职称评审与人才培养使用相结合

（八）促进职称制度与人才培养有效衔接。推进职称评审与专业技术人才继续教育制度相衔接，加快专业技术人才知识更新，专业技术人才要主动接受本专业的业务培训、合作交流、国际会议等多种形式的非学历继续教育，按规定将继续教育情况作为专业技术人才考核评价、岗位聘用的重要依据；结合"万名专家服务基层行动计划"，依托科技特派员、万名医师支援农村卫生、城市教师支援农村教育等项目，引导专业技术人才到基层锻炼，逐步将基层工作经历作为职称评聘的条件。

（九）促进职称制度与岗位聘用有效衔接。坚持评以适用、以用促评，实现职称评审制度与各类专业技术人才聘用、考核、晋升等用人制度相衔接。事业单位要在岗位结构比例内开展职称评审。有空岗的事业单位，要严格落实聘用政策，及时开展岗位聘用并按所聘岗位兑现相关待遇，做到人岗相适、能上能下。企业和通用性强、广泛分布在各社会组织的职称系列以及新兴职业，可采用评聘分开的方式。根据行业发展需求，优化事业单位岗位设置。完善基层专业技术人才职称评聘政策，适当提高基层单位岗位结构比例，逐步推行县（市、区）域内教育、卫生、农业等专业技术岗位统筹使用，并向乡（镇、街道）、农村（社区）倾斜。围绕雄安新区建设、京津冀协同发展、冬奥会筹办、世界一流大学和一流学科建设、大气环境治理等重点工作，健全高层次人才职称聘用政策，适当提高专业技术岗位结构比例，激励高层次

人才创新创业。规范"双肩挑"专业技术人才职称申报和聘用管理,落实高级职称人员延长退休相关政策。

五、改进职称管理服务方式

(十)下放职称评审权限。进一步推进简政放权、放管结合、优化服务。充分发挥用人主体在职称评审中的主导作用,科学界定、合理下放职称评审权限。在省属高校、科研院所、国有大型企业自主开展职称评审的基础上,探索推动医院、民营企业等单位自主开展职称评审,逐步将高级职称评审权限下放到符合条件的市或社会组织。对开展自主评审的单位,政府不再审批评审结果,改为事后备案管理。指导各市逐步向县(市、区)和高等院校、科研院所、企业下放中初级职称评审权限。

(十一)强化职称工作监管。创新监管方式,构建政府监管、单位(行业)自律、社会监督的综合监管体系。加强申报推荐监管。实行申报推荐数量核准备案,坚持申报数量、申报条件、推荐结果公开公示,落实申报人和单位诚信共同承诺制度;落实"两随机一公开"制度,随机确定抽查单位、随机抽查申报材料,公开抽查结果;落实审核签字负责和倒查问责制。加强对评审的监管。完善评审专家遴选机制,加强评审专家库建设,实行动态管理;严格评委会组建审批管理,实行评委随机抽取;健全评委会工作程序和评审规则,严肃评审纪律,坚持评审公开、回避、评审质量评估、巡查和违纪违规行为处理制度;保证评审质量,对不能正确行使评审权、不能确保评审质量的评委会,可暂停其评审工作直至收回评审权;严禁社会组织以营利为目的开展职称评审,突出职称评审公益性。加强对聘用工作的监管。完善事业单位专业技术岗位聘用管理,坚持以用为本、按岗聘用和公开、平等、竞争、择优的原则,明确各级岗位职责和任职条件,规范聘用程序,大力推行竞聘上岗,扩大事业单位用人自主权,促进优秀人才脱颖而出;健全考核制度,加强聘后管理,实现岗位聘用能上能下。加强对专业技术资格考试的监督指导。规范证书发放、考试和收费等事项,查处开设虚假网站、制作和贩卖假证等违纪违法行为,严防考试泄密失密,保证考试安全、公平、科学。

加强职称公共服务平台建设，逐步实现网上申报、评审、查询验证，做好专业技术人才统计分析，提高职称管理服务水平。

（十二）加强对职称工作组织领导。坚持党管人才原则，切实加强党委和政府对职称改革工作的统一领导。各级党委及其组织部门要把职称制度改革作为人才工作的重要内容，在政策研究、宏观指导等方面发挥统筹协调作用。各级政府人力资源社会保障部门特别是各级职称改革领导小组及其办公室要认真贯彻落实中办发〔2016〕77号文件要求，加强对职称改革工作的统筹规划、协调落实、业务指导和监督检查，发挥好牵头抓总作用。各市（含定州、辛集市）、省直各部门要加强与省职称改革领导小组办公室的沟通协调，主动接受监督指导，做好本地本部门的职称管理工作，出台有关职称工作的办法措施，须报省职称改革领导小组办公室审核备案。

各级各部门要充分认识职称制度改革的重要性、复杂性、敏感性，将职称制度改革列入重要议事日程，加强组织领导，狠抓工作落实。坚持分类推进、试点先行、稳步实施，密切配合，抓紧制定配套措施，分系列推进职称制度改革。加强舆论引导，做好政策解读，妥善处理职称改革中遇到的矛盾和问题，引导广大专业技术人才积极支持和参与职称制度改革，确保改革平稳推进和顺利实施。

附录4　关于深化高等学校教师职称制度改革的实施方案

（冀人社发〔2021〕9号）

各市（含定州、辛集市）人力资源社会保障局、教育局，雄安新区党群工作部，省直有关部门：

按照中共中央、国务院《关于全面深化新时代教师队伍建设改革的意见》和《深化新时代教育评价改革总体方案》文件要求，为深入贯彻落实人力资源社会保障部、教育部《关于深化高等学校教师职称制度改革的指导意见》精神，结合我省实际，现就深化高校教师职称制度改革制定如下实施方案。

一、总体要求

以习近平新时代中国特色社会主义思想为指导，全面贯彻落实党的十九大和十九届二中、三中、四中、五中全会和全国教育大会精神，以及河北省委有关要求，遵循高校教师职业特点和发展规律，破除束缚高校教师发展的思想观念和体制机制障碍，坚持以德为先、以人为本、问题导向、分类实施的原则，深化高校教师职称制度改革，分类分层，自主评价，充分调动我省高校教师的积极性，激发高校教师创新创造活力，建设一支高素质、专业化、创新型教师队伍，为建设经济强省、美丽河北提供人才支撑。

二、完善评价标准

（一）坚持以德为先。贯彻习近平新时代中国特色社会主义思想，坚持社会主义办学方向，以理想信念教育为核心，以社会主义核心价值观为引领，把好思想政治关，将师德表现作为教师职称评聘的首要条件。落实《新时代高校教师职业行为十项准则》和我省关于师德师风建设的有关要求，坚持师德考核档案制度、师德考核负面清单制度、师德承诺制度，健全失信惩戒机制。坚持立德树人，引导广大教师以德立身、以德立学、以德施教。

（二）突出教书育人实绩。高校应把认真履行教育教学职责作为评价教师的基本要求。加强教学质量评价，把课堂教学质量作为主要标准，多维度考评教学规范、教学运行、课堂教学效果、教学改革与研究、教学获奖、教学资源建设等教学工作实绩。严格教学工作量，把承担一定量的本（专）科教学工作作为教师职称评聘的必要条件。落实教授为本（专）科生上课制度，明确承担本（专）科生教学最低课时要求。强化教学考核要求，提高教学业绩和教学研究在评审中的比重。突出教书育人实绩，注重对履责绩效、创新成果、人才培养实际贡献的评价。

（三）强化业绩贡献。以服务发展为导向，重业绩、重贡献、重创新。根据教师岗位类型增加原始创新、技术攻关、发明专利、成果转化、技术推广、标准制定、决策咨询、公共服务等评价指标的权重，将科研成果转移转化取得的经济效益和社会效益作为职称评聘的重要内容。鼓励原始创新和聚焦国家和省重大需求，引导教师主动服务创新驱动发展战略和地方经济社会发展需要，推进科教结合，提升人才培养质量。

（四）克服"五唯"倾向。突出质量导向，注重凭能力、实绩和贡献评价教师，坚决克服唯论文、唯"帽子"、唯学历、唯奖项、唯项目等弊病。规范学术论文指标的使用，论文发表数量和引用情况、期刊影响因子等仅作为评价参考，不以 SCI（科学引文索引）、SSCI（社会科学引文索引）等论文相关指标作为前置条件和判断的直接依据，核心是评价研究本身的创新水平和科学价值。高校结合实际建立各学科（专业）高水平期刊目录和高水平学术会议目录，其中民办高校要参照同类公办高校建立目录。各高校建立的目录需报省教育厅职改办审核备案。对国内和国外的期刊、高水平学术会议发表论文、报告要同等对待，鼓励更多成果在具有重要影响力的国内期刊和高水平学术会议发表。不得简单规定获得科研项目的数量和经费规模等条件。不得将出国（出境）学习经历作为限制性条件。正确认识和规范使用人才称号，不得将人才称号作为职称评聘的限制性条件，职称申报材料不得设置填写人才称号栏目，不得将入选人才计划与职称评聘直接挂钩。

（五）推行代表性成果评价。注重质量评价，防止简单量化、重数量轻质量，建立并实施有利于教师潜心教学、研究和创新的评价制度。结合学科与岗位特点，将项目报告、技术报告、学术会议报告、著作、论文、标准规范、创作作品、技术转移和成果转化等多种形式的高水平科研成果，以及课程建设、专业建设、教材建设、指导学生创新创业、科技活动、技能大赛等高质量教学成果纳入"代表性成果"范畴。注重代表性成果的质量、贡献、影响，突出评价成果质量、原创价值和对社会发展的实际贡献以及支撑人才培养情况。

三、创新评价机制

（一）分类分层评价。结合学校特点和办学类型，针对不同类型、不同层次教师，按照教学为主型、教学科研并重型、科研为主型、社会服务为主型等岗位类型，针对哲学社会科学、自然科学、工程科技等不同学科领域，基础研究、应用研究等不同研究类型，通用专业、特殊专业等不同专业门类，制定不低于省定条件且科学合理的分类分层评价标准。职业院校要强化技术技能要求，加强"双师型"教师队伍建设。

（二）创新评价方式。完善以同行专家评价为基础的业内评议机制，健全完善外部专家评审制度，探索引入第三方机构进行独立评价。给内、外部评审专家预留充足时间进行评鉴，引导评审专家负责任地提供客观公正的专业评议意见。分类型采取差异化评价方式，基础研究人才评价以同行学术评价为主，应用研究和技术开发人才突出市场和社会评价，哲学社会科学研究人才重在同行认可和社会效益等。采取个人述职、面试答辩（说课）、同行评议、实践操作、业绩展示等多种灵活评价方式，对人才进行综合评价。注重个人评价与团队评价相结合，考察团队合作及社会效益，尊重和认可团队所有参与者的实际贡献。探索国防科技、公共安全等特殊领域人才评价办法。加强信息化建设，建立完善日常业绩信息采集制度，综合多方评价结果，多角度多维度进行人才评价，为职称评聘提供决策参考。

（三）畅通重点人才绿色通道。为不拘一格选拔人才，对取得重大基础研究和前沿技术突破、解决重大工程技术难题、在经济社会事业发展中做出重大贡献的教师以及招聘引进的高层次人才和急需紧缺人才等，按照我省职称

"绿色通道"政策，可不受学历、资历、资格限制，直接申报高级职称。

（四）完善信用和惩戒机制。建立申报教师、评审专家及相关人员诚信承诺和诚信信息共享机制。在职称申报评审中存在弄虚作假、学术不端的，按相关规定处理。因弄虚作假、学术不端等通过评审聘任的，撤销其评审聘任结果并列入"黑名单"。引导建立学术共同体自律文化，建立完善评审专家的诚信记录、利益冲突回避、履职尽责评价、动态调整、责任追究等制度，严格规范专家评审行为。对违反评审纪律的评审专家、党政领导和其他责任人员，按有关规定处理。

（五）健全聘期考核机制。科学合理设置考核评价周期，聘期考核与年度考核、日常考核相互结合，共享考核评价结果，避免不必要的重复评价。适当延长基础研究人才、青年人才等考核周期。把考核结果作为调整岗位、工资以及续订聘用合同的依据，完善退出机制，实现人员能上能下、能进能出。

四、规范自主评审

（一）规范高校评审工作。全省各高校按规定自主组织高校教师系列职称评审，按岗聘用，承担主体责任。条件不具备、尚不能独立组织评审的高校，可采取联合评审、委托评审的方式。高校自主制定教师职称评审办法、工作方案等评审文件，按相关规定进行备案。职称评审办法应包括教师评价标准、评审程序、评审委员会人员构成规则、议事规则、回避制度等内容。高校可结合实际，制定不低于国家及省规定标准的评审条件和破格条件。高校聘用研究人员等到教师岗位的，可结合实际制定职称评价具体办法。职业院校、应用型本科高校特殊高技能人才的学历条件可适当放宽。

（二）加强监管服务。按照高校教师职称评审监管办法，加强对高校教师职称评审工作的事前指导和事中事后监管，搭建平台、优化服务，为高校教师职称评审提供支持。定期按一定比例开展抽查，根据抽查情况、群众反映或舆情反映较强烈的问题，有针对性地进行专项巡查，并将抽查、巡查情况通报公开。对不能正确行使评审权、不能确保评审质量，造成投诉较多、争议较大的高校，责令限期整改。对整改无明显改善或逾期不予整改的高校，暂停其自主评审工作直至收回评审权，并进行责任追究。进一步完善全省专业技术人才管理系统，全面实行网上申报、网上评审、网上查询验证，实现职称评审管理服务和信息技术深度融合，为高校及专业技术人员提供高效便捷服务。

五、优化思想政治工作评审

（一）规范思想政治理论课教师评审体系。高校在思想政治理论课教师职称评审中，要单列计划、单设标准、单独评审，高级岗位设置比例不低于学校平均水平。建立符合思想政治理论课教师职业特点和岗位要求的评价标准，注重考察教学工作业绩和育人实效，将在中央和地方主要媒体上发表的理论文章等纳入思想政治理论课教师职称成果评价范围。

（二）强化教师思想政治工作要求。将学生思想政治教育工作作为教师的基本职责，把教师课程思政建设情况和育人效果作为评价的重要内容。40周岁以下教师晋升高一级职称，须有至少一年担任辅导员、班主任等学生工作经历，或支教、扶贫、参加乡村振兴、孔子学院及国际组织援外交流等工作经历，并考核合格。

六、推行评聘结合

高校根据国家、河北省有关规定自主设置岗位，已经实行人员总量管理的，要结合岗位空缺情况开展教师职称评审，并将通过评审的教师聘用到相应岗位，实现教师职称评审与岗位聘用有效衔接。尚未实行人员总量管理的，仍按照我省现行职称政策执行。对已经取得高校教师职称但因岗位不足未被聘用到相应岗位的人员，有关高校要结合实际研究具体办法，妥善做好这部分人员择优聘用等相关工作。

七、加强组织领导

各市、各有关部门、各高校要高度重视，充分认识改革的重要意义，坚持党管人才原则，充分发挥党的思想优势、政治优势和组织优势，加强党的领导，周密部署，统筹协调。各高校要按照职称制度改革要求，建立健全职称工作机制，规范工作程序，严格公示制度，健全申诉机制，畅通意见渠道，强化自我监督，主动接受外部监督，确保标准公开、程序公平、结果公正。各市、各有关部门、各高校要把推进改革与加强教师队伍建设、推进高校治理体系和治理能力现代化、推动我省高等教育内涵式发展结合起来，正确处理好改革、发展和稳定的关系，加强舆论引导，做好政策解读，妥善解决改革中遇到的问题和矛盾，确保改革平稳有序进行。

附录5 关于深化人才发展体制机制改革的实施意见

(冀发〔2016〕28号)

为深入贯彻落实中共中央印发的《关于深化人才发展体制机制改革的意见》(中发〔2016〕9号)精神,结合我省实际,提出如下实施意见。

一、总体要求

深入贯彻习近平总书记系列重要讲话精神,特别是关于人才工作的重要论述,协调推进"四个全面"战略布局,认真践行创新、协调、绿色、开放、共享发展理念,着力破除束缚人才发展的思想观念和体制机制障碍,向用人主体放权,为人才松绑,进一步激发人才活力,形成具有竞争力的人才制度优势,为建设经济强省、美丽河北提供强大人才支撑和智力支持。

二、改革人才管理体制

(一)建立政府人才管理服务权力清单和责任清单。消除对用人主体的过度干预,全面清理不符合人才成长规律的政策法规,清理规范人才招聘、评价、流动等环节中的行政审批和收费事项。优化整合各类人才项目和专家称号。推进人才管理服务市场化社会化,安排专项资金扶持人力资源服务业发展。加大政府购买服务力度,推进人才选聘、培训、测评等技术性工作向专业组织和服务机构转移。

(二)给用人主体足够的自主权。改进事业单位人事编制管理方式。对符合条件的公益二类事业单位,在财政保障政策不变的基础上,按规定推行"四自一特"管理办法,自主确定编制控制数、自主设置内设机构和所属院所、自主设定岗位结构比例和岗位聘用、自主选人用人,实行备案制管理;用人单位对优秀人才可特设岗位,实行协议工资等分配形式,不纳入绩效工资总量管理。科研院所可在核定机构编制限额内自主设置内设机构和下属单位，调剂使用编制，实行高层次人才周转编制制度。对高层次人才集中的事业单位适当提高绩效工资总量。

（三）实行科研项目负责人负责制。制定符合人才创新规律特点的科研项目管理和审计办法。赋予项目负责人更大的技术管理决策权，可由其自主确定研究方向和技术路线；赋予更大的选人用人权，可根据科研需要自主组建团队选聘人员；赋予更大的经费支配权，将科研项目直接费用中多数科目预算调剂权下放到承担单位，由其自主使用科研经费。

三、创新更具吸引力的人才引进机制

（四）大力引进海内外高层次人才。健全完善高层次人才引进的若干措施。积极引进院士，驻冀工作的省财政给予每人1000万元科研经费补贴和200万元安家费；积极引进国家"千人计划"专家等高层次领军人才，每人给予200万元至1000万元科研经费补贴和100万元安家费。实施"外专百人计划"，参照国家"千人计划"高层次领军人才标准落实支持政策。对海内外顶级高层次人才团队带技术、带成果、带项目来我省创新创业和转化成果的，省财政给予500万元至2000万元支持资金。对引进特殊人才和团队，可采取"一事一议"方式给予特殊支持。建立高层次人才引进前期介入支持制度。

（五）加大柔性引才力度。发挥协同发展优势，以京津为重点，鼓励高校、科研院所、企业通过挂职兼职、技术咨询、周末工程师等方式，柔性汇聚国内外人才资源。支持人才带科研成果在我省转化落地，来冀工作不计时间长短，视业绩贡献可与省内人才在职称评定、表彰奖励、科研立项、子女教育、医疗保障等方面享受同等待遇。为我省提供智力服务的高层次人才，省财政视贡献情况对用人主体给予10万元至50万元的引才补贴。各级政府每年组织开展招才引智活动，把人才引进工作列入出国出访团组任务。各类行业协会、科技社团等社会组织发挥好招才引智作用。将河北人才网打造成招才引智的官方门户平台。设立"全民引才伯乐奖"。

（六）激发企业引才聚才动力。制定支持企业引进人才的政策措施。对企

业整建制引进的创新团队,在平台建设、科研项目等方面优先支持,即时受理,不受指标限制。对企业从省外引进的高层次人才,依据成果产业化程度可给予企业奖励资助。企业用于招才引智的投入包括薪酬等支出实行税前扣除。国有企业引才专项投入成本视为当年利润考核。企业从省外引进或自主培养的国家、省高层次人才,省财政给予企业30万元至50万元奖励资助。

四、完善符合人才成长规律的培养机制

(七)强化领军人才和团队培养力度。创新人才教育培养模式,集中力量打造一流大学、一流学科,形成与河北发展相契合的重点学科体系。完善产学研用相结合的育人机制,制定鼓励企业、科研院所与高等院校联合培养人才的支持措施,加快培育重点行业、重点领域、战略性新兴产业人才。深入实施各类高层次人才培养计划,制定分类培养支持人才成长的措施。对成功入选院士等国家高层次人才的,省财政给予最高1000万元支持资金

(八)壮大创新型企业家和"燕赵工匠"队伍。实施万名创新型企业家培养工程。研究制定国有企业职业经理人制度。创新民营企业家队伍培养方式,推进与国有企业双向挂职,组织海外培训考察,开展创业导师帮带工作。实施"百万燕赵工匠培养支持计划",打造一批高水平职业教育集团,建设特色鲜明的职教园区。加强技能人才公共实训基地和技能大师工作室建设。

(九)促进优秀青年人才脱颖而出。强化对青年人才普惠性支持,深化拓展青年拔尖人才支持计划。在各类研究资助计划中设立青年专项,重大科技项目申报适当提高科研团队的青年人才比例。探索实行合作导师制和创新研究助手制等方式,加快青年人才培养成长。深化拓展"名校英才入冀"计划,吸引名校毕业生来我省工作,省市财政5年内每人每月发放1000元房租补助。

五、改进人才评价激励办法

(十)深化人才分类评价和职称制度改革。研究制定人才分类评价办法,基础研究突出同行学术评价,应用研究突出市场评价,哲学社会科学研究突

出社会评价。制定深化职称制度改革的实施意见，合理界定和下放职称评审权限。省属骨干本科院校和科研单位、有条件的省委管理领导人员企业可自主评审主系列正高级及以下职称，有硕士授权的普通本科院校可自主评审主系列副高级及以下职称，评审结果报省职改办备案。紧缺急需和贡献突出的优秀人才，可实行高级职称直评直聘制度。畅通民营企业职称评审渠道，具备条件的民营企业可试行职称自主评聘。探索体现职业教育特点的高职院校自主评审职称办法。

（十一）加大科研成果转化激励力度。赋予高校、科研院所科研成果使用、处置和收益管理自主权，除事关国防、国家安全、国家利益和重大社会公共利益外，行政部门不再审批或备案。高校、科研院所可以协议方式，进一步将成果使用权、处置权和收益权授予研发团队。探索科研成果产权化，引入科研成果市场化定价机制，建立健全成果转化激励分配机制。提高高校、科研院所科研人员成果转化收益比例，科研团队所得不低于70%。鼓励人才为社会提供技术服务，收入与成果转化收入同等对待。

（十二）释放博士后和大学生创新创业潜能。支持博士后科研流动站、工作站和成果转化基地建设，鼓励自然科学研究和产品开发应用类博士后到我省开展技术创新和成果转化。提高进站博士后工作补助，鼓励博士后到企业挂职，领取相应报酬。实施大学生创业引领计划，支持建立众创空间等创新创业载体。优秀创业项目由当地财政给予最高50万元资助经费。

六、构建合理顺畅的人才流动机制

（十三）破除人才流动障碍。打破户籍、地域、身份、学历、人事关系等制约，通过直接引进、公开选拔、聘任、挂职等办法，畅通党政机关、企事业单位、社会各方面人才流动渠道。对引进人才原在省外获得的专家称号、专业技术职务予以相应承认。非本人原因未能从原单位办理有关手续的人才，经调查认证后兑现相关待遇。加快人事档案管理服务信息化建设，完善社会保险关系转移接续办法，为人才流动提供方便快捷服务。

（十四）支持机关事业单位人才离岗创业。允许高校、科研院所等事业单位科研人员离岗在冀创办企业或到企业开展科技成果转化，5年内保留人事关系，代缴社会保险和住房公积金，档案工资和专业技术职务正常晋升。期满重返原单位的，工龄连续计算。高校、科研院所人员到企业兼职，可按规定领取相应报酬或奖励。鼓励党政机关优秀人才按照组织批准、个人自愿、双向选择原则，离岗到企业兼职，支持企业发展，不在兼职企业领取任何报酬和投资入股，离岗期限3年，机关原待遇不变。允许党政机关优秀人才按规定辞职领办企业或自主创业，做好社保、职称评聘等接续工作。

（十五）促进人才向开发区、基层一线和艰苦地区流动。推进开发区人才优先发展战略，鼓励支持开发区人才体制机制改革先行先试，扩大人才管理改革试验区试点。弘扬李保国精神，鼓励专业技术人才为基层一线和艰苦地区提供服务，服务期间提高基层补助，符合晋升上一级职称条件的可不受岗位设置限制直接评聘职称。实施人才精准扶贫行动计划。深入推行科技特派员制度。适当提高基层机关事业单位人员补助标准。

七、建立京津冀人才一体化发展机制

（十六）推进区域人才协同发展。按照"互为所用、融合提升、实现多赢"要求，围绕我省"三区一基地"发展定位，与京津一起制定实施京津冀人才一体化发展规划纲要，推进三地人才协同发展。健全完善京津冀人才工作协调机制，搭建人才信息共享和服务平台。支持我省企事业单位在京津设立研发中心、孵化器，吸引京津高校、科研院所在我省设立分支机构、中试基地。建立区域资源共享的京津冀专家人才库、科技成果库、需求信息库。推进区域人才评价标准和资格证书互认制度。推动区域口岸过境免签政策互联互通，对部分国家人员实施144小时过境免签政策。

（十七）实施区域特色人才工程。大力实施冬奥人才计划。推进我省冰雪运动、专职救护、雪场建造维护、场馆运营等体育产业人才队伍建设。依托张承地区自然资源与环京津区位优势，培养聚集一批健康、养生、养老、旅游等方面的技术技能人才和管理人才，推进生态休闲、健康养老社区等特色产业发展。深入实施"引智共建蓝天计划"，加强京津冀区域环境人才交

流合作。

八、健全服务人才发展保障机制

（十八）完善多元投入机制。加大财政投入力度，优化支出结构，统筹整合各类人才资金，各级财政设立人才发展专项，完善人才资金管理使用评价机制。实施重大建设工程和项目，合理安排人才开发培养经费。发挥政府资金的引导和撬动作用，发展天使投资和创业投资引导基金，研究制定鼓励企业和社会组织加大人才投入的政策措施。

（十九）给予人才创新创业平台要素支持。打造高水平技术创新和中试平台，支持建设一批科学家领衔的新型产业研究院。鼓励高校、科研院所、企业自主或产学研用合作建设研发机构。凡认定为国家级、省级重点实验室和工程技术研究中心等，省财政给予10万元至50万元人才团队建设资金。各设区市及有条件的县（市、区）依托开发区建设功能齐全、服务完备、各具特色的高层次人才生态型创新创业园区。加强创新成果知识产权保护，拓展知识产权投融资服务。国土资源管理部门每年预留土地指标，专项用于高层次人才创业项目成果转化，确保项目带土地指标直接落地。

（二十）推行人才服务"绿卡"制度。加强人才服务窗口建设，省市两级设立人才综合服务平台，建立高效便捷的线上线下人才服务模式。全面推行河北人才服务"绿卡"，为人才在落户、子女入学、社保、医疗、住房、乘车等方面提供便利。组建人才服务专员队伍，协助解决人才个性化需求。将外籍人才养老、医疗等社会保险服务纳入"绿卡"服务范围。

九、加强党对人才工作的领导

（二十一）完善党管人才工作格局。加强党对人才工作统一领导，进一步明确各级人才工作领导小组职责和工作规则，建立组织部门牵头抓总、职能部门各司其职、密切配合的联席会议制度。加强人才工作力量，建立健全专门人才工作机构，在机构设置、人员编制上予以明确和保障。理顺党委和政府人才工作职能部门职责，将行业、领域人才队伍建设列入相关职能部门"三定"方案。

（二十二）建立人才工作目标责任制。研究制定建立人才工作目标责任制的实施意见，探索建立以人才投入强度、人才数量素质、人才成果贡献为主要内容的综合评价指标体系，将人才工作纳入各级领导班子和领导干部综合考核重要内容，列入落实党建工作责任制情况述职，作为领导班子评优、干部评价的重要依据。

（二十三）加强对人才的关心关爱。建立领导干部直接联系人才机制，实行专家决策咨询制度，发挥新型智库作用。健全高层次人才和特殊一线人才医疗保健制度。实行人才荣誉激励制度。建立人才工作常态化宣传制度，加强优秀人才典型宣传，营造人人渴望成才、人人努力成才、人人皆可成才、人人尽展其才的良好氛围。

各级党委和政府要高度重视人才工作，切实加强领导，部门协同，上下联动，形成合力。各地各部门要因地制宜，积极改革探索，加强指导监督，及时研究解决人才发展体制机制方面存在的新情况新问题。各有关部门要结合职能制定实施细则，推动相关改革措施和工作任务的落实。

附录6 关于全面深化新时代教师队伍建设改革的实施意见

（冀发〔2018〕42号）

各市（含定州、辛集市）、县（市、区）党委和人民政府，雄安新区党工委和管委会，省直各部门，各人民团体：

党的十八大以来，省委、省政府认真落实党中央关于加强教师队伍建设的一系列重大决策部署，将教师队伍建设摆在更加突出位置，全省教师队伍建设取得显著成就，教师队伍得到有效补充，师德建设切实加强，整体素质明显提高。广大教师牢记使命、爱岗敬业、躬身实践、改革创新，为全省教育事业改革发展作出了重要贡献。面向新时代新使命，我省教师队伍还存在结构不尽合理、专业化水平有待提升、地位待遇需要提高等问题。为全面加强我省教师队伍建设，造就一支忠诚于党和人民的高素质专业化创新型教师队伍，根据中共中央、国务院《关于全面深化新时代教师队伍建设改革的意见》（中发〔2018〕4号）精神，结合我省实际，提出如下实施意见。

一、总体要求

（一）指导思想。以习近平新时代中国特色社会主义思想为指导，全面贯彻落实党的十九大精神，坚持和加强党的全面领导，坚持以人民为中心的发展思想，坚持社会主义办学方向，全面贯彻党的教育方针，深化教师队伍建设改革，落实立德树人根本任务，遵循教育规律和教师成长发展规律，真正从战略和全局高度充分认识教师工作的极端重要性，把教师工作置于教育事业发展重点支持领域，将提高教师思想政治素质和职业道德水平摆在首要位置，以教师管理体制机制改革为突破口，坚持优先谋划教师工作，优先保障教师工作投入，优先满足教师队伍建设需要，倡导全社会尊师重教，努力培养和建设一支高素质、专业化、创新型教师队伍，更好服务经济社会发展。

（二）目标任务。到 2025 年，事权人权财权相统一的教师管理体制普遍建立，教师队伍结构趋于合理，教师专业化水平明显提升，教师教育体系基本完善，教师待遇进一步提高，教师职业吸引力显著增强。全省教师队伍规模、结构、素质能力基本满足各级各类教育发展需要。

到 2035 年，教师管理体制机制科学高效，实现教师队伍治理体系和治理能力现代化。全省教师综合素质、专业化水平和创新能力大幅提升，培养造就数以万计骨干教师、数以千计燕赵名师和数以百计教育家型教师。尊师重教蔚然成风，广大教师在岗位上有幸福感、事业上有成就感、社会上有荣誉感，教师成为让人羡慕的职业。

二、全面提升教师思想政治素养和师德水平

（三）加强教师队伍党的建设。将全面从严治党要求落实到每个教师党支部和教师党员，把党的政治建设摆在首位，用习近平新时代中国特色社会主义思想武装头脑，充分发挥教师党支部战斗堡垒作用和党员教师先锋模范作用。选优配强教师党支部书记，组织实施教师党支部书记"双带头人"培育工程。坚持党的组织生活各项制度，创新方式方法，增强党的组织生活活力。健全主题党日活动制度，加强党员教师日常管理监督。

科学合理设置基层党组织。不断优化高等院校教师党支部设置，探索依托重大项目组、学科组、课题组、创新团队、科研平台等设置教师党支部。推进中小学校、中等职业学校党组织和党的工作全覆盖，有 3 名及以上正式党员的学校要单独建立党组织，正式党员不足 3 名的学校或边远地区的农村学校可就近与其他学校建立联合党组织，由县级教育行政部门党组织统筹管理。科学制定发展党员计划，统筹规划发展教师党员工作。健全把骨干教师培养成党员、把党员教师培养成教学管理骨干"双培养"机制。完善党支部书记带头联系优秀青年教师、海外留学归国教师制度。

各级教育系统党建工作部门要加强教师党支部书记培训，确保每 3 年轮训一次。将"两学一做"学习教育常态化制度化，开展"不忘初心、牢记使命"主题教育。树立正确导向，注重从担任过教师党支部书记的干部中选拔任用学

校党务和行政管理干部。对兼职担任党务工作的，其兼职计入工作总量。

配齐建强高等院校思想政治工作队伍和党务工作队伍。落实该类人员的教师和管理人员双重身份，完善选拔、培养和激励机制。组织实施高等院校辅导员职业能力提升工程，畅通辅导员职业化、专业化发展道路。严格按照不低于1∶200的师生比例设置专职辅导员岗位，不低于1∶350的师生比例设置专职思想政治理论课教师岗位。

（四）提高教师思想政治素养。加强对习近平新时代中国特色社会主义思想的学习，不断提高广大教师政治理论水平。创新教师思想政治工作方式方法，开辟思想政治教育新阵地。利用思想政治教育新载体，加强理想信念教育。扎实推进习近平新时代中国特色社会主义思想进教材、进课堂、进头脑工作。引导教师准确理解和把握社会主义核心价值观的深刻内涵，坚定中国特色社会主义道路自信、理论自信、制度自信、文化自信，坚定教育理想，坚定终身从事教育事业的信心和决心，切实担负起立德树人根本任务。

持续加强中华优秀传统文化和革命文化、社会主义先进文化以及乡土文化教育，引导广大教师爱祖国、爱家乡、奉献祖国、奉献教育。强化教师社会实践活动，切实增强思想政治工作的针对性、时效性，提高感染力、吸引力。鼓励广大教师特别是青年教师通过全省高等院校百万青年师生千乡万村"体验省情·服务群众"主题实践活动，充分了解党情、国情、省情、社情、民情。落实党的知识分子政策，政治上充分信任，思想上主动引导，工作上创造条件，生活上关心照顾，使思想政治工作接地气、入人心。

（五）提升教师师德水平。以培养高尚情操为主线，加强师德教育，将师德培训内容列入新任教师培训和在职教师继续教育必修课，作为教师定期注册必备条件。实行新教师入职宣誓、在职教师教师节重温誓词制度，全面落实教师职业行为规范，争做"四有"好教师，做学生锤炼品格、学习知识、创新思维、奉献祖国的引路人。

发掘、树立、宣传正面典型，建立师德模范宣讲团，开展师德巡讲活动。开展教师风采系列展示活动。设立退休教师荣休仪式。定期集中开展优秀教师典型宣传活动，组织创作影视作品和文学作品，讲好师德故事。

强化师德考核，把职业道德、敬业精神、学习态度和关爱学生作为考核的主要内容。实行师德考核负面清单制度，建立师德考核档案和教师个人信用记录。把师德表现作为教师资格认定和定期注册、绩效考核、职称评聘、评优奖励的首要内容，实行师德表现"一票否决"。将师德建设工作纳入各地各学校教育督导评估范畴，测评结果作为对区域教育工作或学校工作业绩考核评估的重要内容。

加强师德监察监督，开展师德师风专项治理，着力解决在职中小学教师有偿补课和高等院校教师学术不端等师德失范问题。将组织监督与群众监督有机结合，构建学校、学生、家长和社会共同参与的师德建设监督机制。健全诚信承诺和失信惩戒制度，完善教育、宣传、考核、监督与惩治相结合的师德建设工作长效机制。

三、着力提高教师队伍专业化水平

（六）大力办好师范教育。科学布局师范院校和师范专业，建立以师范院校为主体、非师范类省属骨干院校参与的师范教育体系，推进地方政府、高等院校、中小学校协同育人。引导师范院校逐步压缩非师范专业，集中力量办好师范专业，逐步使师范院校中师范专业学生人数占在校学生总数的60%以上，师范专业数量占专业总数的50%以上。加强小学教师特别是全科教师培养，增强针对性。深化师范专业教学改革，完善专业课程体系，突出实践教学环节，加强"钢笔字、毛笔字、粉笔字和普通话"等基本技能训练，建立并推行师范专业学生"双导师"教育制度，不断提高专业教育质量。建设省级教师教育基地，鼓励有条件的院校整合校内资源组建实体化的教师教育学院、初等教育学院、学前教育学院等教师教育基地。

完善相关政策，提高师范专业生源质量。完善公费师范生教育政策，逐步扩大公费师范生招生规模，调整履约任教服务期限。依据"按需设岗、依岗培养、专项招聘、定岗聘用"的原则，建立市级政府统筹的教师培养与补充相衔接的新机制。改革招生制度，允许部分办学条件好、教学质量高的师范专业实行提前批次录取，鼓励优秀学生入校后通过二次选拔方式进入师范专业学习。支持和鼓励各地通过到岗退费等其他方式，吸引更多优秀青年报考师范专业。

严格执行国家师范院校建设标准和师范类专业办学标准，加强教师教育学科建设，教育硕士、教育博士授予单位及授权点向师范院校倾斜。开展师范类专业认证，提高师范专业建设水平。加强教师教育师资队伍建设，注重青年教师、骨干教师、学科带头人和教学名师的培养，鼓励引进高层次人才。加大职业技术类师范院校和专业支持力度，扩大办学规模，增强办学针对性。根据省级财力情况，适当提高师范专业生均拨款水平。

（七）支持高水平大学开展教师教育。重点支持河北大学开展教师培养工作，培养教育硕士、教育博士，加强理论研究和教育实践。鼓励其他省属重点骨干大学开设师范类专业，整合优势学科的学术力量，组建高水平的教学团队，开设厚基础、宽口径、多样化的教师教育课程。

（八）建设高素质专业化中小学教师队伍。加强教师专业梯队建设，实施卓越教师培养计划，建立省级骨干教师、特级教师、燕赵名师、教育家型教师的梯队成长机制，实行定期考核、动态管理。完善教师培训体系，落实5年一周期不少于360学时的教师全员培训制度。鼓励教师海外研修访学。教师培训经费列入各级政府教育预算，中小学校按照年度公用经费预算总额的5%安排教师培训经费。加强教师发展机构建设，以县级教师发展中心建设为重点，建设一批省级示范性教师发展中心，培育一批中小学教师专业发展学校。鼓励建立市级教师发展机构。

加强中小学校长队伍建设。健全省市县三级中小学校长培养培训体系，完善省级骨干校长、燕赵名校长、教育家型校长专业化发展机制。落实中小学校长省培计划，实现困难地区农村校长素养提升省级培训全覆盖。依托京津优质教育资源开展校长专项培训。依托具备条件的高等院校探索实施中小学校长综合素养提升工程。建立校长后备人才选拔制度，实施专业后备人才培养工程，推进校长专业化发展。市县要统筹安排经费用于校长培养培训。支持教师和校长大胆探索，创新教育思想、教育模式和教育方法，形成教学特色和办学风格，营造教育家脱颖而出的制度环境。

（九）建设高素质善保教幼儿园教师队伍。完善学前教育人才培养体系，支持师范院校设立学前教育专业，争取设立1所本科层次的幼儿师范学院，增加 2～3 所幼儿师范高等专科学校，逐步取消中等学历层次幼儿教师培养。积极推行初中毕业起点"3+2""五年一贯制"等专科层次幼儿教师培养模式。优化学前教育专业课程体系，突出师德养成和保教融合，科学开设基础素养、儿童发展、保育活动、教育活动类课程，合理构建实践教学体系，培养尚师德、厚基础、强能力、重融合的幼儿教师。

开展幼儿教师全员培训，构建高等院校、县级教师发展中心、乡镇片区研修中心、园本研修"四位一体"的教师专业发展培训体系。改进培训方式，采取网络研修、送教下乡、专家指导、园本研修等形式，增强培训的针对性和实效性。推动在职幼儿教师参加学历进修，逐步使幼儿教师学历水平达到专科以上层次。

（十）建设高素质双师型职业院校教师队伍。实施职业院校教师素质提高计划，建设一支师德高尚、技艺精湛、专兼结合的双师型教师队伍。支持高水平职业院校与大中型企业共建一批双师型教师培养培训基地和技能大师工作室，建立高等院校、行业企业联合培养双师型教师机制。建立企业经营管理者、技术能手与职业院校管理者、骨干教师相互兼职制度。实施职业院校"燕赵大师、燕赵名匠"建设计划，对"燕赵大师、燕赵名匠"等高层次人才探索实行年薪制、协议工资和项目工资等灵活多样的分配办法，所需资金不纳入绩效工资总量管理。实施职业院校"精英人才培养计划"，每年遴选 200 名骨干教师到德国等职业教育发达国家访学或培训。实施职业院校青年教师"青蓝工程"，培养一批省级优秀专业教学团队、中青年专业带头人和教学名师，造就一批国家级教学名师。

（十一）建设高素质创新型高等院校教师队伍。实施高等院校优秀教学团队培养计划，完善优秀教学团队培养机制，建设一批省级高等院校教师发展中心和培训基地，搭建校级教师发展平台，加强院系教研室等学习共同体建设，开展教学研究与指导，推进教学改革与创新。全面开展高等院校教师教学能力提升培训，重点面向新入职教师和青年教师，着力提高教师队伍专业能力和教学水平。以京津冀协同发展和雄安新区规划建设为契机，发挥区位优势柔性引进京津高层次人才来我省高等院校工作。鼓励和支持我省高等院校利用省部共建、本科高等院校联盟等平台，与京津高等院校在学科建设、人才培养、科学研究、社会服务等方面开展交流合作。鼓励支持高等院校引进培养高层次人才，完善"燕赵学者"计划支持办法，组织实施高等院校"领军人才和高层次创新团队引进支持计划""卓越教师培养计划"，国家和省重大人才项目向高等院校倾斜。结合"一带一路"建设和人文交流机制，有序推动国内外教师双向交流。支持孔子学院教师、援外教师成长发展。

四、全面深化教师管理体制机制改革

（十二）改革中小学教师编制管理。适应加快推进教育现代化的紧迫需求和城乡教育一体化发展改革的新形势，充分考虑新型城镇化、全面二孩政策及高考改革等带来的新情况，根据教育发展需要，在现有编制总量内统筹考虑、合理核定教职工编制，盘活事业编制存量，优化编制结构，通过事业单位改革等收回的事业编制向教师队伍倾斜，采取多种形式增加教师总量，优先保障教育发展需要。落实城乡统一的中小学教职工编制标准，村小学和教学点编制按照班师比与生师比相结合的方式核定。实行教师编制配备和政府购买工勤服务相结合，对寄宿制学校生活教师、中小学校工勤岗位等适合社会力量提供的服务，采用劳务派遣或聘任制等方式解决，将置换出的编制全部用于补充专任教师。民办学校参照公办学校教职工编制标准配备师资。

创新编制管理，建立完善教职工编制城乡、区域统筹和动态调整机制，省级统筹、市域调剂、以县为主，动态调配。各市（含定州、辛集市）、雄安新区机构编制部门定期会同教育、财政部门在编制总量调控的前提下，统筹调整和使用本地各级中小学教职工编制，并报省级机构编制、教育、财政部门备案。县级教育部门在核定的教职工编制总额内，统筹分配各学校教职工编制，并报同级机构编制和财政部门备案。建立中小学教职工配备情况动态监管机制。严禁在有合格教师来源的情况下"有编不补"、长期使用编外教师，严禁挤占、挪用、截留中小学教职工编制和各种形式"吃空饷"。

（十三）改革义务教育教师资源配置方式。实行义务教育教师"县管校聘"，编制部门负责编制总量，人力资源社会保障部门负责岗位总量，教育部门负责统筹教师资源配置、招聘录用、培养培训和考核等管理职能，学校负

责岗位聘用。深入推进县域内义务教育学校校长、教师轮岗交流，实现交流工作制度化、常态化。全面实行教师聘期制、校长任期制。实施学区内短缺学科教师走教制度，市县政府可根据实际给予相应补贴。

积极落实国家"特岗计划"，鼓励各市开展地方"特岗计划"，执行国家特岗教师工资性补助标准。鼓励优秀特岗教师攻读教育硕士。积极扩大小学全科教师公费培养规模，逐步实现省内教学点全科教师全覆盖。实施乡村学校短缺学科教师补充计划，逐步补齐音乐、体育、美术、信息技术等短缺学科教师，确保开齐开足国家规定课程。开展万名师范生顶岗实习和"三支一扶"支教计划。扩大银龄讲学计划实施规模，鼓励优秀退休教师到乡村学校支教，市县可根据实际对支教教师给予一定补助。

（十四）完善中小学教师准入和招聘制度。完善教师资格制度，逐步将修习教师教育课程和参加教育教学实践作为认定教育教学能力、取得教师资格的必备条件。新入职教师必须取得教师资格。提高教师准入标准，结合实际逐步将幼儿园教师学历提升至专科，小学教师学历提升至师范专业专科和非师范专业本科，初中教师学历提升至本科，有条件的地方将普通高中教师学历提升至研究生。

完善教师长效补充机制，市县教育、机构编制、人力资源社会保障部门坚持按需统筹原则，确定年度教师补充计划，建立符合教育行业特点的中小学教师招聘办法。创新招聘方式，考试可根据岗位特点采取笔试、面试、试讲、专业测试、答辩、实际操作等多种方式；鼓励市县采取考核、考察等方式选聘高层次人才进入中小学教师队伍，高层次人才的学历层次、毕业院校范围由各地根据本地教师队伍建设规划和实际需要确定。全面落实中共中央组织部、教育部印发的《中小学校领导人员管理暂行办法》，进一步严格校长任职条件和资格，规范校长选拔任用。

（十五）改革中小学教师职称和考核评价制度。逐步提高中小学中级、高级教师岗位比例，畅通教师职业发展通道。适当提高教研机构高级岗位比例。将中小学教师到乡村学校、薄弱学校任教1年以上的经历作为申报高级教师职称和特级教师的必要条件。职称评审向乡村教师、特教教师倾斜。完善符合中小学特点的岗位管理制度，实现职称评定与聘用相衔接。加强聘后管理，激发教师的工作活力。在试点基础上，推行中小学校长职级制改革，拓展职业发展空间，促进校长专业化发展。

深化中小学教师人才分类评价改革，建立符合中小学教师岗位特点的考核评价指标体系和考核评价机制。坚持德才兼备、师德为先，提高师德考核内容比重，突出教育教学实绩导向，克服简单用升学率、学生考试成绩评价教师的倾向。实行教师资格定期注册制度，建立完善教师退出机制。加强中小学校长考核评价，完善校长选聘、激励和退出机制。

（十六）完善职业院校教师管理制度。完善职业院校教师资格标准，探索将行业企业从业经历作为认定教育教学能力、取得专业课教师资格的条件。落实职业院校用人自主权，完善教师招聘办法。职业院校从行业企业引进和招录高水平紧缺人才可适当降低学历要求，允许先入职后取得教师资格。推动固定岗和流动岗相结合的职业院校教师人事管理制度改革。支持职业院校专设流动岗位，大力引进行业企业一流人才，吸引具有创新实践经验的企业家、高科技人才、高技能人才等兼职任教。学校自主招聘紧缺专业或高技能高水平兼职教师，不受人员学历、身份限制。

深化职业院校教师职称制度改革，将专业课教师到企业实践情况作为申报高级职称的必备条件。对紧缺急需的优秀专业人才，符合条件的可采用"一事一议""一人一策"办法，推行职称直评直聘制度。推进职业院校教师人才分类评价机制改革。支持学校自主采用教师自评、学生评价、同行评价、督导评价等多种评价方式评价人才，双师型教师考核评价要充分体现技术技能水平和专业教学能力。积极探索企业评价、社会评价、第三方评价等评价方式。

（十七）改革高等院校教师人事制度。深化高等院校编制管理改革，在试点基础上，逐步推行人员总量管理，并根据学校改革发展情况对人员总量进行动态调整。严把高等院校教师招聘入口关，实行思想政治素质和业务能力双重考察，将思想政治要求纳入教师聘用合同。严格教师职业准入，将新入职教师岗前培训和教育实习作为认定教育教学能力、取得高等院校教师资格的必备条件。适应人才培养结构调整需要，优化高等院校教师结构，鼓励高等院校加大聘用具有其他学校学习工作和行业企业工作经历教师的力度。配合外国人永久居留制度改革,落实外籍教师资格认证、服务管理等制度。

扩大高等院校用人自主权。政府各有关部门不统一组织高等院校人员聘用考试,由高等院校根据事业发展、学科建设和队伍建设需要,按照有关规定,在单位人员编制总量或人员总量范围内,自主制订招聘条件和标准,自主确定招聘数量、时间和方式,自主公开招聘人才。招聘方案和招聘结果按管理权限报同级事业单位人事综合管理部门备案。简化进人程序,将高等院校增人计划由审批制调整为备案制。对引进的海内外高层次人才,建立绿色通道,在人事档案管理和社会保险等方面特事特办,随到随批。帮助高等院校青年教师解决住房等困难。

深化高等院校教师职称制度改革。将高等院校教师主系列及实验技术系列职称评审权直接下放至高等院校,由高等院校自主组织职称评审,评审结果实行备案制。条件不具备、尚不能独立组织评委会的高等院校,可采取联合评审方式开展。各高等院校要按照核定的专业技术岗位数量和我省有关政策规定组织职称申报评审,按岗进行聘任。探索建立"代表性成果"评价机制,对作出突出贡献的教师实施直评直聘。在专职辅导员职称评聘中,更加注重对思想政治工作实绩和育人实效的评价,实行职称单列计划、单设标准、单独评审。把从事学生思想政治教育计入高等院校思想政治工作兼职教师的工作量,作为职称评审的重要依据。深入推进高等院校教师考核评价制度改革,建立完善人才分类考核评价机制,突出教育教学业绩和师德考核,将教授为本专科生上课作为基本制度。

五、不断提高教师地位待遇

(十八)明确教师的特别重要地位。进一步突显教师职业的公共属性,明确教师承担的国家使命和公共教育服务职责,确立公办中小学教师作为国家公职人员特殊的法律地位,切实保障教师各项权利。各级党委、政府要切实担负起中小学教师保障责任,强化政治意识和责任意识,落实各项激励措施,营造尊师重教氛围,提升中小学教师的政治地位、社会地位和职业地位,吸引和稳定优秀人才从教。公办中小学教师要切实履行作为国家公职人员的义务，强化国家责任、政治责任、社会责任和教育责任，坚持职业操守，潜心教书育人。

（十九）完善中小学教师待遇保障机制。健全中小学教师工资长效联动机制，市县在核定中小学校绩效工资总量时要统筹考虑当地公务员收入水平，确保中小学教师平均工资收入水平不低于或高于当地公务员的平均工资收入水平，严格落实国家增资标准。完善教师收入分配激励机制，有效体现教师工作量和工作绩效，绩效工资分配向班主任和特殊教育教师倾斜，班主任津贴标准不低于当地教师月平均绩效工资收入水平的25%。完善学校领导人员收入分配办法，实行校长职级制的地方，实施相应的校长收入分配办法。获得"河北省教育家型教师（校长）"称号人员享受省管专家待遇。

（二十）大力提升乡村教师待遇。深入实施乡村教师支持计划，收入分配向乡村教师倾斜。严格落实乡村教师乡镇工作补贴政策。全面落实22个集中连片特困县和12个贫困山区县乡村教师生活补助政策，将补助标准提高到每人每年3600元，自2019年起实施。有条件的市县可视财力情况提高补助标准。加快乡村教师周转宿舍建设，市县政府统筹规划，在乡镇政府或学校所在地修建。按规定将符合条件的教师纳入住房保障范围，发放租赁补贴或配租公租房，让乡村教师住有所居。关心乡村教师生活，实施乡村教师帮扶计划，全面推行乡村教师定期体检制度。为乡村教师配备相应设施，丰富精神文化生活。采取切实举措，帮助乡村青年教师解决实际困难，巩固乡村青年教师队伍。在培训、职称评聘、表彰奖励等方面向乡村青年教师倾斜，优化乡村青年教师发展环境，加快乡村青年教师成长步伐。

（二十一）保障民办学校教师权益。完善学校、个人、政府合理分担的民办学校教师社会保障机制，依法保障并全面落实民办学校教师在职称评聘、培养培训、科研资助、表彰奖励、教龄和工龄计算等方面与公办学校教师享有同等权利。非营利性民办学校教师享受当地公办学校同等的人才引进政策。民办学校应与教师依法签订劳动合同，合理确定教师薪酬，确保按时足额支付。足额缴纳社会保险费和住房公积金，完善工资待遇增长机制，切实保障教师各项待遇。鼓励民办学校为教师办理补充养老保险，提高教职工退休后待遇。

（二十二）改革高等院校教师薪酬制度。完善适应高等院校教学岗位特点的内部激励机制，高等院校的基础绩效工资标准可按统一规定执行，也可以自行设置基础绩效工资标准或不设置基础绩效工资，将绩效工资全部用于奖励。加大对教学型名师的岗位激励力度。在制定绩效工资分配办法时，向关键岗位、高层次人才、业务骨干和成绩突出的工作人员倾斜。高等院校可按规定探索实行年薪制、协议工资和项目工资等灵活多样的分配形式和分配办法。高等院校实行协议工资、年薪制、单位科研奖励的支出，对完成、转化职务科技成果作出重要贡献的人员给予奖励和报酬的支出，以及开展技术服务、技术开发、技术转让和技术咨询等收益用于人员奖励部分的支出，不纳入绩效工资总量管理。高层次人才集中的高等院校可按规定申请提高绩效工资总量。

（二十三）提升教师社会地位。进一步完善教师荣誉制度，大力宣传教师中的育人楷模和师德标兵，按照国家和省有关规定，因地制宜开展多种形式的教师表彰奖励活动。鼓励社会团体、企事业单位、民间组织对教师出资奖励。大力开展尊师活动，营造尊师重教良好社会风尚。

建设现代学校制度，坚持以人为本，突出教师主体地位，落实教师知情权、参与权、表达权、监督权。推行中国特色大学章程，坚持和完善党委领导下的校长负责制，充分发挥教师在高等院校办学治校中的作用。完善中小学校长负责制。扩大办学自主权，推行学术（教学）委员会制度，全面落实教职工代表大会制度，保障教师参与学校决策的民主权利。维护教师职业尊严和合法权益，关心教师身心健康，克服职业倦怠，激发工作热情。

六、切实加强对教师队伍建设改革工作的领导

（二十四）加强组织领导。各级党委、政府要满腔热情关心教师，充分信任、紧紧依靠广大教师。切实加强领导，实行一把手负责制，紧扣广大教师最关心、最直接、最现实的重大问题，找准教师队伍建设的突破口和着力点，切实把教师工作摆上重要议事日程，细化分工，确定路线图、任务书、时间表和责任人。省市县党委常委会每年至少研究1次教师队伍建设工作。建立

教师工作联席会议制度，解决教师队伍建设重大问题。相关部门要制定落实切实提高教师待遇的政策措施。

（二十五）强化经费保障。各级政府将教师队伍建设作为教育投入重点予以优先保障，完善支出保障机制，确保中央和省委、省政府关于教师队伍建设重大决策部署落实到位。省市县进一步加大投入力度，优化经费投入结构，优先支持教师队伍建设最薄弱、最紧迫的领域，重点用于提高教师待遇保障、提升教师专业素质能力。不断加大师范教育投入力度，促进师范教育优先发展。健全以政府投入为主、多渠道筹集教育经费的体制，鼓励引导社会力量通过设立基金等方式奖励优秀教师。加强资金监管，规范经费使用，提高资金使用效益。

（二十六）加大考核评价。各级党委、政府要把教师队伍建设情况作为督查督导工作的重点内容，并将结果作为各级党政领导班子和有关领导干部综合考核评价、奖惩任免、追责问责的重要参考，确保各项政策措施全面落实到位，真正取得实效。